AF544248

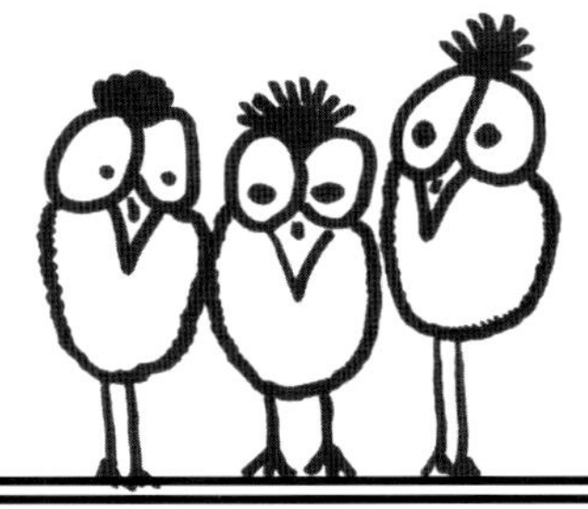

Ebb's bleibt

× × ×

Hereinspaziert in das Reich der Spiel-Ideen

Was man mit Kindern alles erleben kann!

edition Lichtland
Stadtplatz 6
94078 Freyung
Deutschland
Gestaltung und Satz:
Edith Döringer und Melanie Lehner
1. Auflage, ISBN: 978-3-947171-28-6
www.lichtland.eu

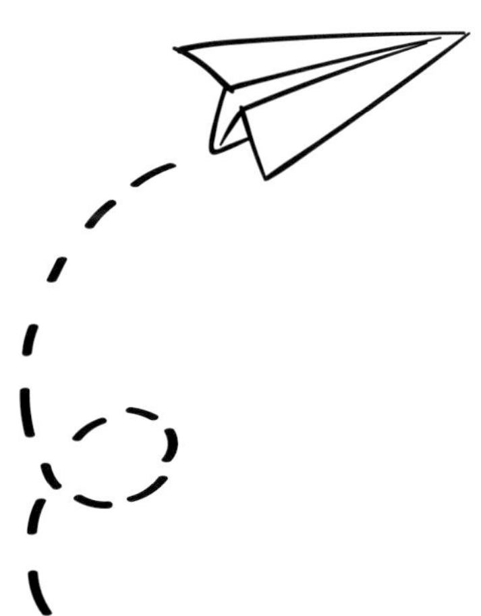

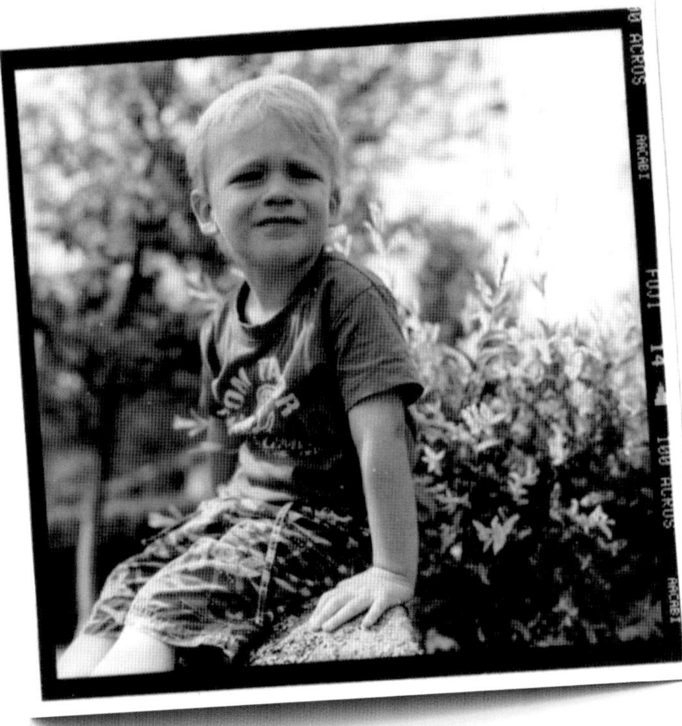

... gemeinsame Zeit

für Spiele und mehr ...

„Ebb's bleibt" – das ist die Erfahrung meines Lebens. Je älter ich werde, desto öfter erinnere ich mich an die schönen Augenblicke meiner Kindheit. Sie war geprägt von Freiheit, Zeit und Liebe zur Natur.

In dieser Sammlung von Spiel-Ideen für Kinder ab 4 Jahren habe ich viele einfache Spiele aufgeschrieben. Manche waren früher weit verbreitet und sind in Vergessenheit geraten. Einige haben darauf gewartet, wiederentdeckt zu werden. Andere sind mir spontan eingefallen.

Eigene Ideen einbringen und der Kreativität freien Lauf zu lassen, das ist bei diesen Spielen erlaubt und erwünscht. Spielend Energien sprühen lassen, bringt das gute Gefühl als Draufgabe.

Erich Kästner hat gesagt: „Nur wer erwachsen wird und ein Kind bleibt, ist ein Mensch."

Bei mir ist aus der Kindheit „ebbs geblieben". Ich wünsche allen Kindern, dass sie diese Erfahrung machen können und ihnen von den Spielen ihrer Kindheit „ebb's bleibt"!

Petra Drexler

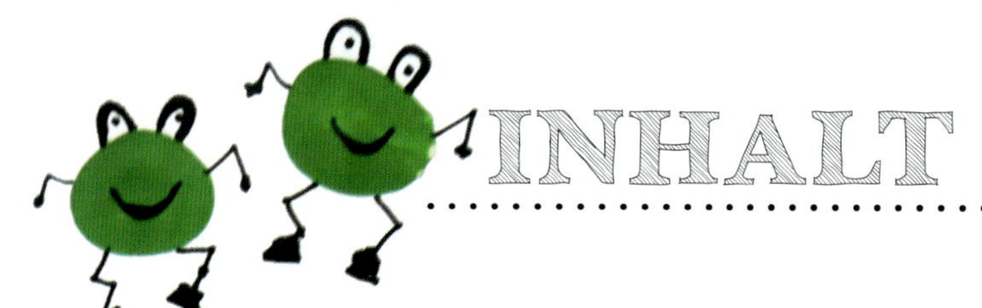

INHALT

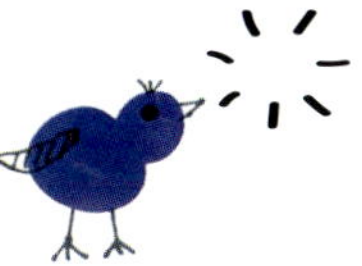

HURRA, DIE SCHÖNE WINTERZEIT!

DER NATUR AUF DER SPUR

LUSTIGE SPIELE

RATE MAL

ANREGEN DER SINNE

... UND DAS BESTE KOMMT ZUM SCHLUSS ...

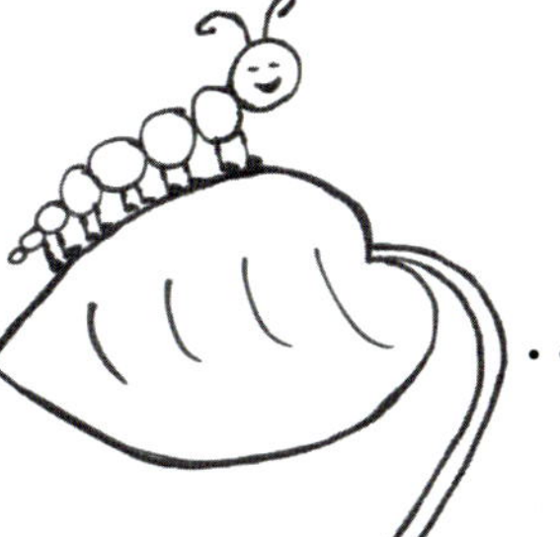

BEWEGUNGS-SPIELE

FÜR DRINNEN & DRAUSSEN

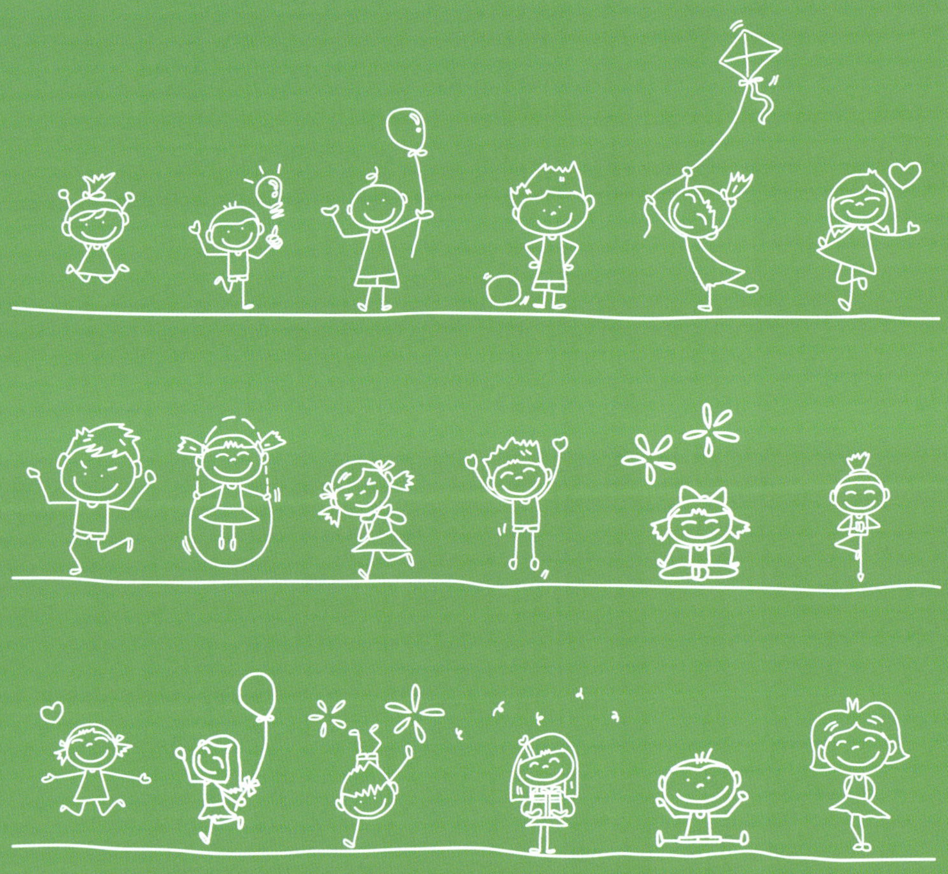

…springen, hüpfen, balancieren, fangen, …

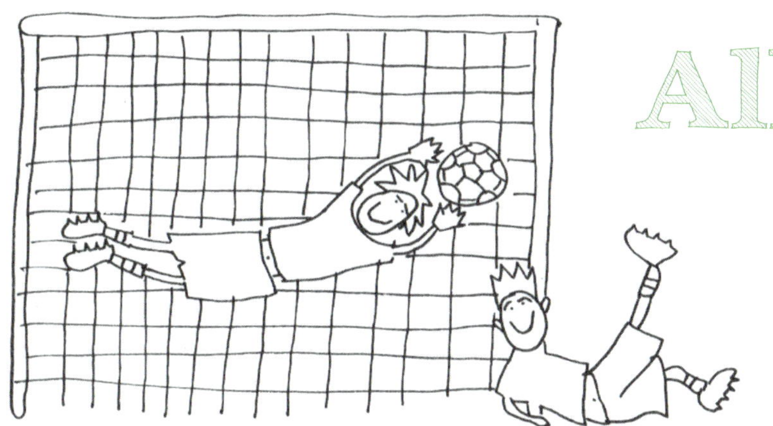

Alles ist erlaubt!

Eine Minute „wilder Sport“ – das tut dem Herzen gut. Nach einer Minute in die Entspannung kommen, bis das Herz wieder normal schlägt. Wer Lust hat, beginnt eine zweite Runde.

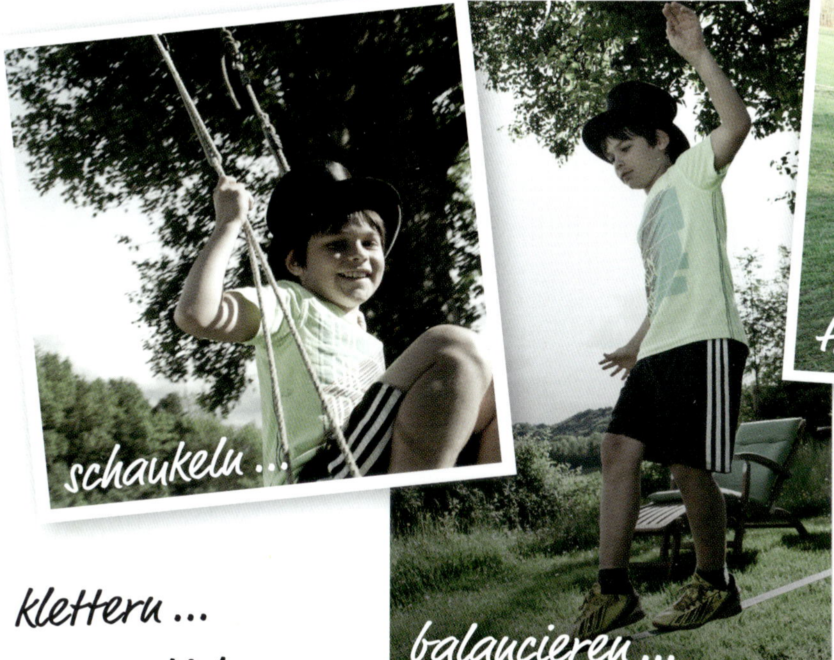

Hampelmann ...

klettern ...
kicken ...
auf Stelzen gehen...

WEITERE VORSCHLÄGE:

- auf der Stelle rennen
- anfersen
- wild tanzen (mit lautem Gebrüll ☺)
- seitlich springen, vor und zurück springen
- Treppe rauf und runter laufen
- um einen Stuhl laufen, durchkrabbeln

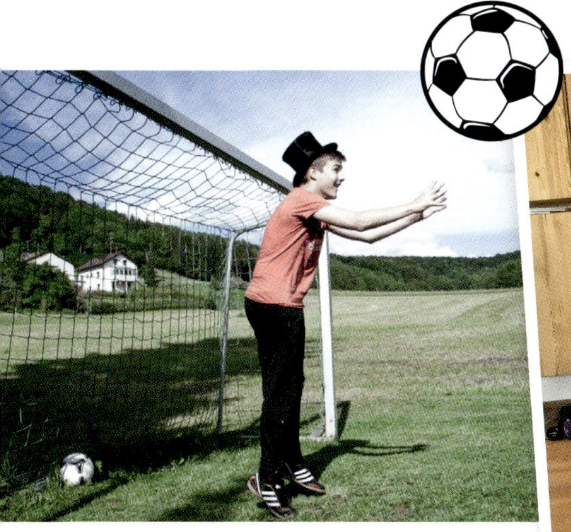

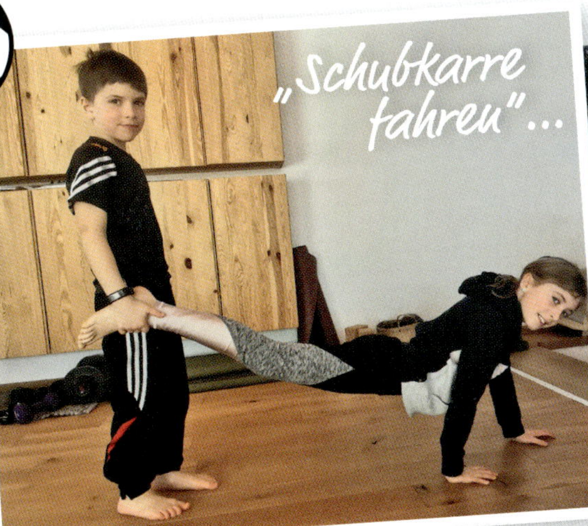

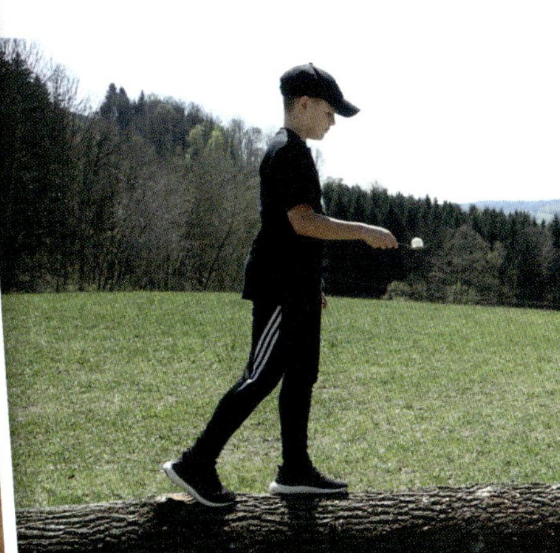

Kästchenhüpfen

Spieldauer: ca. 10 Min. | Spielort: Teerstraße oder Vorlageteppich
Anzahl der Spieler: ab 1 Spieler

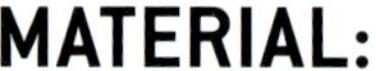

MATERIAL:

Straßenkreide und kleine flache Steine

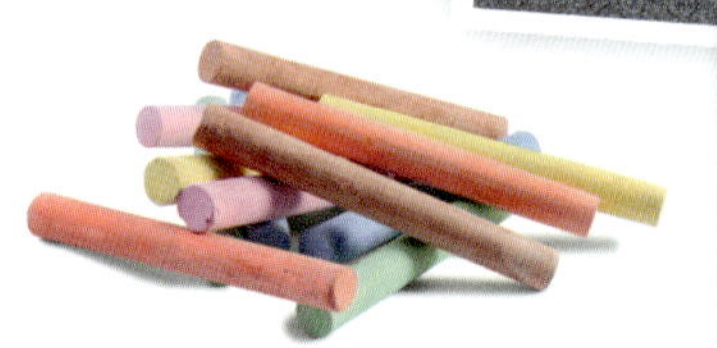

ANLEITUNG:

Die Spieler malen Vierecke, die gerade so groß sind, dass sie hineinspringen können.

Die Tage „Mo" (Montag), „Die" (Dienstag), „Mit" (Mittwoch) und „So" (Sonntag) werden hintereinander aufgezeichnet. „Sa" (Samstag) und „Do" (Donnerstag) werden seitlich links und rechts angebracht. Oben befindet sich der „Fr" (Freitag) – siehe Bild.

Der erste Spieler wirft einen Stein ins erste Feld „Mo" (Montag). Wenn der Stein im Feld landet, hüpft er mit einem Bein von Kästchen zu Kästchen. Das Kästchen mit dem Stein wird immer ausgelassen. Im Kästchen „Sonntag" kann er sich mit zwei Füßen ausruhen.

Vor dem „Zielkästchen" bleibt er mit einem Bein stehen und bückt sich um den Stein. Dieser wird aufgehoben und da kein Stein mehr im Kästchen ist, darf er hineinhüpfen. Hat er dies geschafft, wirft er den Stein ins zweite Kästchen „Die" (Dienstag).

Macht der Spieler einen Fehler, muss er beim nächsten Mal versuchen, das „nicht geschaffte Kästchen" zu bewältigen.

Der nächste Spieler ist an der Reihe, wenn der erste Spieler

- mit seinem Fuß einen Kästchenrand berührt
- neben ein Kästchen hüpft
- den Stein nicht in das richtige Feld wirft (vielleicht hat jeder zwei Versuche)
- in das Kästchen mit dem Stein hüpft

VARIANTEN

Verschiedene Spielfelder aufzeichnen:

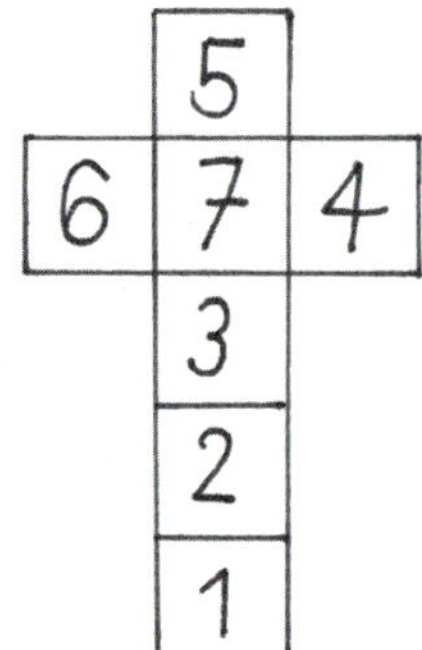

Spielfeld mit Zahlen

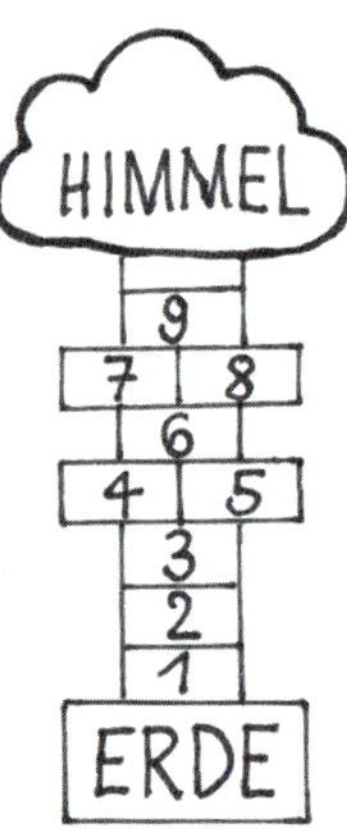

Bei Erde geht's los, die Kästchen mit 4 und 5 sowie 7 und 8 werden mit einem Grätschsprung zurückgelegt.

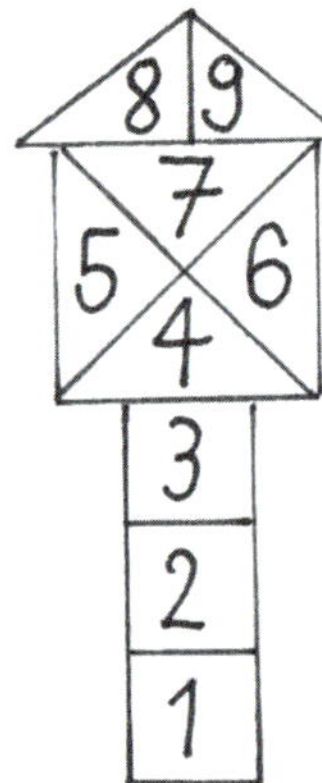

Die Kästchen 5 und 6 sowie 8 und 9 werden mit gegrätschten Beinen gesprungen.

„Kaiser, Kaiser, wie viele Schritte darf ich gehen?“

Spieldauer: ca. 15 Min. | Spielort: Wiese, Turnhalle, größeres Spielfeld | Anzahl der Spieler: 3 bis 4 Mitspieler

ANLEITUNG:

Ein Spielfeld wird festgelegt, außerhalb des Feldes steht ein Spieler, er ist der „Kaiser“. Am gegenüberliegenden Ende des Spielfeldes stellen sich alle anderen Mitspieler auf. Dann richtet jeder Mitspieler nacheinander an den „Kaiser“ die Frage: „Kaiser, Kaiser, wie viele Schritte darf ich gehen?“ Der „Kaiser“ beantwortet diese mit einer beliebigen Anzahl und er gibt noch vor, in welcher Schrittart (z. B. „Hirschensprünge“) er diese ausführen soll. Der jeweilige Spieler muss anschließend die gestellte Vorgabe erfüllen. Sieger ist, wer als Erster beim „Kaiser“ ankommt. Dieser Mitspieler wird für die nächste Runde zum „Kaiser“ ernannt. Wichtig ist, dass jedes Kind einmal die Rolle des „Kaisers“ spielen darf!

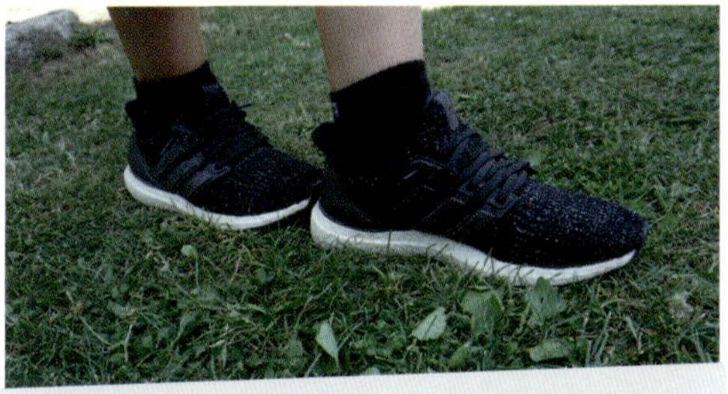

① **„Hühnertapperl“** eine Fußlänge lang

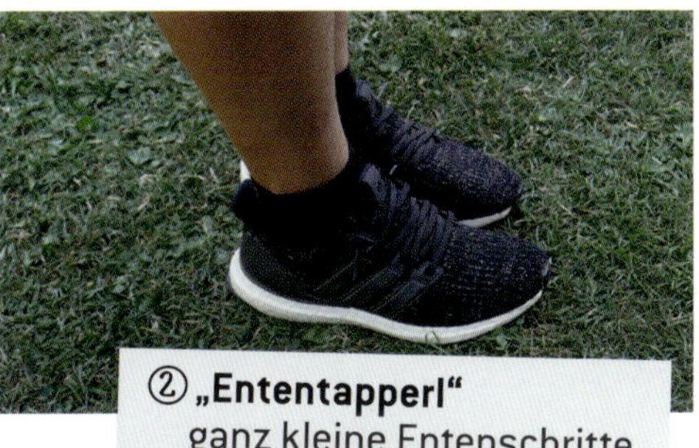

② **„Ententapperl“** ganz kleine Entenschritte

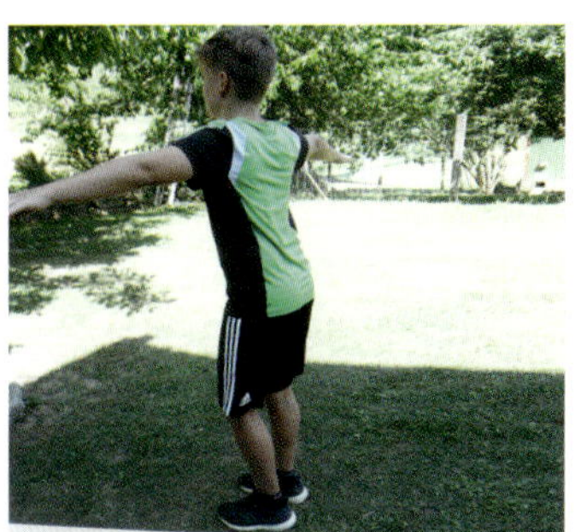

⑤ **„Teller“ oder „Ufo“** ausgestreckte Arme, einmal um die eigene Achse drehen

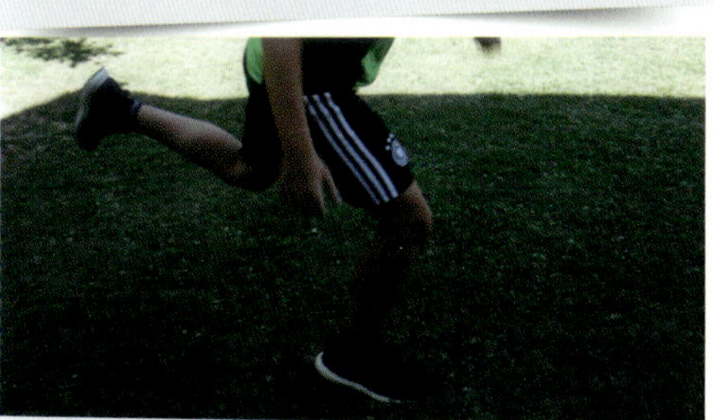

③ **„Hirschsprung“** ein Fuß angezogen und wie ein Hirsch springen

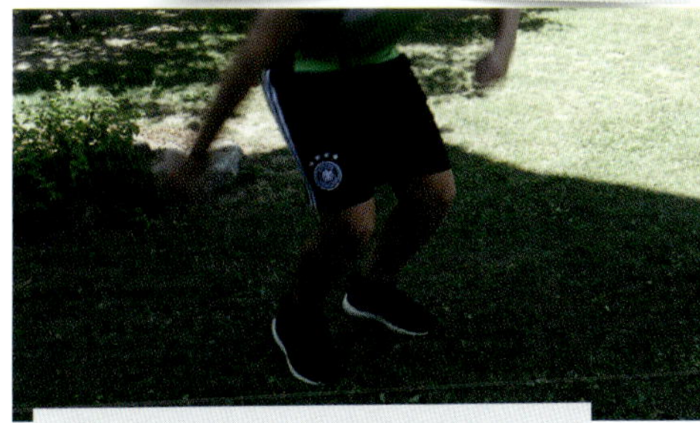

④ **„Froschsprung“** mit zwei Beinen wegspringen

„Kaiser, Kaiser, wie viele Schritte darf ich gehen?“
Der Kaiser antwortet z. B. „zwei Froschsprünge“ oder „fünf Hühnertapperl“

WEITERE VARIANTEN:

⑥ die befohlenen Schritte rückwärts gehen

⑦ Einbeinsprung

⑧ Badewanne: sich mit dem ganzen Körper fallen lassen; dort wo die Finger angekommen sind, darf sich der Spieler hinstellen.

⑨ Elefantenschritt: riesiger Schritt

„Mutter, Mutter, darf ich reisen?“

Durch Abzählen wird ein Spieler zur „Mutter“ bestimmt und stellt sich in einer Entfernung von ca. zehn Metern zu den Mitspielern, die sich in einer Reihe nebeneinander aufstellen.

Ein Spieler ruft „Mutter, Mutter darf ich reisen?“ Die „Mutter“ darf pro Spieler 3 x mit „Nein“ antworten. Antwortet sie mit „Ja“, fragt der Spieler „Wohin?“. Nennt die Mutter das Reiseziel, (z. B. Schweden) darf der Mitspieler so viele Schritte vortreten wie das Wort Silben hat. Der Spieler, der zuerst die Mutter erreicht hat, übernimmt als Nächster ihre Rolle.

Armdrücken

stark – stärker – am stärksten

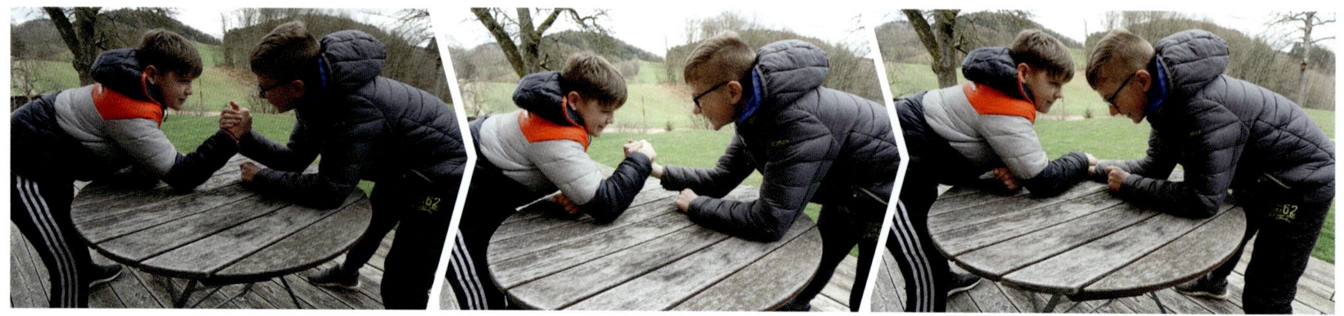

ANLEITUNG:

Zwei Gegner stehen oder sitzen sich gegenüber. Beide setzen ihren Ellbogen auf den Tisch, strecken die Hand nach oben und geben sich die Hand.

Auf ein Startkommando versuchen die zwei Kontrahenten den Arm des Gegners auf die Tischplatte zu drücken. Während der gesamten Challenge muss der Ellenbogen auf der Tischplatte liegen bleiben.

Berührt der Handrücken des Gegners die Tischplatte, gibt es einen Sieger.

Mit Papa oder Mama gemeinsam

Drachen steigen lassen

Einleinerdrache ◆ Lenkdrache ◆ gebastelter Drache

Der Herbst ist da, die Blätter färben sich bunt und der Wind wird stärker. Raus geht's in die Natur zum Drachensteigen ... Um einen Drachen steigen zu lassen, sollte man zunächst einen geeigneten Ort finden. Eine große freie Wiese eignet sich am besten dafür. Die nächsten Bäume sollten ein gutes Stück entfernt stehen, auch sollten sich keine Strommasten in unmittelbarer Nähe befinden.

DER START – er muss gelingen, dann windet sich der Drachen in den Himmel.

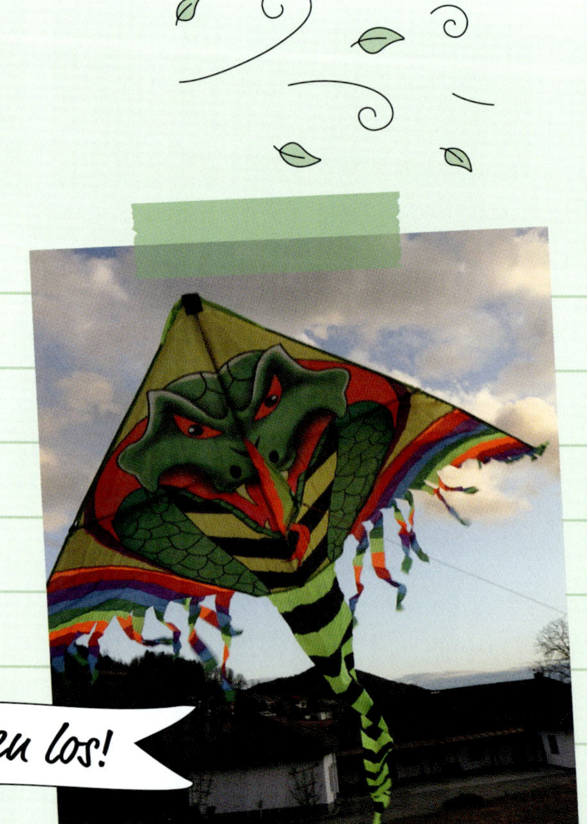

Leinen los!

Wir machen uns Jonglierbälle

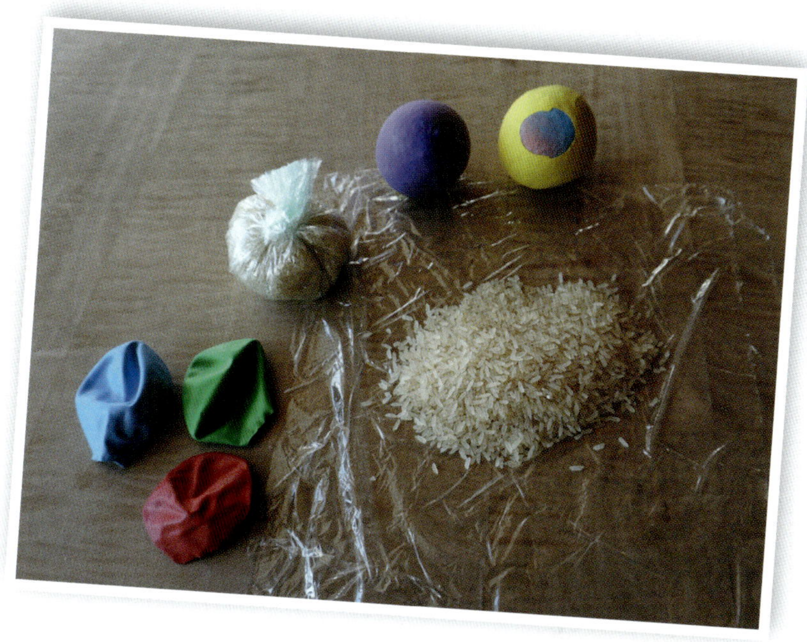

MATERIAL FÜR 1 BALL:

- 75 bis 80 g Reis
- Frischhaltefolie
- 3 Luftballons

ANLEITUNG:

- 75 bis 80 g Reis abwiegen.
- 2x Frischhaltefolie (ca. 20 x 20 cm) aufeinanderlegen.
- Den Reis in die Mitte der Folie legen, den Reis einschließen, dazu die Ecken der Folie hochhalten und zusammendrehen.
- Bei allen 3 Luftballons das Mundstück abschneiden.
- Einen Luftballon über den Reis stülpen, danach nochmal einen Luftballon und nochmals einen Luftballon darüber ziehen.

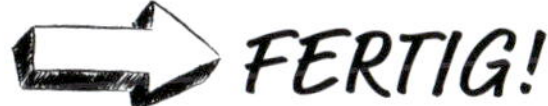

TIPP:

- Es geht auch ohne Frischhaltefolie: Den Reis mit Trichter oder geduldig per Hand langsam in den Luftballon einfüllen.
- Neben Reis kann man auch Sand, Vogelsand oder Linsen in den Luftballon geben (bei dem gefüllten Luftballon das Mundstück abschneiden und zukleben, zwei Luftballons ohne Mundstück drüber ziehen)
- Das Basteln solcher Bälle mit Reis und Luftballon ist auch eine schöne Bastelidee für den Kindergeburtstag. Die Kinder können sich hierbei jeder 1 bis 3 Bälle basteln und am Ende wird gemeinsam jonglieren geübt oder es werden Spiele wie Dosenwerfen, Zielwerfen, Kegeln oder Transportwettbewerbe (Ball auf Kopf oder Füßen transportieren) gespielt.

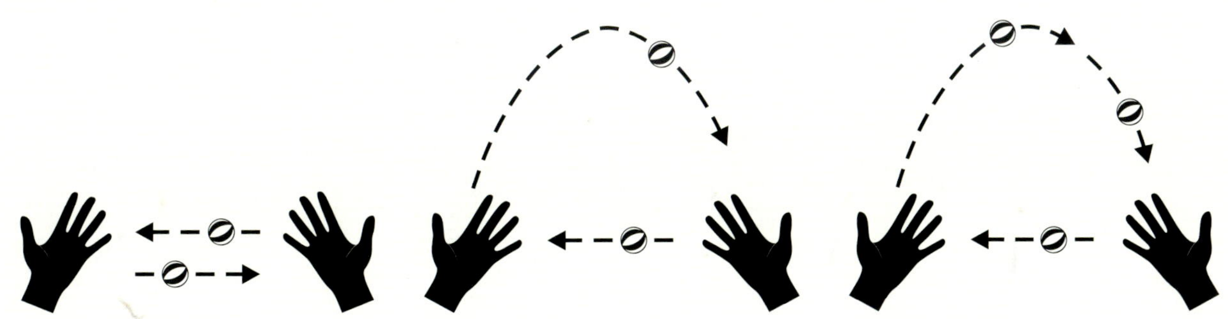

Werfen, Fangen, Treten, Rollen, Prellen ...

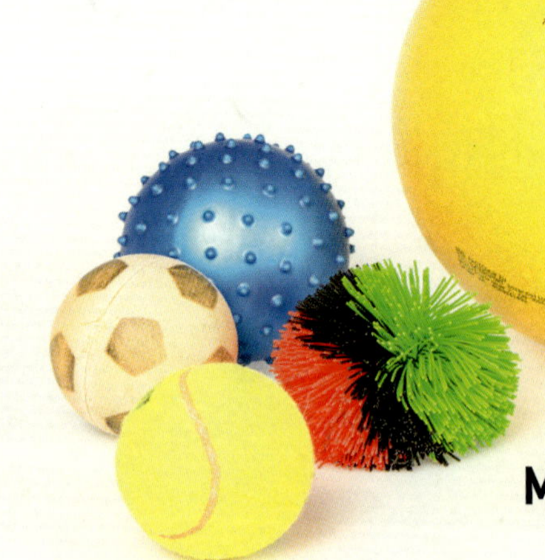

Ballspiele für alle Fälle

MATERIAL:
Bälle in den verschiedensten Größen

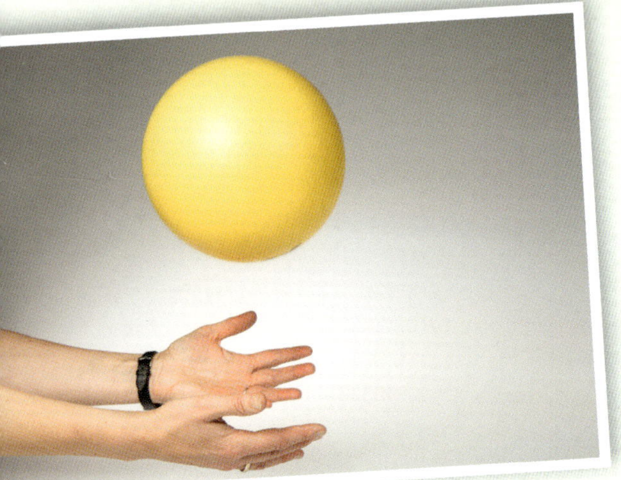

Ein großer, weicher Ball wird in die Luft geworfen. Es wird versucht, den Ball zu fangen ...

Kinder brauchen dabei Eltern, die sich Zeit nehmen und Freude daran haben, mit ihnen Ball zu spielen. Beim Ballspielen hat jedes Kind sein eigenes Tempo. Der Erwachsene braucht ein Gespür für das Kind und sein Können, damit der Spaß im Vordergrund steht.

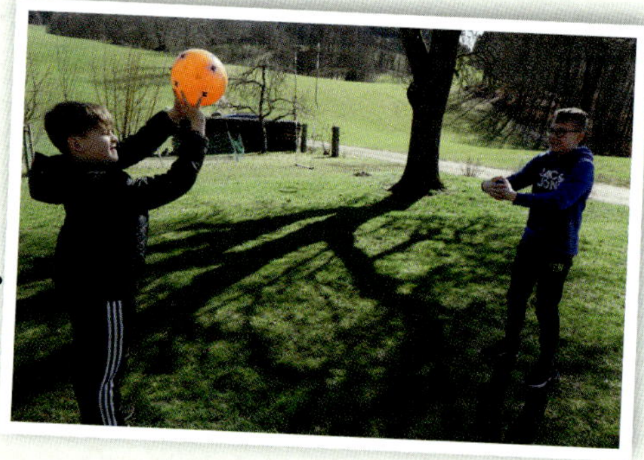

Spiel „Halli-Hallo":

Die Mitspieler stellen oder sitzen sich in eine Reihe. Ein Spieler befindet sich in einem Abstand von ca. 2 Metern gegenüber. Er hält einen Ball in der Hand. Diesen wirft er nun dem ersten Mitspieler zu und ruft dabei den Anfangsbuchstaben eines Begriffs, den die Mitspieler erraten sollen, zum Beispiel: „Ein Tier mit A!"

Der Mitspieler fängt den Ball, wirft diesen wieder zurück und rät beispielsweise „Amsel!" Ist der Begriff richtig, wirft der „Rätselsteller" den Ball hoch über sich in die Luft, schreit dabei „Halli-Hallo" und läuft schnell weg. Der Spieler, der den Begriff erraten hat, versucht den Ball zu fangen (Ball muss in der Hand sein) und ruft laut: „Stopp!" Der Rätselsteller muss daraufhin stehen bleiben und mit seinen Armen vor seinem Körper einen großen Ring formen. Der andere Spieler darf so viele Schritte auf den „Rätselsteller" zumachen, wie das erratene Wort Silben hat („Am-sel" → zwei Schritte).

Nun probiert er von seinem Standpunkt aus, den Ball durch den „Armring" zu werfen. Gelingt dies, so wird dieser Spieler der neue „Rätselsteller" – er darf sich einen Begriff ausdenken und das Spiel beginnt von vorne. Gelingt dies jedoch nicht, bleibt der „alte Rätselsteller" und dieser darf sich nun einen neuen Begriff aussuchen.

Hat der erste Spieler den Begriff nicht erraten, so können es alle Mitspieler der Reihe nach versuchen. Der zweite Spieler, der in der Reihe sitzt, bekommt den Ball zugeworfen. Errät ihn keiner, wird der zweite Buchstabe des Wortes preisgegeben.

Das Spiel endet dann, wenn der Begriff gefunden und zusätzlich auch der Ball in den „Armring" des Mitspielers geworfen wurde.

VARIANTEN: Neben Tiernamen können auch Blumen, Pflanzen, Vornamen, Automarken ... als Begriffsrätsel gestellt werden.

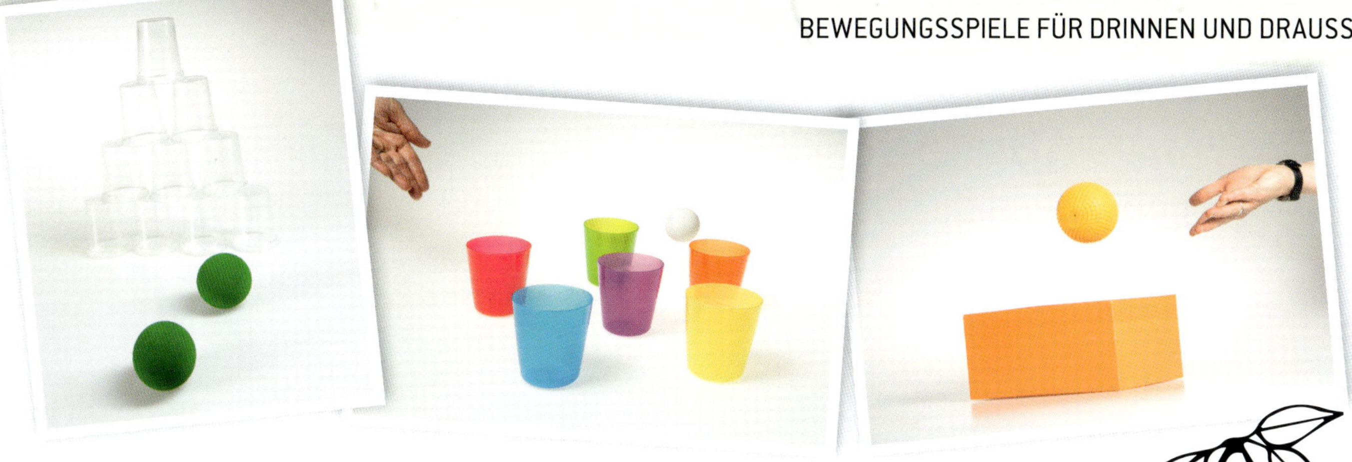

Weitere Ballspiele:

Bälle versenken: Verschiedene Bälle in einem gewissen Abstand in eine Box, einen Eimer oder in einen Becher werfen.

Kegeln: Es werden leere Plastikflaschen aufgestellt. Mit einem rollenden Ball versucht man, die Kegel zu treffen.

Dosenwerfen: Leere Plastikbecher aufstellen, Liste mit Punkten führen und einige Durchgänge spielen: Wer hat zum Schluss die meisten Punkte?

Fußball spielen: Tore schießen

Fangen spielen mit dem Ball: Der Fänger versucht seinen Mitspieler mit dem Ball abzuwerfen (Kopftreffer zählen nicht)

Ball mit Hand prellen: evtl. auf ein Ziel hin

„Mauerball" oder „Ball Zehner" in Kleinformat:

- **4 mal:** Den Ball mit beiden Händen an die Wand werfen und ihn dann fangen.
- **3 mal:** Den Ball an die Wand werfen und ihn einmal auf dem Boden aufspringen lassen.
- **2 mal:** Den Ball an die Wand werfen und einmal in die Hände klatschen.
- **1 mal**: Den Ball hoch in die Luft werfen und ihn anschließend fangen.

Spiel „Kirschen gegessen":
Zwei Spieler stellen sich einander gegenüber und werfen sich einen Ball zu oder mehrere Kinder stellen sich in einem großen Kreis auf und werfen sich gegenseitig den Ball zu. Lässt einer den Ball fallen, hat er „Kirschen gegessen". Beim zweiten Fangfehler hat er auch noch „Wasser getrunken", beim dritten Fehler hat er „Bauchweh bekommen" und beim vierten Fangfehler hat er das Spiel verloren, denn er ist „ins Krankenhaus gekommen".

Spiel „Affen tratzen" (Neckball):
Ballspiel für 3 Spieler draußen im Garten oder in einer größeren Halle.
Anleitung: Die zwei Außenspieler spielen sich den Ball zu. Der Ball darf beliebig geworfen oder gerollt werden, Täuschungsmanöver sind dringend erforderlich.
Der Innenspieler kann sich befreien, indem er den Ball gefangen hat (berühren gilt nicht). Somit ist er nun Außenspieler, der Werfer, der den Ball abgegeben hat, wird nun zum Innenspieler. Bei vier Spielern gibt es zwei Innenspieler.

Zehner-Ball (Ball an die Wand):

Hier gehts zur Anleitung

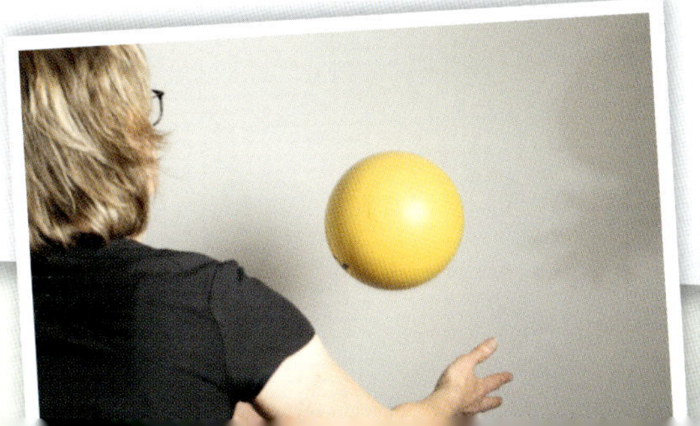

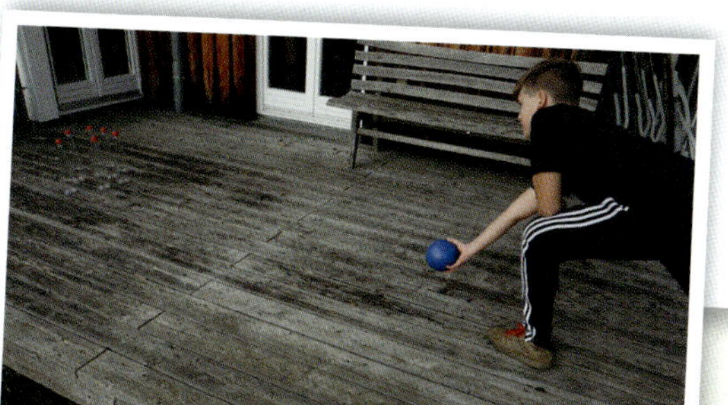

Die Welt ins Rollen bringen

Reaktions-Spiele

Finger-klatschen

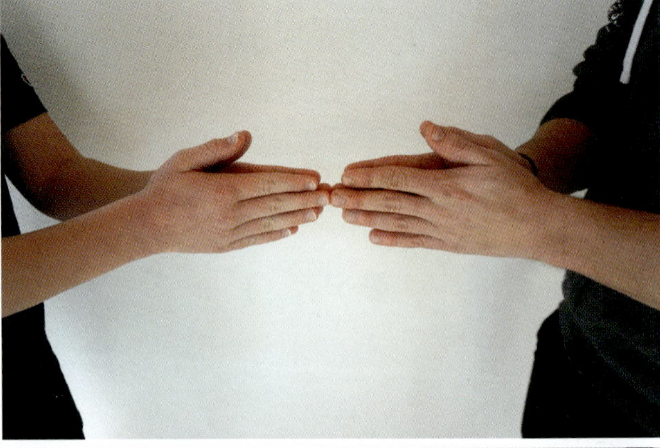

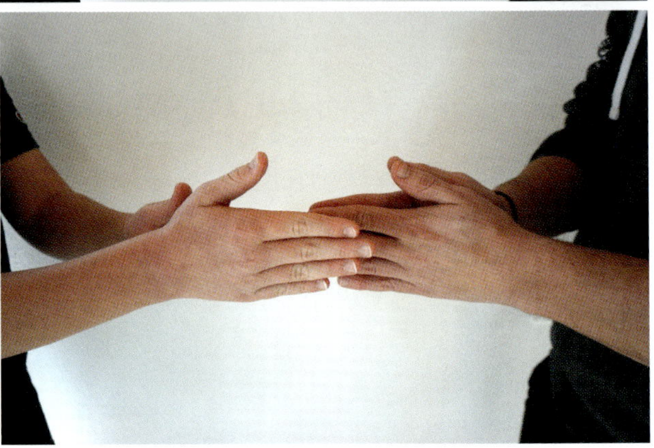

Bei dieser Übung zu zweit trainieren die Kinder ihre Reaktion. Während der Eine versucht dem Gegner auf die Fingern zu schlagen, muss dieser möglichst schnell ausweichen.

Zwei Teilnehmer stehen sich gegenüber. Die Hände sind gestreckt vor der Brust zusammengelegt. Die Fingerspitzen der beiden Spieler müssen sich berühren.

Spieler A fängt an. So schnell wie möglich versucht Spieler A dem Spieler B auf die Hände zu schlagen. Der andere darf aber reagieren und die Hände ganz schnell wegziehen.

Hat Spieler A getroffen, gehen die Hände wieder in die Ausgangsposition und er darf es noch einmal versuchen. Trifft Spieler A nicht ist Spieler B an der Reihe.

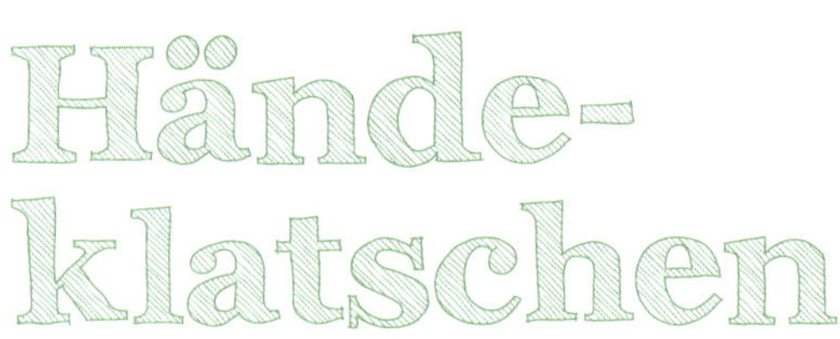

Hände-klatschen

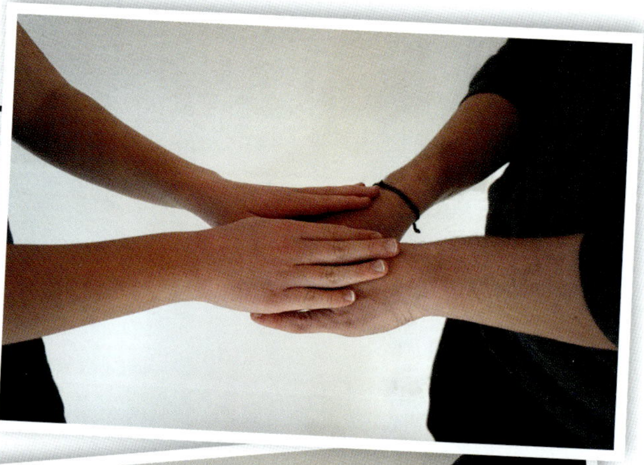

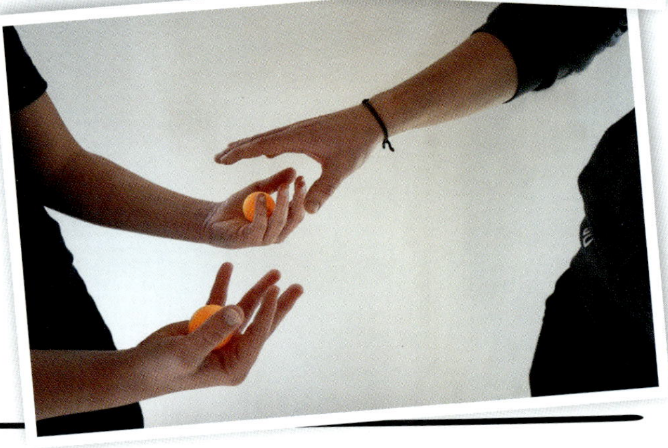

Zwei Spieler stehen sich gegenüber. Beide strecken ihre Arme nach vorne aus. Spieler A platziert seine Hände unter die von Spieler B und versucht, mit einer oder beiden Händen auf die Handfläche von Spieler B zu schlagen. Dieser versucht die Hände schnell genug zurück zu ziehen.

VARIANTE:

Auf den Handflächen von Spieler A liegen Tennisbälle, die Spieler B zu schnappen versucht.

„Es fliegt, es fliegt“

Ein Spieler wird zum Spielleiter bestimmt. Alle Kinder sitzen an einem Tisch und trommeln mit den Händen auf die Tischkante (hier im Bild trommeln die Kinder auf ihre Oberschenkel). Der Sprecher darf sich nun verschiedene Begriffe einfallen lassen. Dabei beginnt er jeden Satz mit: „Es fliegt, es fliegt ...“ und fügt dann einen Begriff hinzu, zum Beispiel: „Es fliegt, es fliegt ein Schmetterling.“

Wenn er seinen Satz ausgesprochen hat, hebt er immer seine Hände. Alle anderen Spieler trommeln mit und dürfen die Arme nur hochstrecken, wenn der genannte Begriff tatsächlich fliegen kann. Nennt der Sprecher aber Begriffe wie Tisch, Pferd oder Fahrrad ... müssen die Hände unten bleiben.

Wer einen Fehler macht, muss ein Pfand abgeben, auf einem Bein stehen, einmal um den Tisch laufen oder ein Lied singen.

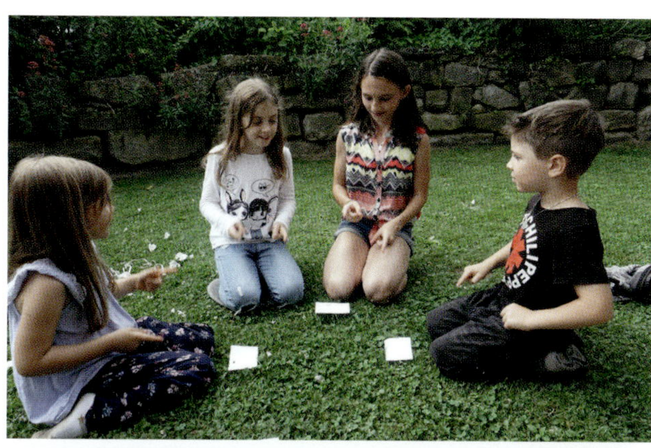

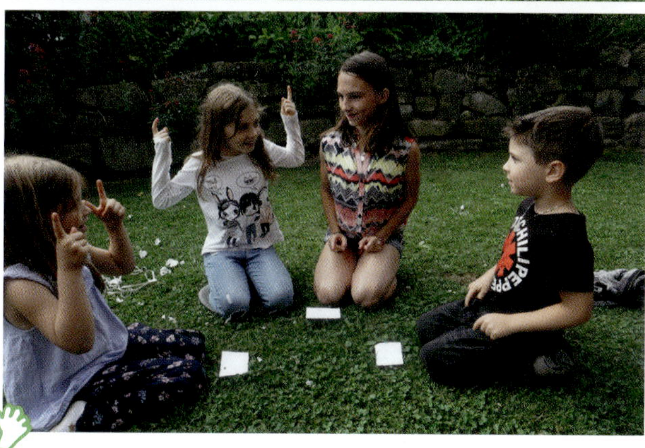

Bei „Tauben“, „Specht“ oder „Hubschrauber“ dürfen die Spieler ebenfalls die Hände hochstrecken. Bei „Elefant“, „Stuhl“ oder „Blume“ trommeln die Kinder weiter.

ein Pferd........ein Rabe........ein Schrank........eine Mücke

ein Vogelnest.........eine Vogelscheuche.........ein Spaßvogel

ein Elefant........ eine Ente........ ein Stuhl........ eine Möwe

eine Fledermaus.....ein Glühwürmchen.....ein Schmetterling

eine Eule........eine Ameise..........eine Taube........ein Tisch

Figurenschleudern

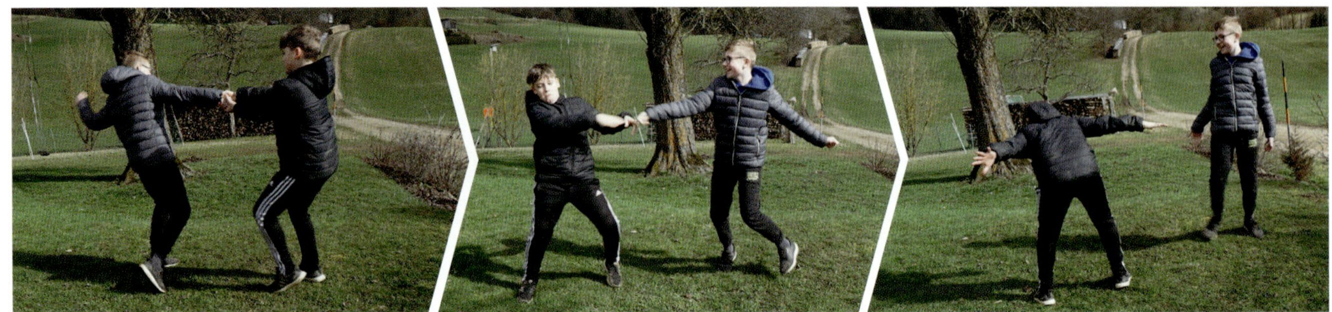

ANLEITUNG:

Mit Hilfe eines Abzählreimes wird ein Kind zum „Figurenschleuderer“ ernannt. Dann nimmt dieser einen Mitspieler an der Hand, um sich mit ihm schnell im Kreis zu drehen. Nach einiger Zeit wird die Handhaltung gelöst, der Mitspieler wird dadurch „weggeschleudert“ und muss in der Haltung verharren, in der er zum Stillstand kommt. Sind alle Kinder der Reihe nach zu „Figuren geschleudert“, lässt der „Figurenschleuderer“ seine Figuren bestimmte Bewegungen ausführen, indem er beispielsweise ruft: „Alle Figuren stehen auf einem Bein!“ oder „Alle legen die linke Hand an das rechte Knie!“ Dabei ist es wichtig, dass die Figuren ihre „geschleuderte“ Haltung beibehalten und sie nur die Veränderung ausführen, die vom „Figurenschleuderer“ vorgegeben werden.

VARIANTEN:

- Die Erstarrten sollen sich wild bewegen, können anfangen, dazu Geräusche zu machen. Wer dem „Schleuderer“ am besten gefällt, wird der nächste „Schleuderer“.
- Bei der Berührung des „Schleuderers“ verwandeln sich alle in ein Tier, einen Gegenstand, eine Blume …

Luftballon-Tennis

Spieldauer: ca. 105 Min. | Spielort: größerer Raum | Anzahl der Spieler: ab 2 Spieler

MATERIAL:

Luftballon, Fliegenklatsche, kurze Federballschläger oder Tischtennisschläger, evtl. ein Seil

ANLEITUNG:

Für das Spiel braucht man einen großen Raum, z. B. eine Garage. Wenn es windstill ist, kann man es auch im Garten spielen. Die Spieler stellen sich gegenüber auf. Sie versuchen nun, den Luftballon abwechselnd mit den Schlägern bzw. Fliegenklatschen hin und her zu spielen. Der Luftballon soll dabei den Boden nicht berühren.

Ein Seil oder eine Schnur auf dem Boden dient als Begrenzung. So hat jeder Spieler sein eigenes Spielfeld.

VARIANTEN:

- Ältere Kinder können dazu die Punkte zählen.
- Die Kinder nehmen zwei Fliegenklatschen, d. h. in jeder Hand eine: Es wird versucht, den Luftballon so lange wie möglich in der Luft zu halten.
- Luftballon mit Fliegenklatsche, Kopf, Händen oder Füßen so lange wie möglich in der Luft halten

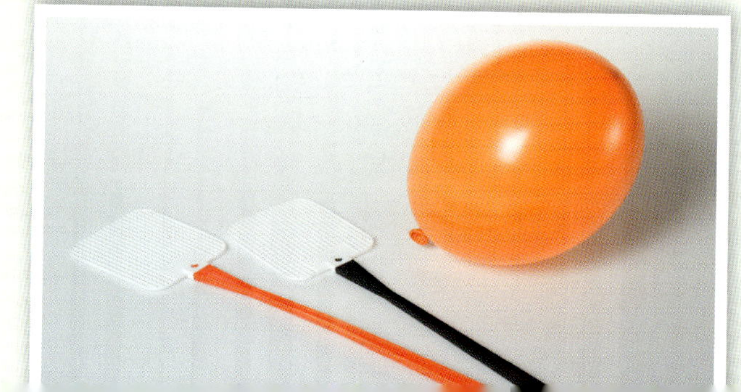

„Eins, zwei, drei – ihr seid frei!"

Holzscheite schlagen/zerrennen

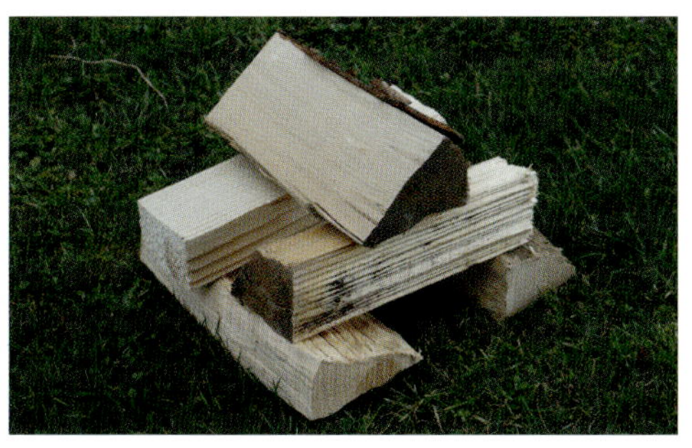

Wo kann man es spielen:
im Garten, im Park oder im Wald – überall wo sich Kinder gut verstecken können.

MATERIAL:

5 Holzscheite

ANLEITUNG:

① Zuerst werden die Holzscheite geschichtet: 2 Holzscheite am Boden, 2 Holzscheite quer darüber legen, 1 Holzscheit oben drauf (Pyramide)

② Dann wählt man (evtl. durch einen Abzählvers) einen Fänger aus.

③ Einer darf mit dem Fuß die Holzscheite möglichst weit wegstoßen.

④ Alle Kinder versuchen sich zu verstecken.

⑤ Der Fänger macht die Augen zu und zählt bis 20.

⑥ Danach sammelt er die Holzscheite ein, richtet sie wie oben beschrieben wieder auf und sucht die anderen Mitspieler.

⑦ Sobald er einen entdeckt hat, muss er schleunigst zu der Holzpyramide laufen, einen Fuß darauf stellen und rufen: „Eins, zwei, drei ... **(Name des Kindes)** ist nicht mehr frei!" oder: „...**(Name des Kindes)** verbrannt!"

⑧ Der Gefundene muss herauskommen und sich zum „Holzstoß" stellen, die Mitspieler können ihn jedoch wieder „befreien", indem sie den Holzstapel in einem unbeobachteten Moment umwerfen und laut schreien: „Alle frei!"

⑨ Dann muss der Fänger die Holzscheite wieder zu einer Pyramide aufstellen, die anderen die „befreit" wurden, dürfen sich wieder verstecken. Alle, die nicht gefundenen wurden, bleiben in den Verstecken. Das Spiel endet, wenn der Fänger alle gefunden hat.

⑩ Der nächste Fänger ist derjenige, der als Erster entdeckt wurde.

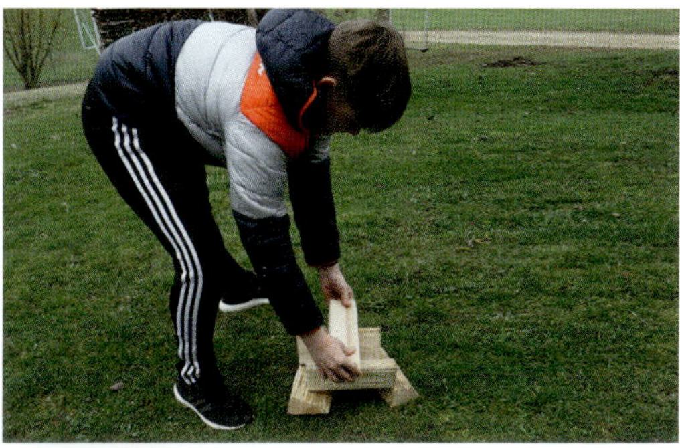

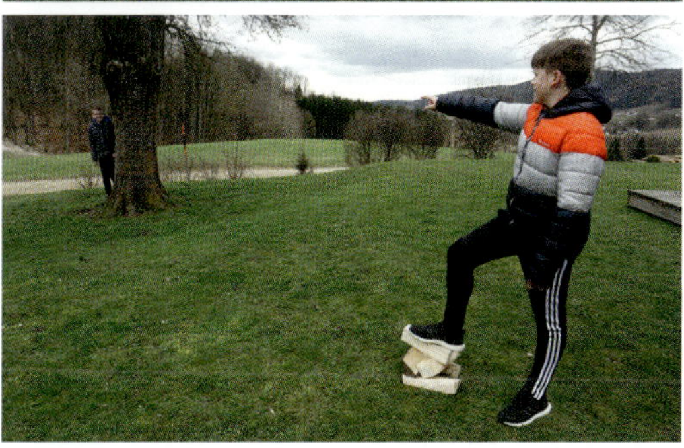

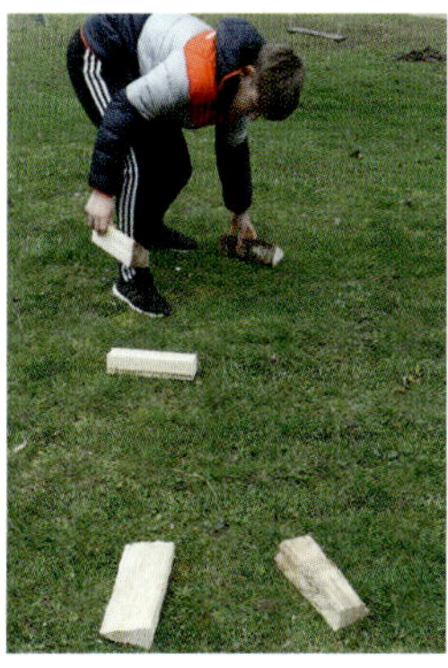

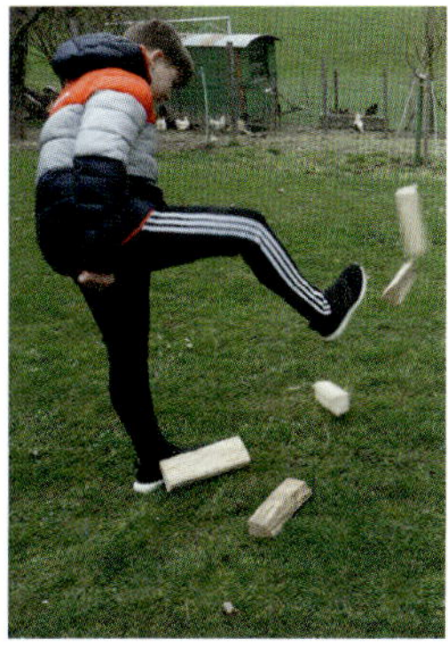

Reaktions- und Konzentrationsspiel

„Kommando Bimberle“

Spieldauer: ca. 10 Min. | Anzahl der Spieler: ab 2 Spieler
Material: Tisch mit Stühlen

ANLEITUNG:

Die Spielteilnehmer sitzen um den Tisch. Eine Person wird zum „Kommandant Bimberle“ ernannt. Die restlichen Kinder versuchen alle Befehle des Kommandanten auszuführen. Es werden diese Kommandos vereinbart:

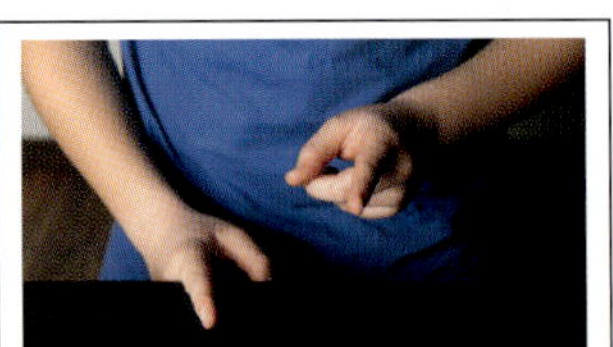

1.Kommando Bimberle-Bamberle: Mit den Zeigefingern abwechselnd auf die Tischkante klopfen.

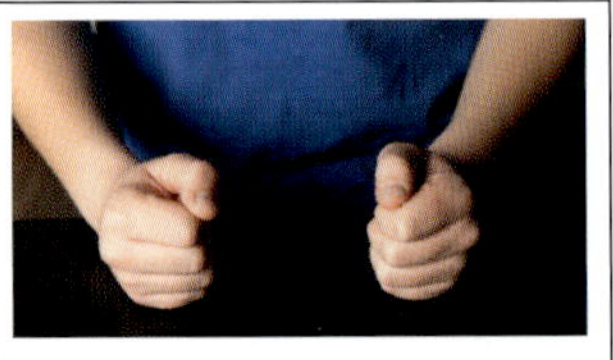

2. Kommando Faust: Die Hände werden als Fäuste auf den Tisch gelegt.

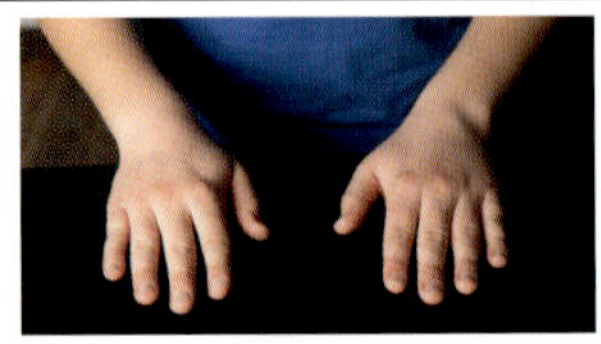

3. Kommando auf den Tisch: Die ausgestreckten Hände werden flach auf den Tisch gelegt.

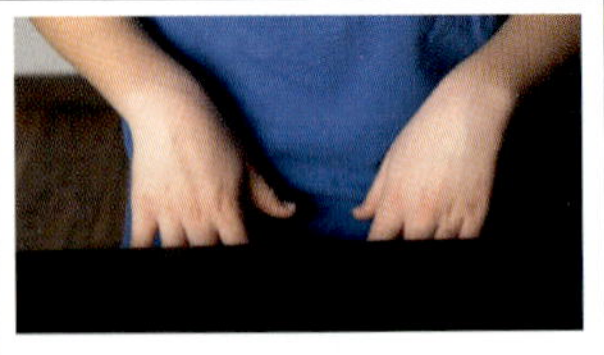

4. Kommando unterm Tisch: Die Hände müssen unter dem Tisch sein

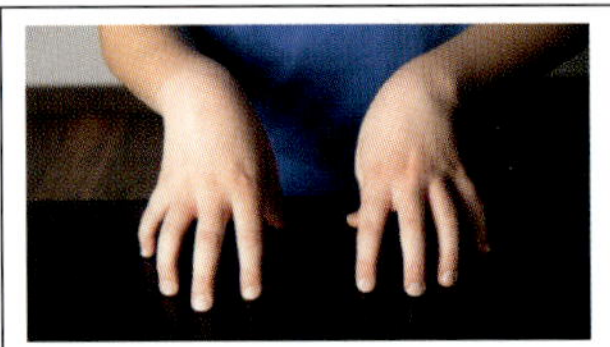

5. Kommando Spinne: Die Fingerspitzen werden auf den Tisch gestellt.

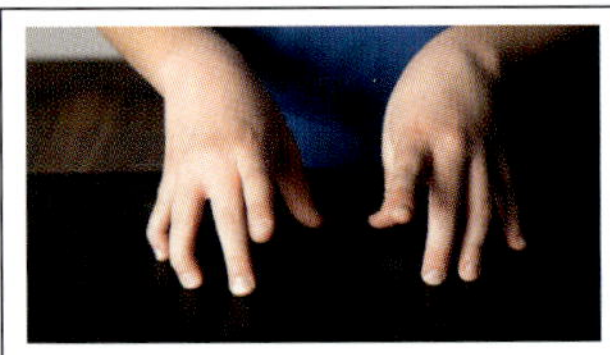

6. Kommando Elefant: Die Fingerspitzen werden auf den Tisch gelegt, der Zeigefinger hebt sich (Rüssel des Elefanten).

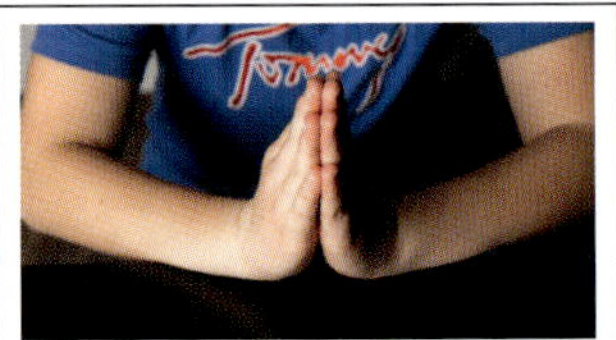

7. Kommando zusammen: Die Hände müssen vor die Brust gefaltet werden.

Das Kommando darf nur befolgt werden, wenn der Spielleiter zuvor das Wort „Kommando“ nennt. Sagt er einfach „Spinne“, behalten die Spieler die vorherige Stellung bei.

Je schneller das Spiel gespielt wird, desto interessanter wird es. Der Kommandant darf natürlich alle Bewegungen durchführen (auch ohne das Wort „Kommando“ gesagt zu haben). Schließlich dient dies zur Verwirrung.

Jedes Kind darf auch einmal die Rolle des Kommandanten übernehmen.

Wertung: Es ist keine Wertung vorgesehen. Wer Fehler macht, kann eine Pfandabgabe machen. Danach kann noch das „Pfandeinlösespiel“ durchgeführt werden („Was soll das Pfand in meiner Hand, was soll damit geschehen?“ z. B. ein Lied singen, auf einem Bein hüpfen ...)

Weitere Kommandos können eingeführt werden:

Kommando hoch: Hände werden in die Höhe gehalten.

Kommando Ellenbogen: Ellenbogen werden auf die Tischplatte gestellt.

Kommando Doppel-Faust: Beide Hände müssen als Fäuste übereinander liegen.

Kommando Daumen: Die zu Fäusten geballten Hände stehen nur auf dem abgespreizten Daumen auf der Tischplatte.

Kommando linke Hand ans Ohr: Mit der linken Hand ans Ohr greifen.

Kommando tief: Die Arme müssen unter den Tisch gestreckt werden.

Kommando Drehung: Alle Kinder legen ihre Hände umgedreht auf den Tisch.

„Sportliche“ Kommandos:

Kommando Hüpf: Alle Kinder hüfen.

Kommando Blitz: Ganz klein machen.

Kommando Rücken: Alle Kinder legen sich flach auf den Rücken.

Kommando Hampelmann: Alle Kinder versuchen nach eigenen Möglichkeiten einen Hampelmann zu machen.

Kommando Einbeinstand: Ein Bein hochheben.

Kommando Zehenstand: Auf Zehenspitzen gehen/stehen.

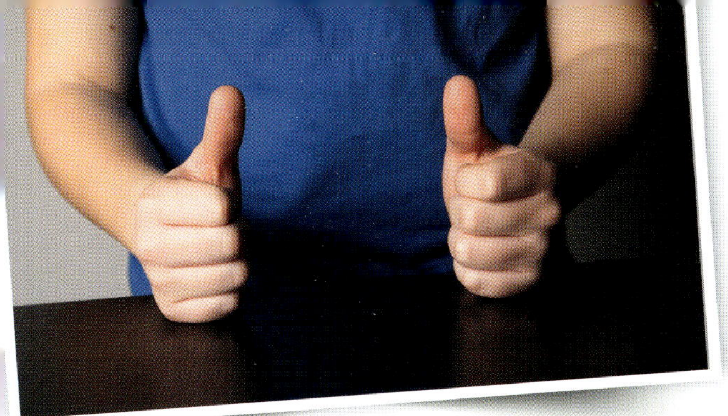

Spielvariante „Mama hat gesagt"

Das Spiel „Mama hat gesagt" geht genauso wie „Kommando Bimberle". Nur wenn der Kommandant sagt: **„Mama hat gesagt"** darf der Befehl ausgeführt werden.

ES GIBT FOLGENDE BEFEHLE:

1. Mama hat gesagt: wickele wackele
Beide Hände bilden eine Faust, die Daumen zeigen nach oben, der Handrücken liegt auf dem Tisch auf, die beiden Daumen machen eine kreisende Bewegung.

2. Mama hat gesagt: STOPP
Die beiden Daumen hören auf sich zu bewegen.

3. Mama hat gesagt: Hände unter den Tisch
Die Hände wandern schnell unter den Tisch.

4. Mama hat sagt: Hände auf den Tisch
Die Hände werden auf den Tisch gelegt.

Murmeln

Die Magie der Kugel

Murmeln sind auf der ganzen Welt verbreitet und eines der ältesten Spiele überhaupt. Irgendwann soll jeder mit einer Murmel gespielt haben. Kinder lieben Murmeln!

MATERIAL:

Schuhkarton, Murmeln (verschiedene Größen), evtl. Farbe

ANLEITUNG:

Die Kinder versuchen von einem bestimmten Punkt aus Murmeln in das Kartonhaus zu rollen oder zu schießen. Je kleiner das Türchen ist, desto schwieriger wird es.

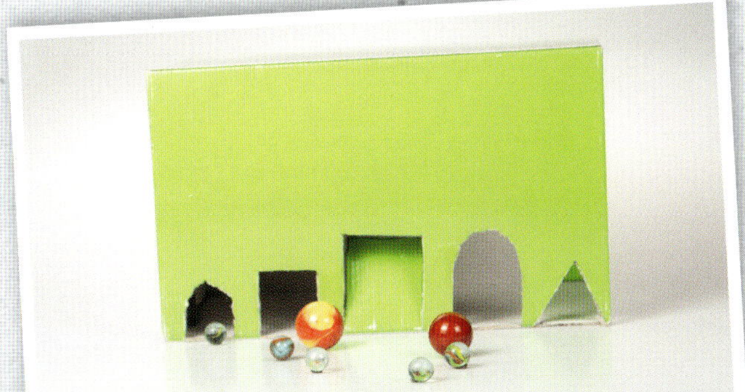

VARIANTEN:

- **Spiel mit Punkten:** Auf jede Tür werden Punkte aufgezeichnet, am Schluss zählen wir die erreichten Punkte zusammen. Je kleiner das Türchen, desto mehr Punkte gibt es.
- **Murmeln werfen:** Viele Murmeln werden hochgeworfen, evtl. auf einen Teppich, sodass sie wahllos auf dem Boden verstreut liegen. Ein Kind schnipst eine Murmel an, um eine andere zu treffen. Trifft es, behält es die erste Murmel und darf mit den Angestoßenen so lange weiterspielen bis ein Schuss daneben geht. Dann ist der nächste Spieler an der Reihe.
- **Glück oder Geschicklichkeit (Lochspiel):** Wir murmeln in eine Vertiefung.
- **Murmeln auf ein Ziel:** Die Spieler versuchen die Murmel auf ein vorher festgelegtes Ziel (z. B. Wand) zu rollen. Wer am nächsten beim Ziel ist, gewinnt alle Murmeln.
- **Rückprall:** Ein Spieler rollt eine „Anfangsmurmel" an die Wand, so dass diese auch zurückprallt und stehen bleibt. Die anderen Mitspieler versuchen mit ihrer Murmel ebenfalls nach Rückprall möglichst nah an die erste Murmel heranzukommen. Sieger ist derjenige, dessen Murmel am nächsten bei der „Anfangsmurmel" liegt.

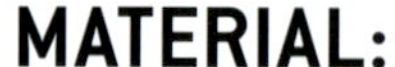

Gummihüpfen

Gummihüpfen oder Gummitwist ist ein lustiges Spiel, das man mit Freunden, aber auch alleine spielen kann.

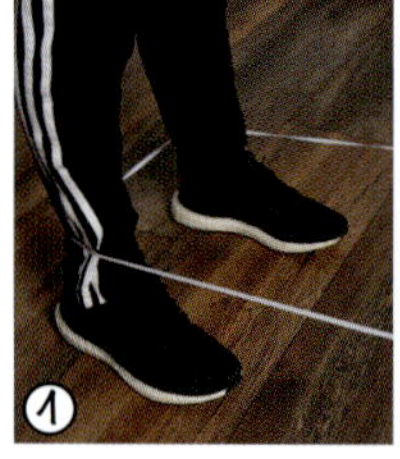

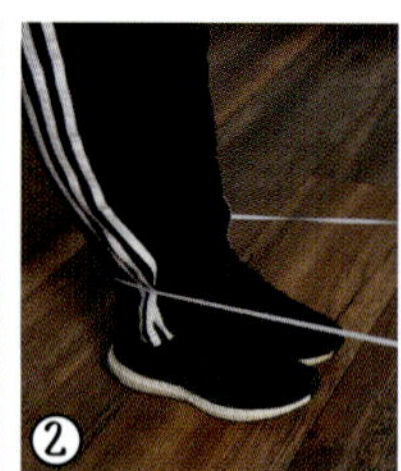

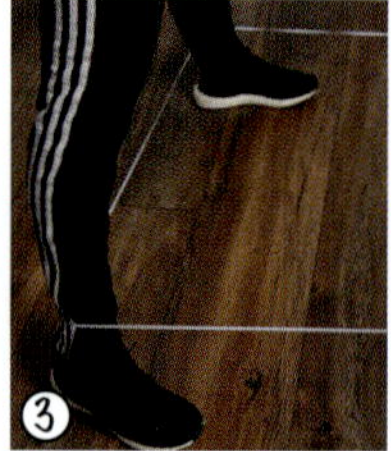

MATERIAL:

Langer Hosengummi und falls man alleine ist zwei Stühle, die die Standspieler ersetzen

Fußstellung der Standspieler:
Standspieler nennt man die beiden Spieler, die den Gummi spannen. Sie können ihn je nach Stellung ihrer Füße in unterschiedlicher Breite halten, z. B.
① „Normal"
② „Engpass"
③ „Badewanne"

Es gibt 3 Grundstufen:
„1. Stock": Knöchel
„2. Stock": Knie
„3. Stock": unter dem Po

Zuerst werden in normaler Gummibreite sämtliche Gummistufen durchgesprungen. Beim Engpass wird das gleiche Hüpfspiel noch schwieriger. In Badewannenbreite habt ihr dann zwar viel Platz, aber auch diese Technik hat ihre Tücken.

Regeln:
Es darf so lange gesprungen werden, bis ein Fehler (zwei oder drei) gemacht wird. Der nächste Springer kommt an die Reihe.

Der Durchgang ist beendet, sobald ein Springer

- mit den Füßen auf einem falschen Gummi landet oder hängen bleibt.
- einen Sprung auslässt.
- die Reihenfolge nicht einhält.
- im falschen Feld landet.

Sobald der Springer einen Fehler macht, setzt er aus, der andere Springer kommt dran. Er versucht sein Glück noch einmal, wenn er wieder an der Reihe ist.

Dieser Springer muss diejenige Gummihöhe und den Gummispruch, bei der er einen Fehler gemacht hat, wiederholen.

Er darf dieselbe Gummistufe höchstens dreimal wiederholen. Falls er auch beim dritten Mal scheitert, darf er weiter.

Um einen bestimmten Rhythmus zu erzielen, wird während der Sprünge oft ein Vers aufgesagt. Solche Verse sind:

Video mit Anleitungen findest du unter:

Petra Duck

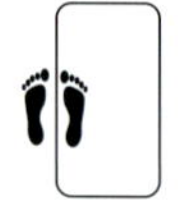
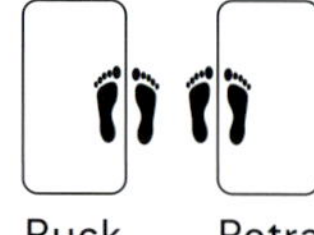
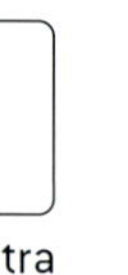
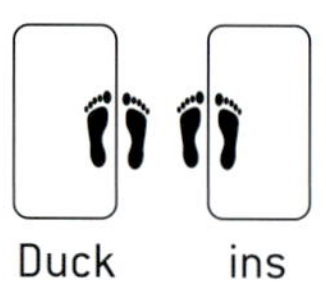
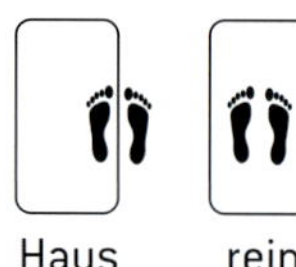
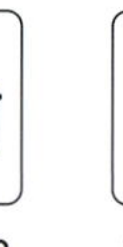
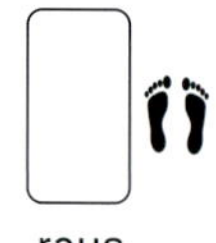

Hau Ruck Petra Duck ins Haus rein raus

Vornamen springen

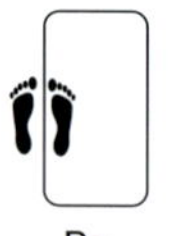
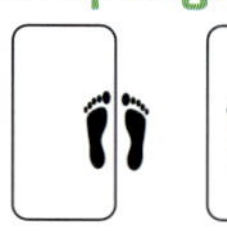
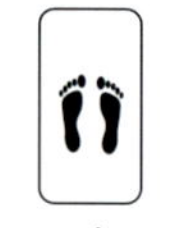
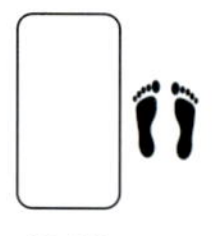
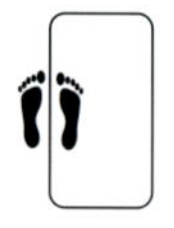

Pe- tra rein raus

Mäuschen Dick

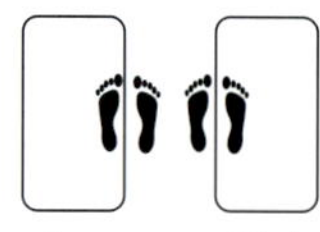
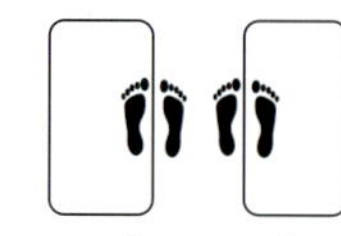
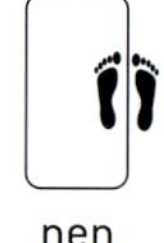
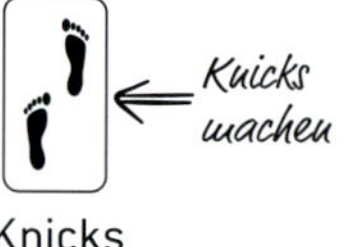

Mäus- chen Dick macht ein- nen Knicks

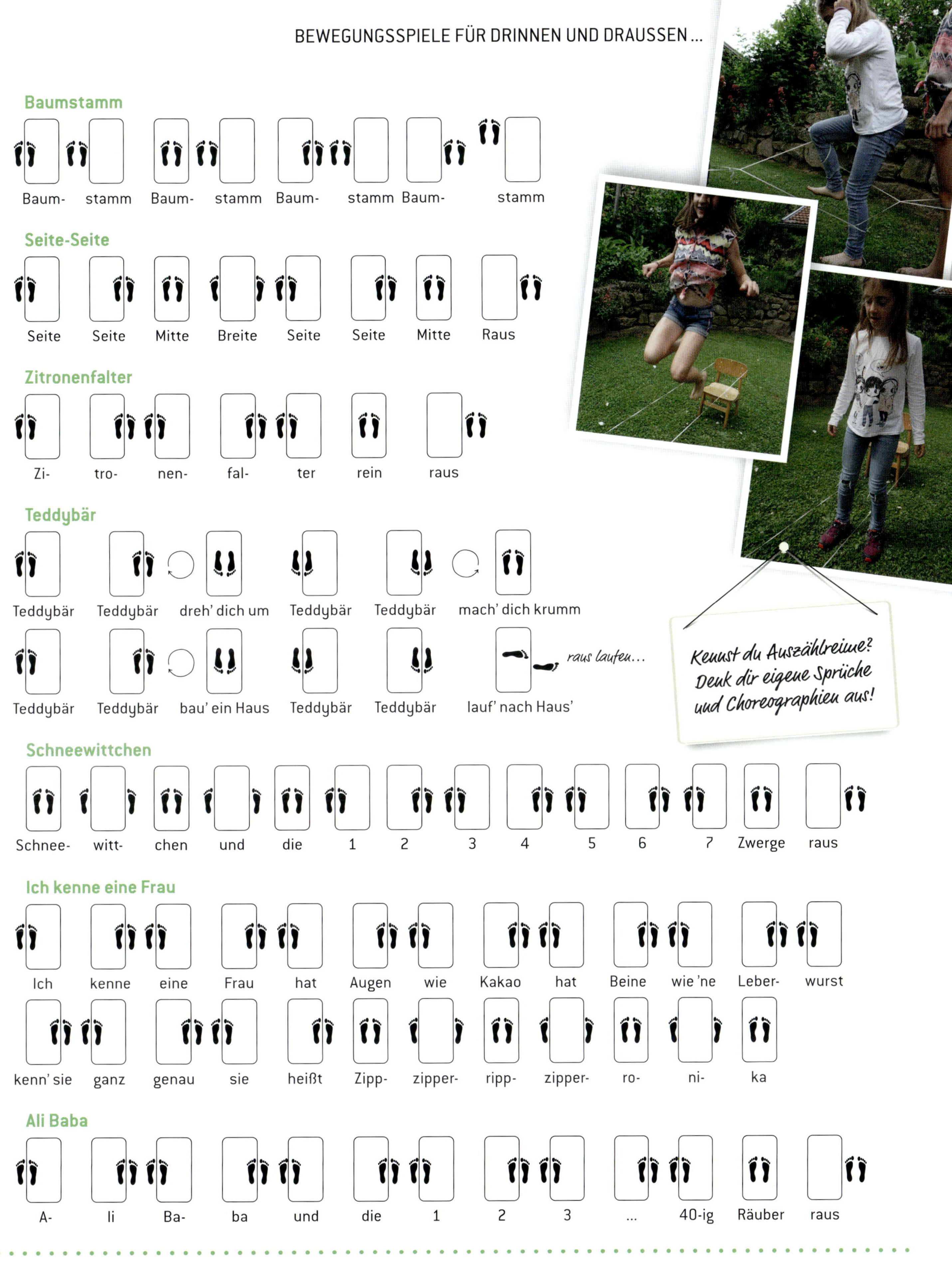

Baumstamm

Baum- stamm Baum- stamm Baum- stamm Baum- stamm

Seite-Seite

Seite Seite Mitte Breite Seite Seite Mitte Raus

Zitronenfalter

Zi- tro- nen- fal- ter rein raus

Teddybär

Teddybär Teddybär dreh' dich um Teddybär Teddybär mach' dich krumm

Teddybär Teddybär bau' ein Haus Teddybär Teddybär lauf' nach Haus' *raus laufen...*

Schneewittchen

Schnee- witt- chen und die 1 2 3 4 5 6 7 Zwerge raus

Ich kenne eine Frau

Ich kenne eine Frau hat Augen wie Kakao hat Beine wie 'ne Leber- wurst

kenn' sie ganz genau sie heißt Zipp- zipper- ripp- zipper- ro- ni- ka

Ali Baba

A- li Ba- ba und die 1 2 3 ... 40-ig Räuber raus

Kennst du Auszählreime? Denk dir eigene Sprüche und Choreographien aus!

Roboter-Spiel

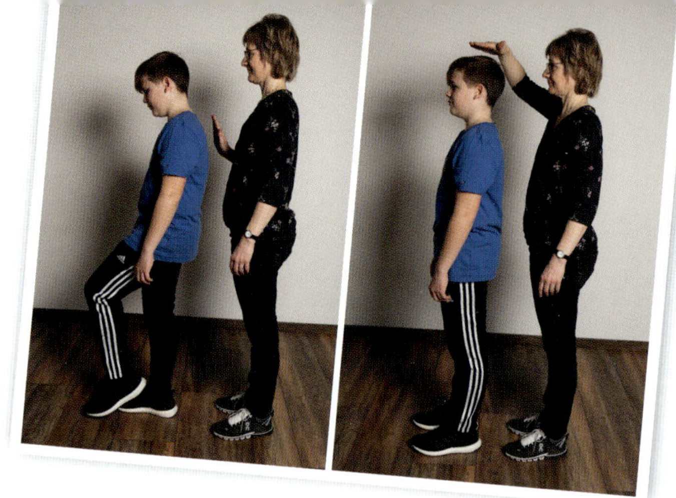

ANLEITUNG:

Es spielen immer zwei Personen zusammen: eine ist der Roboter, die andere ist der Maschinenführer und steht hinter dem Roboter. Die Befehle an den Roboter müssen durch Antippen ausgeführt werden. Es gibt folgende Befehle:

- **Antippen auf den Rücken:** Start, vorwärts gehen
- **Antippen am Bauch:** rückwärts gehen
- **Antippen rechte Schulter:** wir drehen nach rechts und gehen weiter
- **Antippen linke Schulter:** wir drehen nach links und gehen weiter
- **Antippen am Kopf:** stehen bleiben, Stopp

VARIANTEN:

- Der Roboter bewegt sich mit ruckartigen Bewegungen.
- Der Roboter schließt die Augen und verlässt sich ganz auf seinen „Steuermann".
- Man kann den Roboter mit noch weiteren Befehlen „programmieren", „Bücken" oder „Springen" können durch mehrmaliges Antippen angezeigt werden.

Ochs am Berg

Spieldauer: beliebig | Anzahl der Spieler: mindestens 3, besser ab 4 Spieler | Einsatzort: freie Fläche

ANLEITUNG:

Ein Kind wird zum „Ochsen" bestimmt und stellt sich vor eine Wand oder eine Mauer. Die übrigen Mitspieler positionieren sich nebeneinander am anderen Ende eines zuvor festgelegten Spielfeldes. Der „Ochs" ruft anschließend mit dem Gesicht von den anderen Spielern abgewandt den Spruch: „Ochs am Berg und ich dreh' mich um!" In dieser Zeit laufen die Kinder schnell in seine Richtung. Sobald der Spruch endet, dreht sich der „Ochs" blitzschnell um und die Spieler sollten völlig stillstehen.

Erwischt der „Ochs" ein Kind, das sich noch bewegt, so muss dieses wieder an die Startlinie zurück. Die übrigen Mitspieler dürfen an ihrer Position bleiben. Der „Ochs" dreht sich anschließend wieder um und ruft wieder seinen Spruch. Das Kind, das sich dem „Ochs" so nähern kann, um diesen mit der Hand berühren zu können, wird in der nächsten Spielrunde zum neuen „Ochs" ernannt.

VARIANTEN:

- Spannend wird das Spiel dadurch, dass die Worte: „Ochs am Berg und ich dreh' mich um" unterschiedlich schnell ausgesprochen werden können.
- Es können Hindernisse (Matten, Kästen, Balancierbalken) eingebaut werden.
- Man kann Bereiche markieren, in denen die Spieler beispielsweise auf einem Bein hüpfen, auf Zehenspitzen gehen oder auch krabbeln müssen.

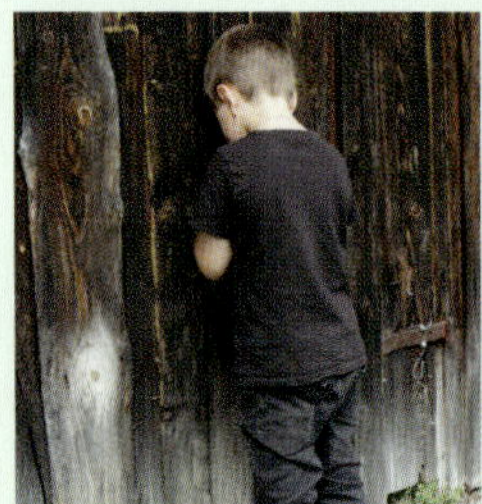

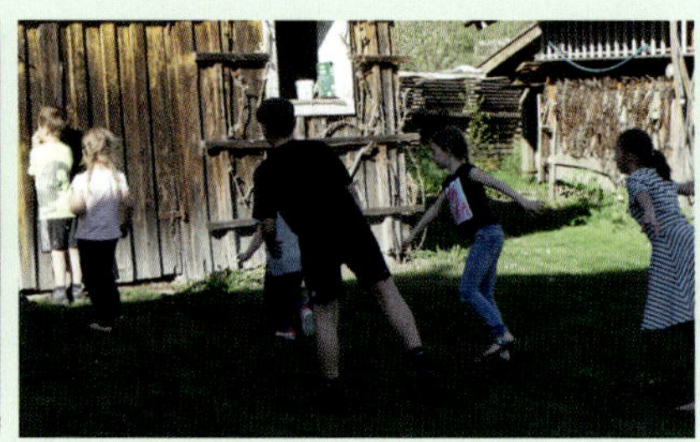

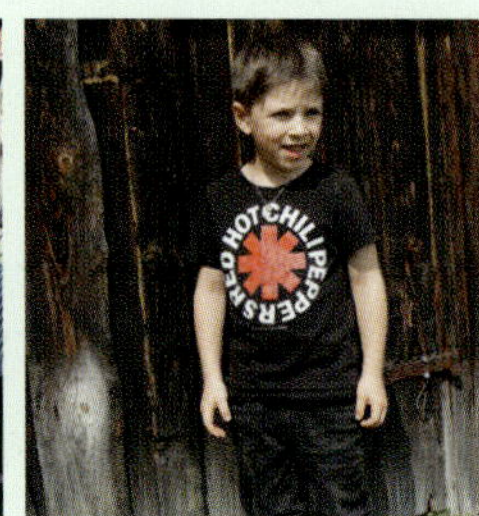

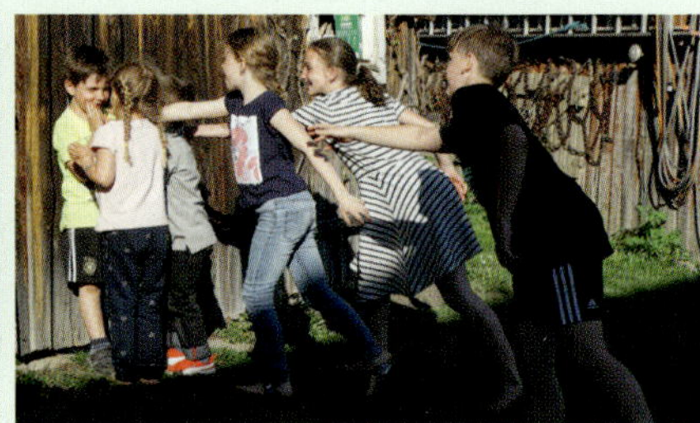

Ein Klassiker:

Versteckenspielen

Anzahl der Spieler: ab 2 Spieler, besser mit mehr | Spielort: im Freien oder in Innenräumen

ANLEITUNG:

1. Ein Kind wird durch einen Abzählreim ausgesucht und ist somit der „Sucher".
2. Angelehnt an einen Baum oder eine Wand hält es sich die Augen zu und zählt langsam bis 20.
3. Die anderen Kinder suchen sich währenddessen ein geeignetes Versteck und verhalten sich ganz leise.
4. Ist das suchende Kind mit dem Zählen fertig, ruft es: „Versteckt oder nicht – ich komme!"
5. Das suchende Kind darf die Augen öffnen und muss nun die anderen Kinder aufspüren.
6. Je nach Variante muss entweder das gefundene Kind berührt oder laut dessen Namen gerufen werden.
7. Der erste Gefundene wird der nächste Sucher.
8. Wenn alle Kinder gefunden sind, ist die Runde vorbei.

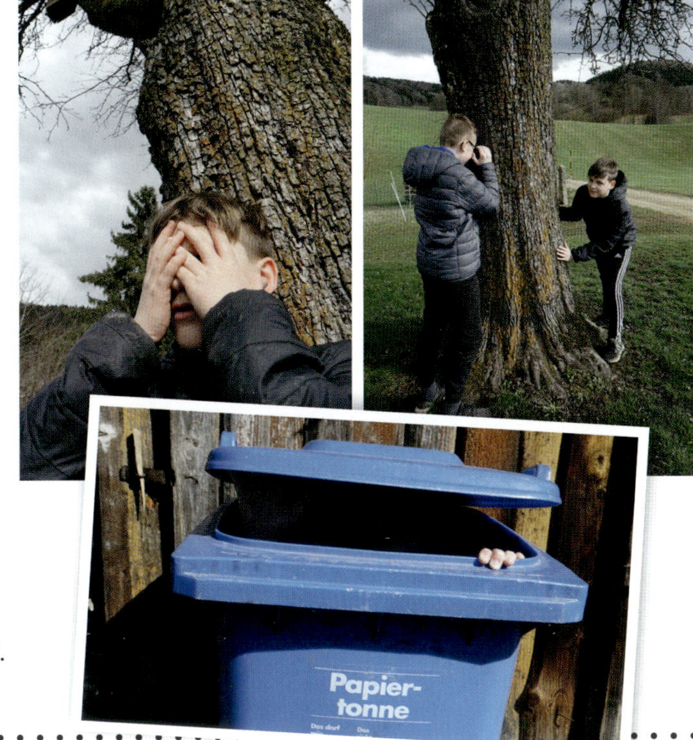

VARIANTEN

Fang-Verstecken spielen: Der Sucher muss die Kinder finden. Wird ein Kind aufgespürt, muss es weglaufen und wie beim Fangen spielen zuerst gefangen werden.

Mit Ball treffen: Gleicher Ablauf wie bei „Fang-Verstecken" spielen, aber der Sucher muss das laufende Kind mit dem Ball treffen.

Mehrfachversteck: Wenn das letzte Kind gesucht wird, können sich auch die Übrigen an der Suche beteiligen. Wird dieses dann von einem Mitspieler entdeckt, dürfen sich beide gemeinsam verstecken. Sie warten so lange, bis sie der Nächste findet usw. Erst wenn der eigentliche „Sucher" sie aufspürt, ist das Spiel beendet.

Verstecken spielen mit Anschlagen: Hat der „Sucher" ein verstecktes Kind gefunden, so müssen beide so schnell sie können zum vereinbarten Startpunkt zurücklaufen. Wenn der Versteckte schneller als der „Sucher" den Zählpunkt erreicht, hat er die Möglichkeit sich „freizuschlagen". Er berührt mit der Hand den Zählpunkt und ruft dabei seinen Namen und sagt „frei" z. B. „Anton frei" (Anton darf sich wieder verstecken]. Ist das suchende Kind jedoch zuerst am Punkt, schreit es laut z. B. „Anton verbrannt". Das Kind muss dann am Zählpunkt stehen bleiben und warten.

Während der „Sucher" andere versteckte Kinder finden möchte, haben die „Versteckten" die Möglichkeit sich jederzeit unbemerkt anzuschleichen und die bereits „Gefundenen" wieder am Zählpunkt „freizuschlagen". So heißt es dann: „alle frei". Die „Gefundenen" dürfen sich wieder neu verstecken und der „Sucher" muss wieder von vorne anfangen. Wenn alle Kinder gefunden bzw. „angeschlagen" sind, ist das Spiel beendet.

Wichtig ist, dass sich der „Sucher" deutlich vom Zählpunkt entfernt, sonst wird dies „Katzenwache" genannt und zählt somit nicht.

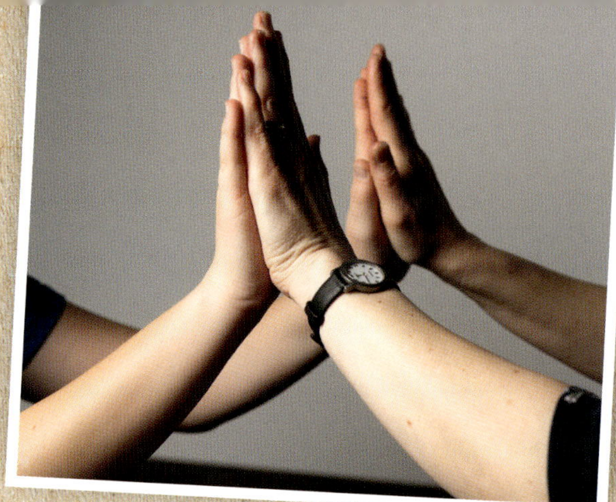

Wir klatschen in die Hände

Klatschlieder

Klatschspiele für Kinder sind schnell und einfach zu lernen und machen unendlich Spaß! Die Teilnehmer stehen paarweise gegenüber. Gemeinsam sprechen sie den Text. Nach den Vorgaben klatschen sie gemeinsam passend im Rhythmus mit.

1. BEI MÜLLERS HAT'S GEBRANNT

Bei Müllers hat's ge-brannt ... brannt ... brannt,
da bin ich hinge-rannt ... rannt ... rannt,
da kam ein Polizist ... zist ... zist,
der schrieb mich auf die List ... List ... List,
die List, die fiel in' Dreck ... Dreck ... Dreck,
da war mein Name weg ... weg ... weg,
da lief ich schnell nach Haus ... Haus ...Haus,
und die Geschicht' ist aus ... aus ... aus!

Zwei Spieler sitzen oder stehen sich gegenüber:
„Bei“: in die eignen Hände klatschen
„Mül-“: in die beiden Hände des Partners klatschen
„lers“: in die eigenen Hände klatschen
„hats“: in die beiden Hände des Partners klatschen
„ge-“: in die eigenen Hände klatschen
„brannt ... brannt ... brannt“ oder „rannt-rannt-rannt“: 3 x in die beiden Handflächen des Gegenübers klatschen.
Die weiteren Zeilen nach selbem Ablauf.

2. EM POM PIE

Em pom pie
Kolo-nie, Kolo-nastik,
em pom pie,
Kolo-nie,
Ada-demie Safa-rie,
Ada-demie,
puff ... puff!

Zwei Spieler sitzen oder stehen sich gegenüber:
„Em“: in die eigenen Hände klatschen
„pom“: in die beiden Hände des Partners klatschen
„pie“: in die eigenen Hände klatschen
„kolo-“: in die beiden Hände des Partners klatschen
„nie“: in die eigenen Hände klatschen usw.
„puff ... puff“: 2 x nacheinander in die Hände des Gegenübers klatschen

3. UND DER SEPPEL

Und der Seppel ... Seppel ... Seppel,
klaut die Äpfel ... Äpfel ... Äpfel,
und das Lieschen ... Lieschen ... Lieschen,
die Radieschen ... -dieschen ... -dieschen
Und der Koch ... Koch ... Koch,
fiel ins Loch ... Loch ... Loch,
aber tief ... tief ... tief,
so das er rief ... rief ... rief
Liebe Frau ... Frau ... Frau
hol mich raus ... raus ... raus
Wiederholung:
Denn der Seppel ... Seppel ... Seppel ...

Zwei Spieler stehen sich gegenüber:
„Und“: in die eigenen Hände klatschen
„der“: deinen Partner in die gegenüberliegende Hand (rechte Hand in die rechte Hand) klatschen
„Seppel“: in die eigenen Hände klatschen
„Seppel“: dem Partner in die gegenüberliegende Hand klatschen (linke Hand in die linke Hand)
Weitere Abfolge nach selben Schema: in die eigenen Hände klatschen, rechte Hand zu rechter Hand, in die eigenen Hände klatschen, linke Hand zu linker Hand ...
„raus ... raus ... raus“: jeweils in beide Hände des Partners klatschen

Marokkanisches Bewegungslied
A RAM SAM SAM

„A ram sam sam" ist ein marokkanisches Kinderlied und Spiel, das weltweit sehr populär ist. In anderen Varianten wird „aram" statt „a ram" oder „zam zam" statt „sam sam" verwendet.

Die Phrase „ram sam sam" hat wohl keine erkennbare Bedeutung, andere Wörter im Lied können wie folgt übersetzt werden:
„Guli guli guli": sag's mir, sag's mir, sag's mir
„A rafiq": ein Freund, ein Begleiter

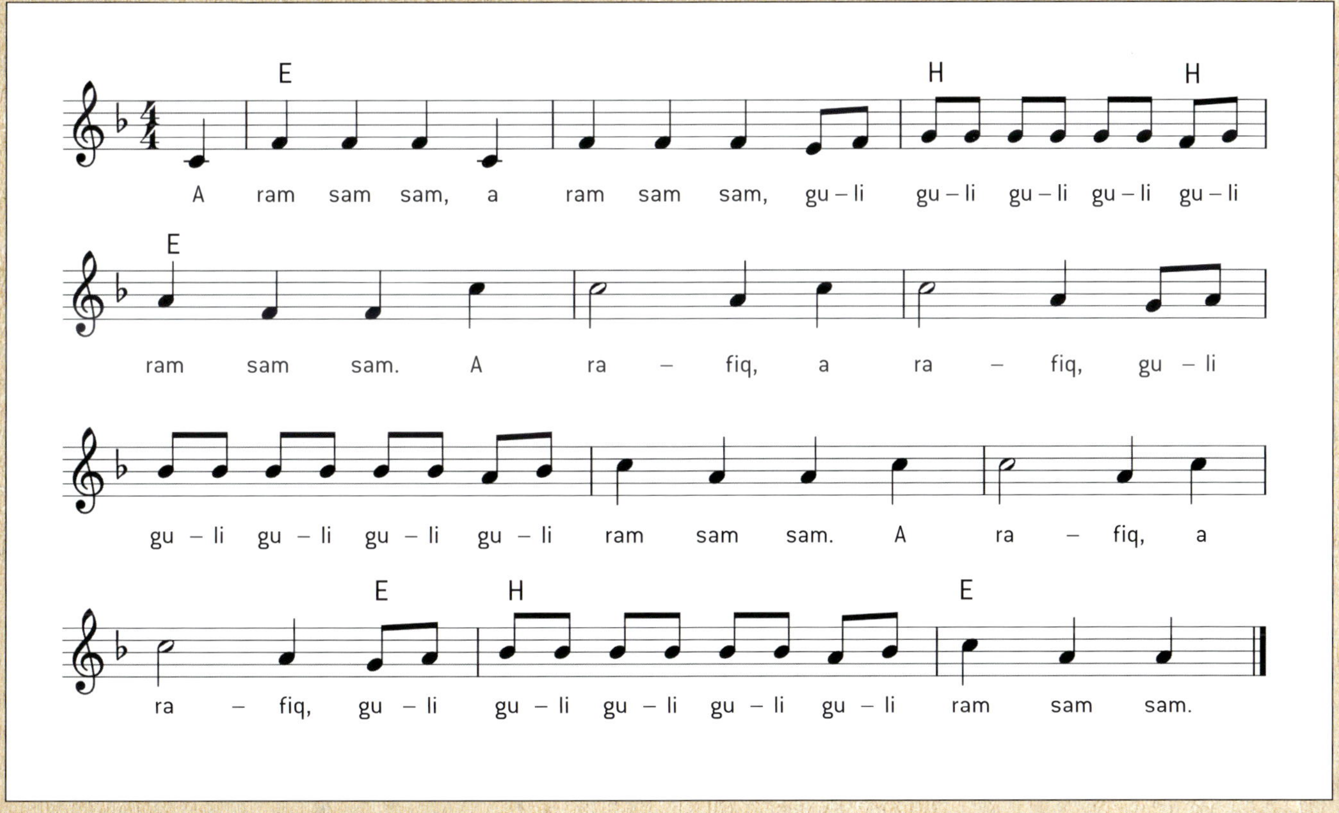

„A ram sam sam, a ram sam sam": Mit den Händen auf die Oberschenkel klatschen.
„guli guli guli guli guli": Die Hände rollen vor dem Oberkörper/Brust.
„ram sam sam": Mit den Händen wieder auf die Oberschenkel klatschen.
„A rafiq": Die Hände werden in die Luft gehoben, bis über den Kopf und nach unten geneigt.
„A rafiq": Das Gleiche noch einmal.
„guli guli guli guli guli": Die Hände rollen wieder vor dem Oberkörper.
„ram sam sam": Die Hände klatschen wieder auf die Oberschenkel.
Besonders viel Spaß bereitet es Kindern, wenn mehrere Durchläufe in unterschiedlichen Geschwindigkeiten und Lautstärken gesungen werden.

Lieder zum Mitmachen

Eine Alternative zu Klatschspielen sind Singspiele, bei denen verschiedene Bewegungen nachgeahmt werden.

Ein Hut, ein Stock, ein Regenschirm

„1 und 2 und 3 und 4 und 5 und 6 und 7 und 8!" bei jeder Zahl einen Schritt nach vorne gehen **„Ein Hut, ein Stock, ein Regenschirm!"** bei jeder Silbe einen Schritt nach vorne gehen **„Und vorwärts, rückwärts, seitwärts, ran!"** mit dem rechten Fuß nach vorne, nach hinten, zur Seite und zurück in die Ausgangsposition. Dann beginnt das Lied von vorne.

VARIANTEN:

- Beim zweiten Durchgang wird der linke Fuß benutzt.
- Nach **„Und vorwärts, rückwärts, seitwärts, ran!"** kommt noch **„Hacke, Spitze, hoch das Bein!"** (rechter bzw. linker Fuß auf die Hacke, auf die Fußspitze, Bein heben)

„Butterstampfen"

Alle sitzen um den Tisch. Der Erste fängt an und platziert seine Faust in die Mitte, wobei er den Daumen nach oben streckt. Der Nächste umschließt den Daumen des Ersten mit der Faust und stellt wiederum seinen Daumen auf. Das geht so lange, bis schließlich alle Fäuste zu einem wackeligen Turm gebaut sind.
Dann beginnt man mit dem Spruch: **„Butter-Butter-Stampfer, eine Hand muss weg!"**. Die unterste Hand muss nun flach auf dem Tisch liegen. Die anderen machen weiter: **„Butter-Butter-Stampfer, eine Hand muss weg!"**. Wieder muss die unterste Faust flach auf die Hand des ersten Spielers gelegt werden. Das geht solange weiter, bis alle Hände übereinander liegen. Dann muss der unterste Spieler seine Hand wegziehen und oben auf den Berg legen und weiter so, bis einer das Spiel beendet.

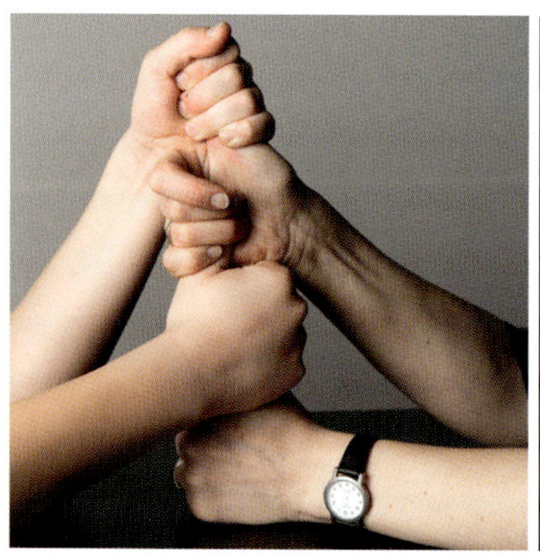

Video zum „Butterstampfen" unter:

VARIANTEN:

① Mit der Zeit werden die Stampfbewegungen immer schneller, die Hände wechseln immer hektischer, bis schließlich alles im einen wilden Durcheinander endet.
② Der Erste fängt an und platziert seine Faust in die Mitte, wobei er den Daumen aufstellt. Rhythmisch schlägt er mit der Faust auf den Tisch und sagt: **„Butter-Butter-Stampfer, eine Hand muss her!"**. Der Nächste umschließt den Daumen mit der Faust und stellt wiederum seinen Daumen auf. Nun schlagen beide rhythmisch auf den Tisch und sagen: **„Butter-Butter-Stampfer, eine Hand muss her!"**.

Dies geht so lange, bis schließlich alle Fäuste aufeinander sind. Dann geht es andersherum. Beim nächsten Mal heißt es: **„Butter-Butter-Stampfer, eine Hand muss weg!"**. Der Spieler, dessen Faust unten ist, zieht seine Hand weg und umfasst damit die oberste Hand. So geht es reihum.

Altes Sing- und Bewegungsspiel

Die Meyersche Brücke

Spieldauer: ca. 10 Min. | Anzahl der Spieler: ab 4 Spieler
Einsatzort: beliebig

ANLEITUNG:

Zwei Kinder werden als Brückenkinder bestimmt. Diese sprechen sich heimlich ab, wer „Apfel" oder „Birne" und wer „Engelchen" oder „Bengelchen" ist. Haben sie das ausgemacht, kann es losgehen.

Diese zwei Kinder bilden eine Brücke, indem sie ihre Arme ausstrecken und ihre Handflächen gegeneinander legen. Alle anderen Kinder stellen sich vor der Brücke auf und ziehen in einem langen Zug durch die Brücke hindurch. Dabei wird gesungen: **„Die Meyersche Brücke, die Meyersche Brücke, wer hat sie denn zerbrochen, der Erste nicht, der Zweite nicht, der Dritte wird gefangen, mit Biegen und mit Stangen."** Mit dem letzten Ton schnappen die Arme herunter und fangen das Kind, das sich gerade darunter befindet.

Es wird nun gefragt: **„Möchtest du Apfel oder Birne?"**. Das gefangene Kind muss sich hinter dem jeweiligen Brückenkind anstellen. Das Lied wird wiederholt, bis alle Kinder hinter einem Torkind stehen. Nun wird das Rätsel gelöst: **„Alle meine Engelchen"** oder **„Alle meine Bengelchen"**.

Zum Schluss werden die Kinder, die auf der Engelseite anstehen, nacheinander sanft auf überkreuzten Händen gewogen. Dazu singen die Kinder: **„Engel, Engel, fliege hoch in den Himmel und wieder runter"**.

Dann sind die „Bengelchen-Kinder" an der Reihe und werden nacheinander zwischen den Armen der Brückenkinder hin- und hergeschubst: **„Wer rumpelt und pumpelt in meinen Haus, der/die ...** (Name des Kindes) **zum Tore hinaus!"**

Nun werden zwei andere Kinder als Brückenkinder gewählt.

LIEDVARIANTEN:

1. Goldne, goldne Brücke
   wer hat sie denn zerbrochen?
   Der Goldschmied, der Goldschmied
   mit seiner jüngsten Tochter.
   Zieht alle durch, zieht alle durch,
   den letzten woll'n wir fangen,
   mit Spießen und mit Stangen.

2. Machet auf das Tor! Machet auf das Tor!
   Es kommt ein goldner Wagen.
   Wer sitzt darin? Wer sitzt darin?
   Ein Mann mit goldnen Haaren.
   Was will er denn? Was will er denn?
   Er will die Schönste haben.
   Die Erste nicht,
   die Zweite nicht,
   die Dritte wird gefangen,
   mit Biegen und mit Stangen

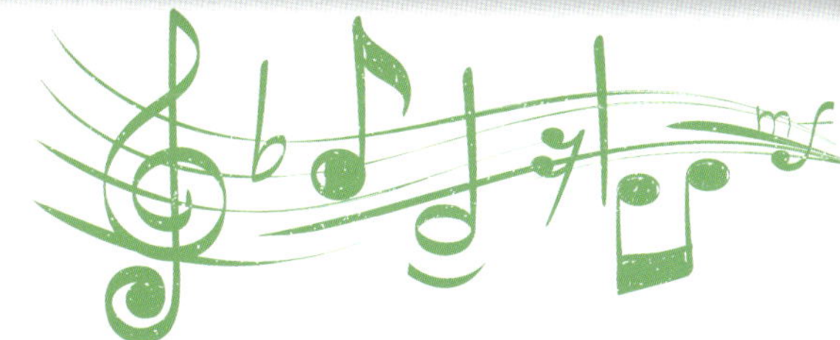

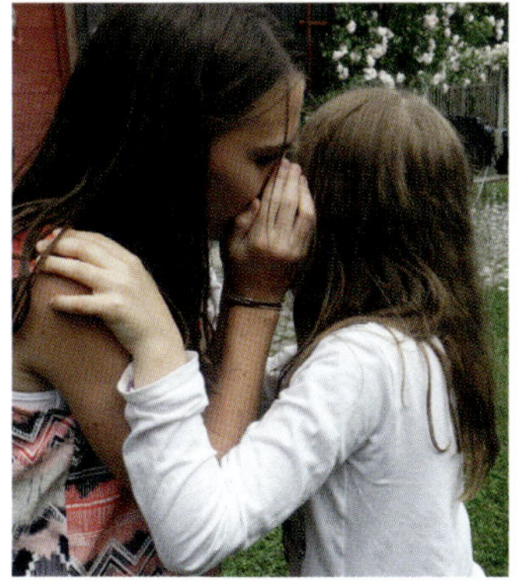
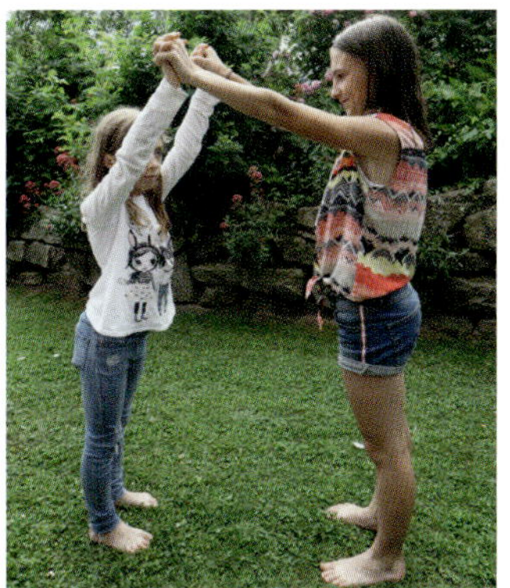
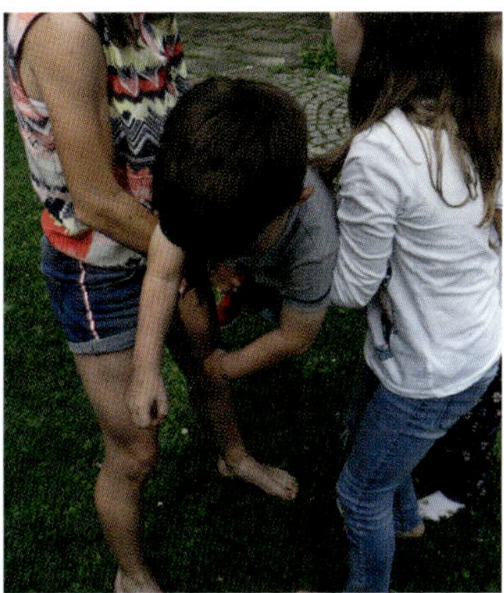
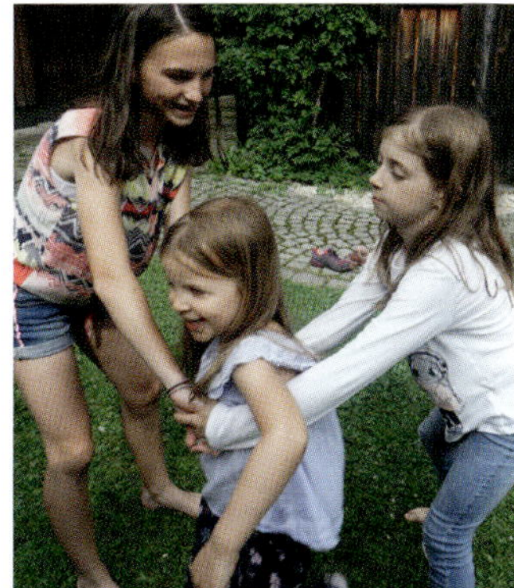

DER

FANTASIE

FREIEN LAUF LASSEN

... formen, gestalten, kneten, ...

Wir machen uns Fingerfarben und Kleber

Fingerfarbe

Zarte Farbtöne zum Malen auf Papier.

- ca. 2 ½ EL Mehl mit
- ½ TL Salz vermischen
- 50 ml kaltes Wasser unterrühren
- etwas Lebensmittelfarbe dazugeben und gut vermengen

Ergibt eine Portion Kinder-Fingerfarben. Zum Aufbewahren in Gläser abfüllen.

Fingerfarbe

zum Malen beim Baden

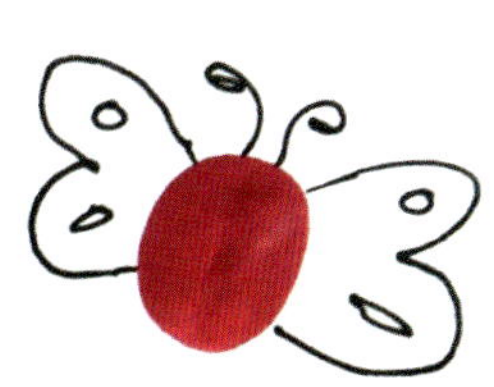

- 80 ml Babyshampoo mit
- 2 EL Maisstärke vermischen

In 3 bis 4 Portionen aufteilen und jeweils verschiedene Lebensmittelfarben unterrühren.

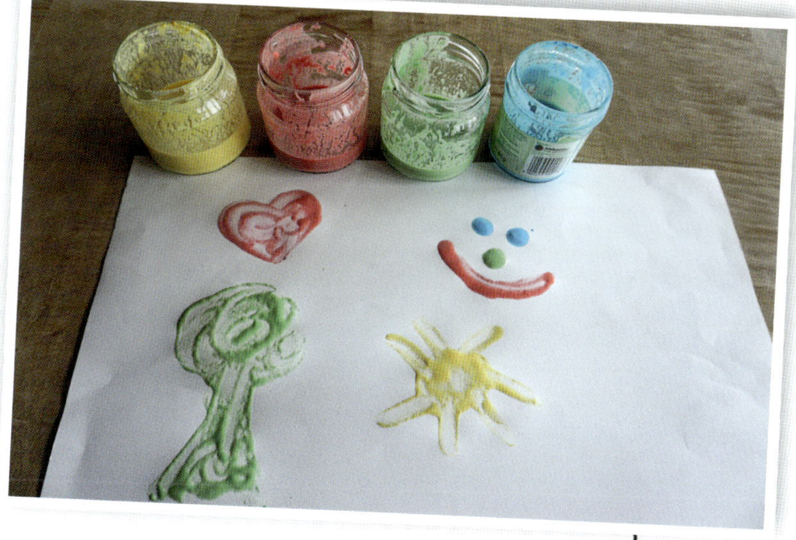

Stärke-Bastelkleber

- 55 g Speisestärke
- 1 EL hellen Essig
- 1 TL Salz
- 400 ml kochendes Wasser
- 100 ml kaltes Wasser

Essig und Salz zum kochenden Wasser in den Topf geben und umrühren. Stärke mit kaltem Wasser anrühren und zugeben. Erwärmen und so lange rühren, bis es zu einer joghurtartigen Masse wird. Sollte die Masse zu fest werden noch etwas Wasser dazu geben.

Den Klebstoff in die vorbereiteten Gläser füllen und verschließen.

Sollte die Klebemasse nach längerem Aufbewahren fest werden: Die Masse zerkleinern, in einem Topf geben, Wasser dazu und auf dem Herd unter ständigem Rühren erhitzen. Die Masse verbindet sich wieder neu.

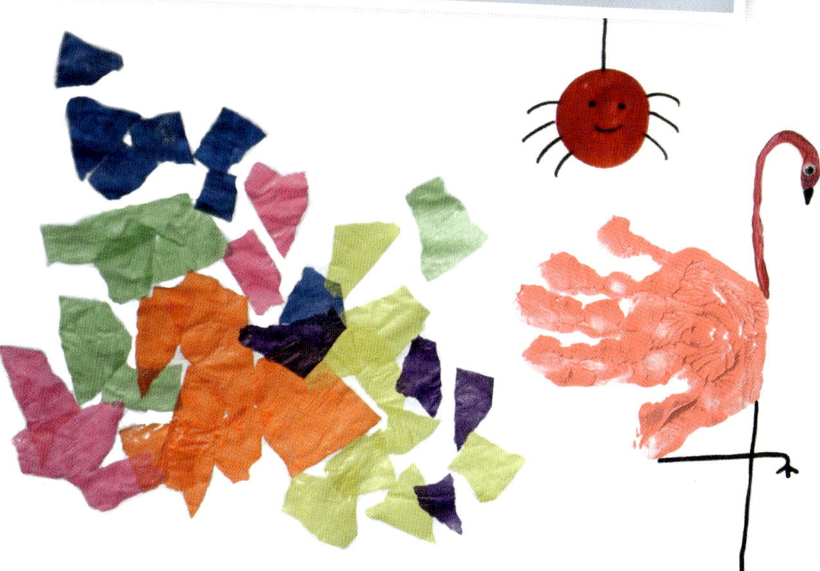

Herstellen einer Fingerpuppe

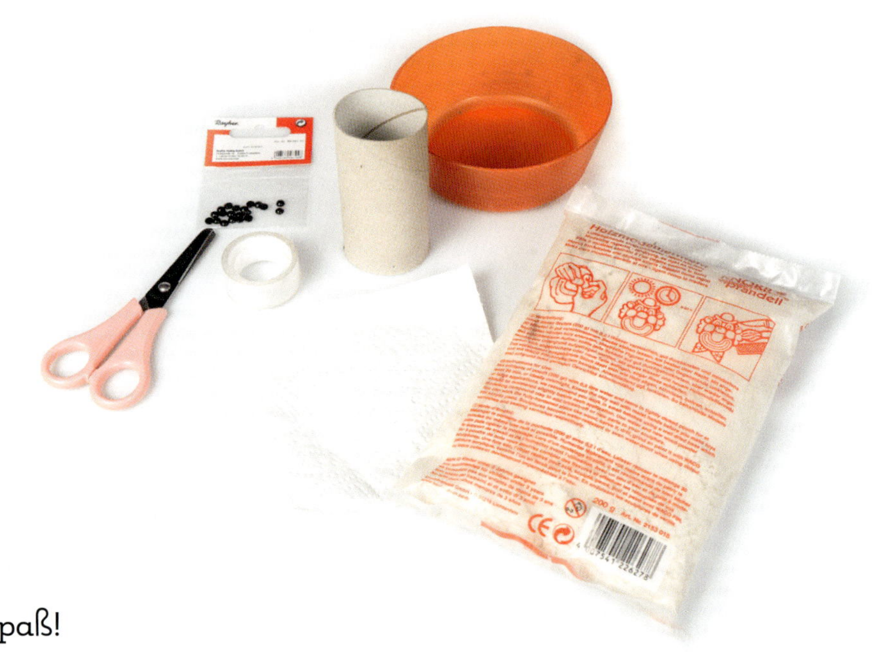

Ein Puppentheater spielen mit eigenen Fingerpuppen macht total Spaß!

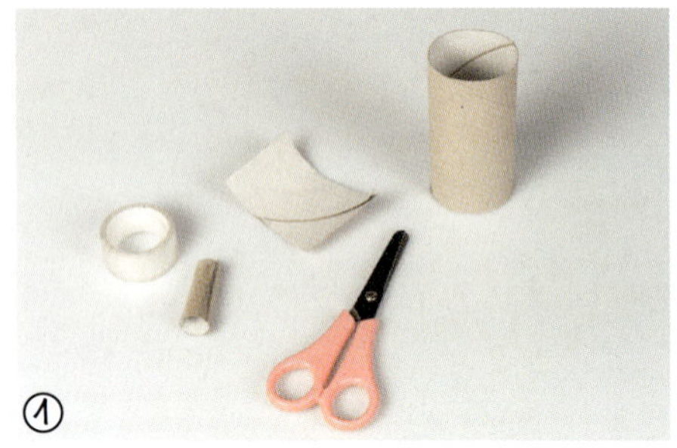
①

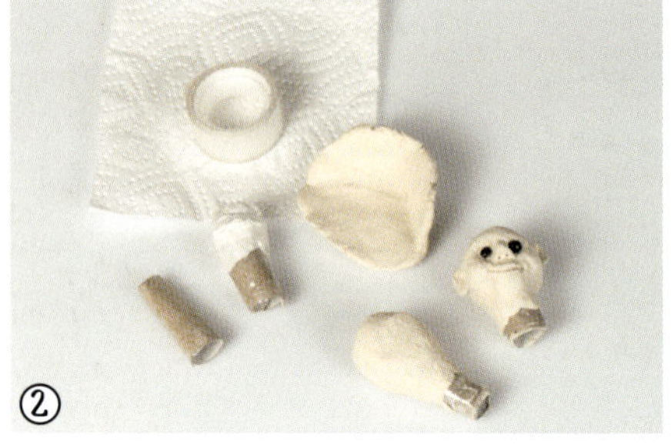
②

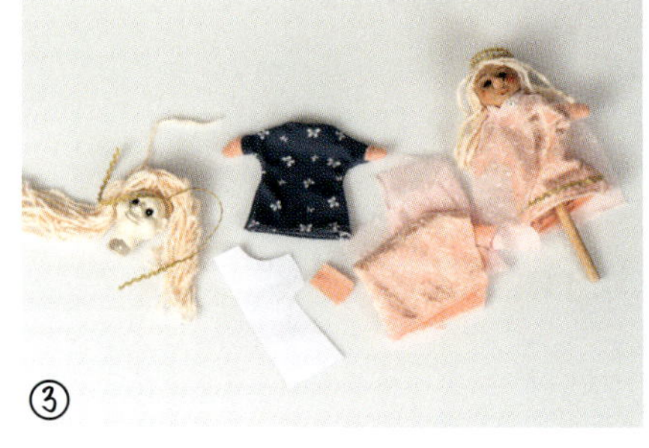
③

MATERIAL:

Holzmodelliermehl, Küchenpapier, Klopapierrolle, Wasser, Schere, Tesafilm, Farben zum Anmalen, Stoffreste/Fäden/Wolle

Fertigung einer Rohrhülse für den Unterbau: Wir schneiden eine Klopapierrolle schräg ab, machen einen Rohling (Länge ca. 3 cm), sodass ein Finger hineinpasst und kleben dies mit Klebestreifen ab.

Wir nehmen ¼ Blatt von einem Küchenpapier, zerknüllen dies und spannen es um die Rohrhülse, dann mit Tesafilm gut befestigen. Das Holzmodelliermehl wie auf der Verpackung beschrieben anrühren.

Wir nehmen ein Stückchen Holzmodelliermasse, machen einen Fladen und legen es um das befestigte Küchenpapier. Das Holzmehl gut verstreichen. Aus dem restlichen Holzmehl werden die Gesichtsteile hergestellt.

Nase: Wir formen eine kleine Wurst und setzen diese mittig ins Gesicht – verstreichen.
Kinn: Wir formen eine kleine Wurst und setzen diese unten an.
Mund: Wir formen eine ganz kleine Wurst und setzen diese unter die Nase.
Augen: Wir formen zwei kleine Kugeln und setzen diese neben der Nase ein oder wir nehmen Tieraugen (Plastik-Halbperlen 4 bis 6 mm).

Der Modellierkopf muss nun ca. 2 Tage trocknen, oder bei 90 Grad ca. 1 Stunde in den Backofen.

Anmalen: Die Farben Braun, Gelb, Grün mit ein wenig Rot mischen (es soll einen beigen Farbton ergeben) mit dem wir den Kopf anmalen. Augen, Backen, Mund, Augenbrauen mit Wassermalkasten anmalen, evtl. danach mit mattem Klarlack kurz bespritzen.

Kleidung: Zuschneiden und abnähen, am Hals zuziehen und ankleben.

Aus Wolle oder Filzwolle Haare machen und ankleben.

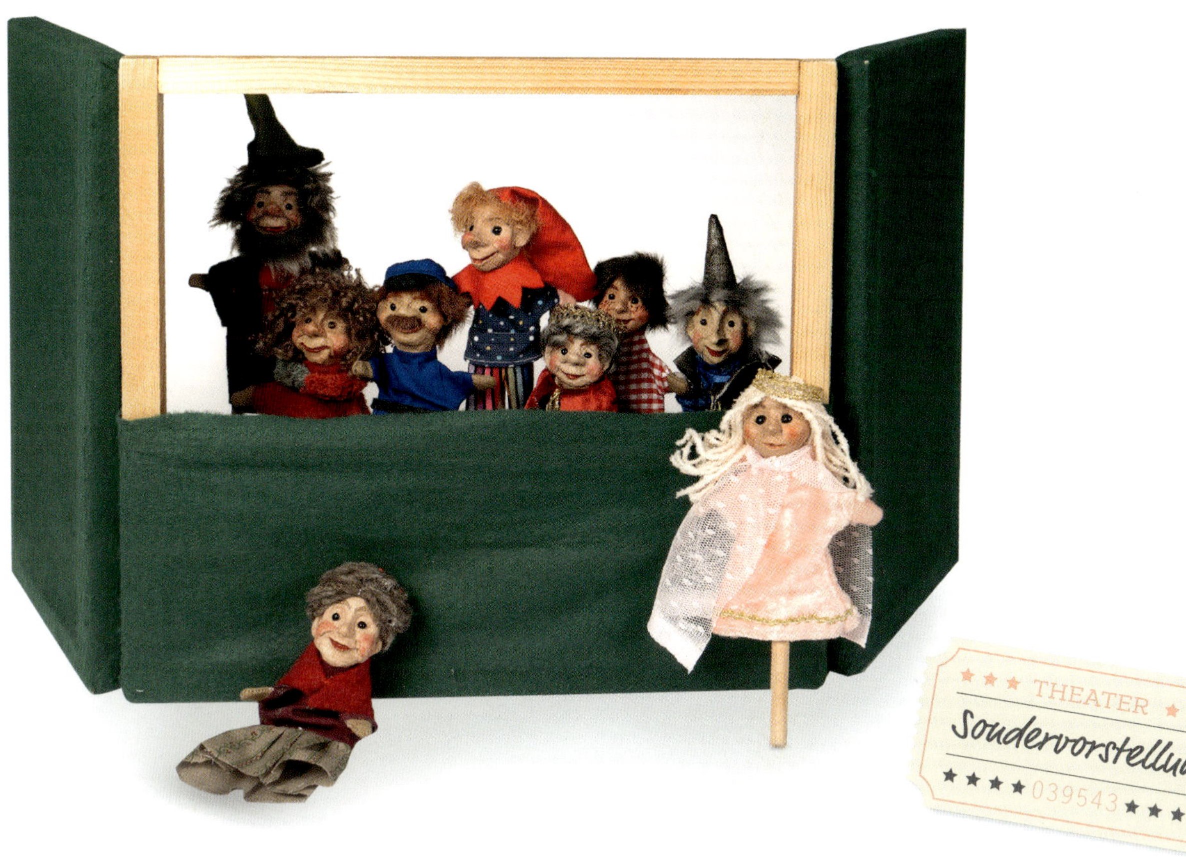

Lustige Stücke zum Nachspielen

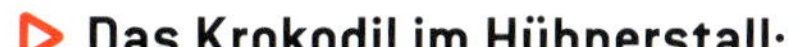

Die entführte Prinzessin:

Kasperl und Prinzessin spielen im Wald verstecken, die Prinzessin wird vom Räuber entführt und eingesperrt. Kasperl fragt die Kinder, wo die Prinzessin sei. Er überlistet den Räuber und befreit die Prinzessin.

Das Krokodil im Hühnerstall:

Das Krokodil ist aus dem Zoo ausgebrochen. Da es Hunger hat, isst es alle Eier im Hühnerstall der Großmutter oder der Prinzessin auf. Das Krokodil wird vom Kasperl mit einer Wurst gefangen und wieder in den Zoo geschickt.

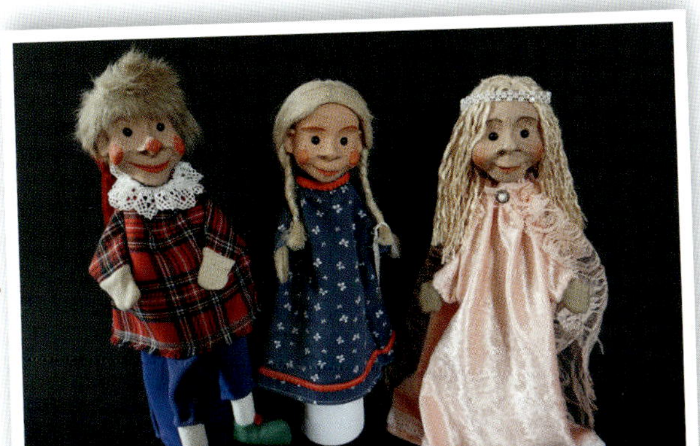

Tri-tra-trullalla-
der Kasperl, der ist wieder da!

Ein Buch *selber gestalten*

MATERIAL:

DIN A4 Papier, Stifte, Tesafilm

ANLEITUNG:

Wir malen Bilder (Rakete, Auto, Haus, Mensch, Feuerwehrauto …) und kleben die bemalten Blätter zusammen.

Nun gibt es eine Geschichte:

+++ Die Wetterprognose ist heute sehr gut. Kein Regen, kein Gewitter, die Sonne scheint vom Himmel. Es kann losgehen. Zwei schwarze Raketen starten in das Weltall. Der Countdown läuft: 10 – 9 – 8 – 7 – 6 – 5 – 4 – 3 – 2 – 1 – 0 – der Start ist geglückt. Mit hoher Geschwindigkeit steuert die Rakete dem Mars entgegen. Dort angekommen, werden die Türen automatisch geöffnet. Eine Leiter fährt sich computergesteuert aus. Der erste Astronaut steigt auf den Boden des Mars. Plötzlich kommt ein gelbes Auto vorbeigeflitzt. Ein grünes Männchen steigt aus und sagt: „Hey Leute, ich lade euch zu einer Tasse Tee in mein gelbes Haus ein. Steigt ein!“ … +++

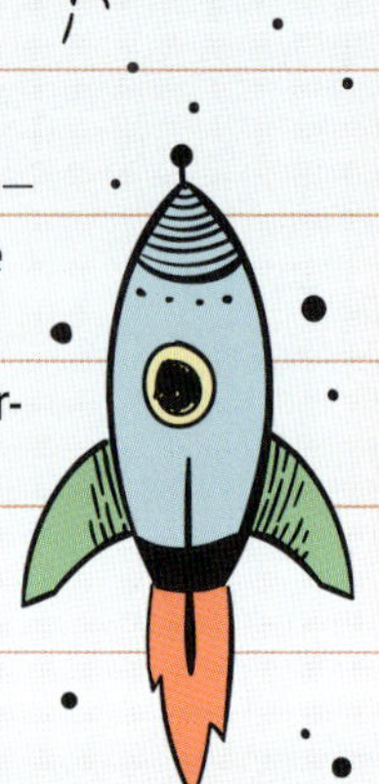

VARIANTEN:

+ Geschichte über ein Thema: Wir malen verschiedene Bilder zu einem konkreten Thema, z. B. Weltall (Rakete, Planeten)
+ Weitere Themenschwerpunkte sind: Bauernhof, Spielplatz, Zoo …
+ Was erlebt ein rotes Auto so alles am Tag?
+ Der Hund geht alleine spazieren: Wen trifft er alles?

Der Wurm

+++ Ein Wurm hat sich zwischen drei Steinen verfangen. Da kommt ein Wal vorbeigeschwommen, der möchte dem Wurm helfen und er zieht und zieht, aber es geht nicht. Daraufhin kommt ein Sägefisch vorbeigeschwommen. Der Sägefisch hält sich beim Wal fest und sie ziehen und ziehen, aber der Wurm kommt nicht heraus … +++

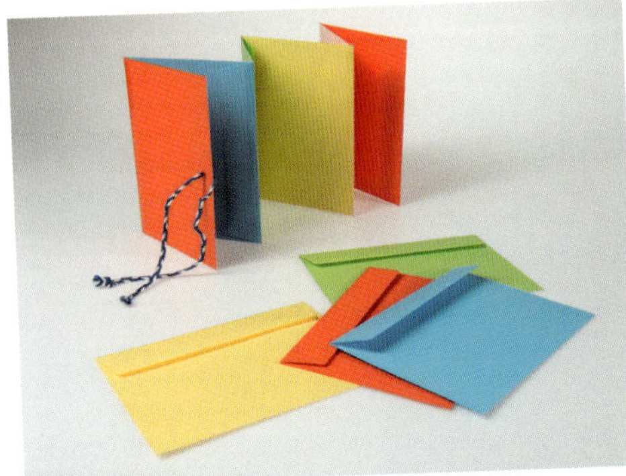

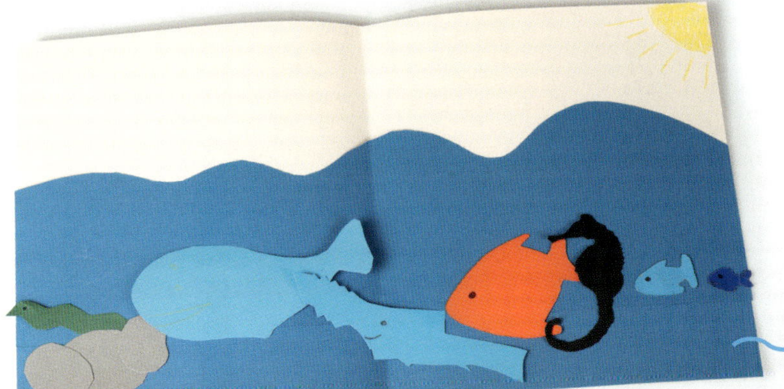

VARIANTEN:

+ Faltbuch + Postkarten-Buch
+ Briefkuvert-Buch + Monatsbuch
+ Jahreszeiten-Buch + ICH-Buch
+ Urlaubs-Buch

Das Rübchen

MATERIAL:
Tonpapier, Schere, Arbeitsblatt „Rübchen“ (Anlage S. 121)

ANLEITUNG:

Das Arbeitsblatt „Rübchen“ wird angemalt, auf Tonpapier geklebt und ausgeschnitten. Für die Kulisse benötigen wir noch einen Acker, eine Wiese und evtl. eine Sonne.

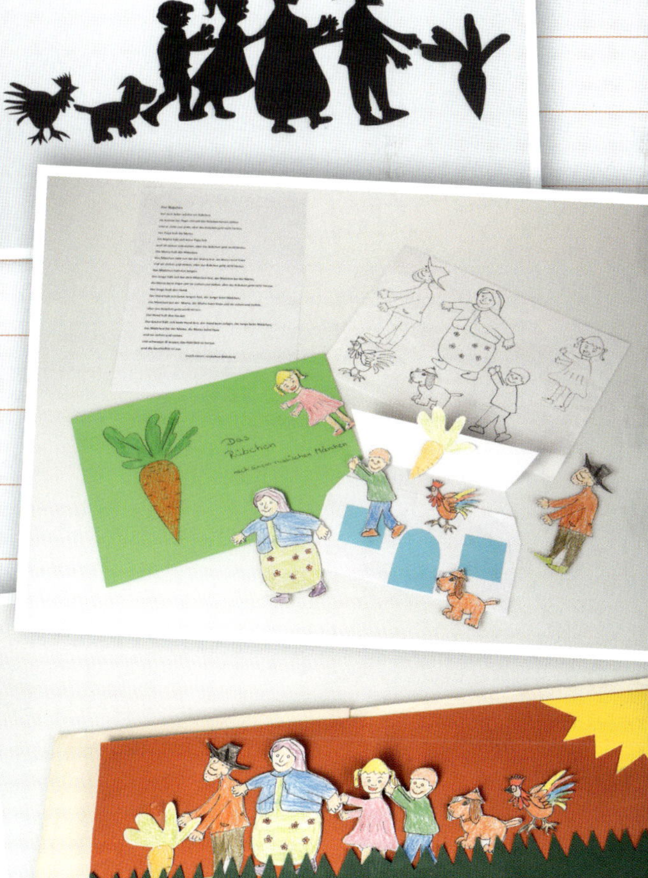

Nun geht's los:
+++ Auf dem Acker wächst ein Rübchen. Da kommt der Papa und will das Rübchen herausziehen. Und er zieht und zieht, aber das Rübchen geht nicht heraus. Der Papa holt die Mama. Die Mama hält sich beim Papa fest und sie ziehen und ziehen, aber das Rübchen geht nicht heraus. Die Mama holt das Mädchen. Das Mädchen hält sich bei der Mama fest, die Mama beim Papa und sie ziehen und ziehen, aber das Rübchen geht nicht heraus. Das Mädchen holt den Jungen. Der Junge hält sich bei dem Mädchen fest, das Mädchen bei der Mama, die Mama beim Papa und sie ziehen und ziehen, aber das Rübchen geht nicht heraus. Der Junge holt den Hund. Der Hund hält sich beim Jungen fest, der Junge beim Mädchen, das Mädchen bei der Mama, die Mama beim Papa und sie ziehen und ziehen, aber das Rübchen geht nicht heraus. Der Hund holt den Gockel. Der Gockel hält sich beim Hund fest, der Hund beim Jungen, der Junge beim Mädchen, das Mädchen bei der Mama, die Mama beim Papa und sie ziehen und ziehen und schwupps di wupps, das Rübchen ist heraus und die Geschichte ist aus. +++

nach einem russischen Märchen

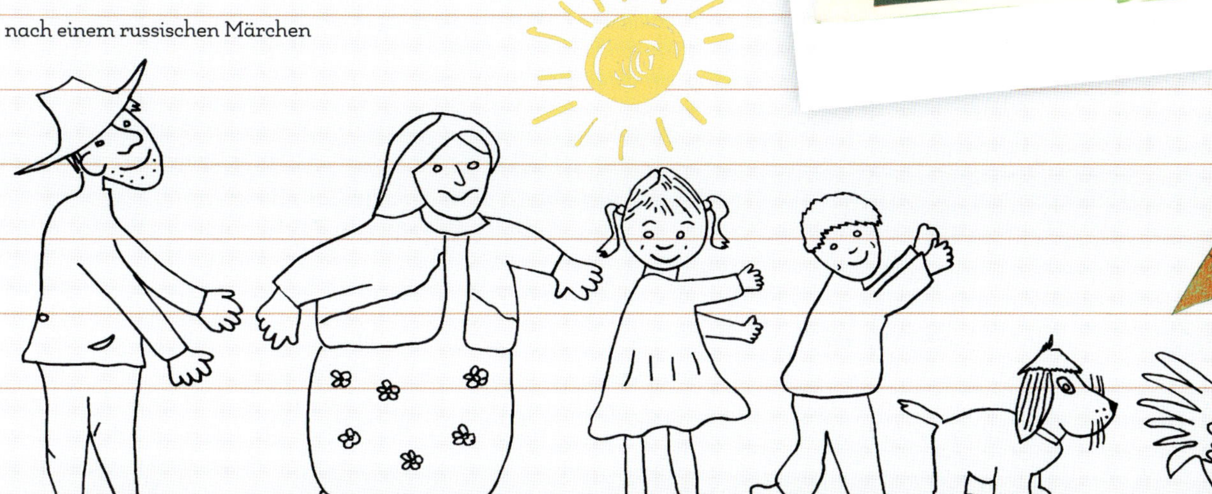

Mit Ton arbeiten

Beim Arbeiten mit Ton kommen unterschiedliche Techniken zur Anwendung: drücken, kneten, pressen, ausstechen, formen

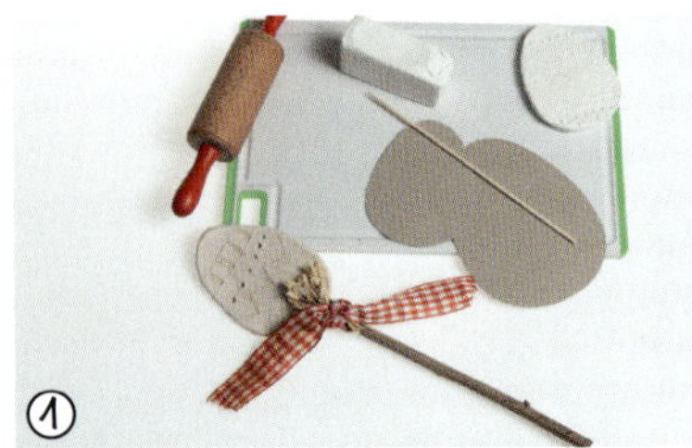

①

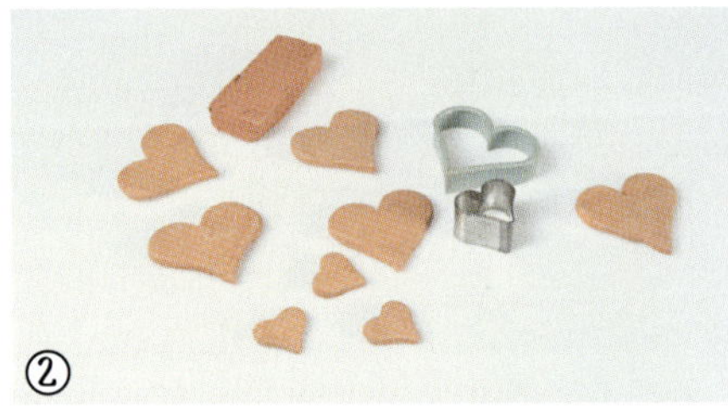

②

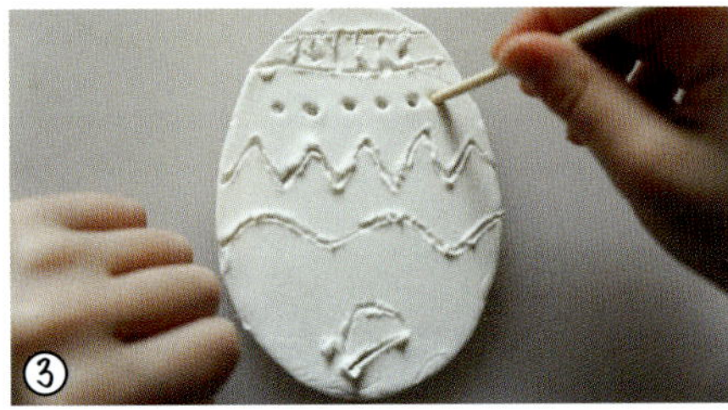

③

MATERIAL & HILFSMITTEL:

Modelliermasse (weiß oder Terrakotta), kleine Schale mit Wasser, Nudelholz, Ausstecher, Motivformen, Unterlage, Messer

Ton lässt sich sehr schön formen und wir verwenden einen selbsttrocknenden Ton (leider muss er einige Tage trocknen).

1. Vorlage: Wir legen uns auf ein Motiv fest (z. B. Osterei) und schneiden entweder mit einem kleinen Messer oder einem Zahnstocher an der Vorlage entlang.

2. Aufhänger: Wir stechen mit Ausstechern verschiedene Motive aus und können diese noch verzieren. Denkt dabei auch an die Löcher zum Aufhängen!

3. Wir modellieren nach eigener Fantasie (Eule, Schüssel für ein Teelicht, Weihnachtsbaum, kleines Osternest, Schlange ...)

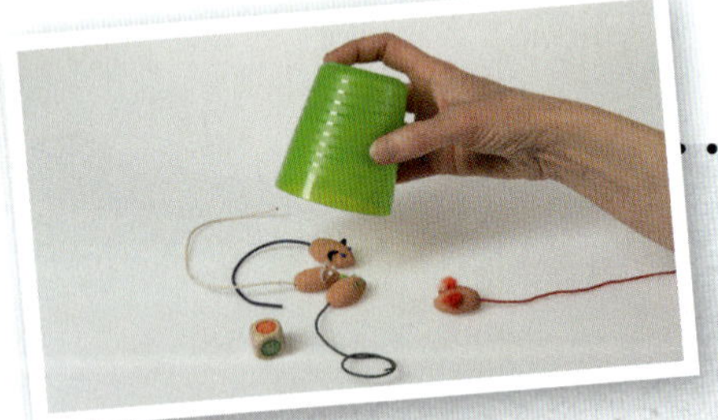

Unser Mäusespiel aus Ton

MATERIAL:

Ton, Schnur, Stoff, Stecknadeln mit farbigen Köpfen, Kleber, Becher, Farbenwürfel, Unterlage, Messer, Zahnstocher

ANLEITUNG:

Wir modellieren eine kleine Maus (kleine Kugel machen, längliche Schnauze formen). Mit dem Zahnstocher hinten ein Loch vorstechen, mit Kleber die Wolle oder ein Lederband für Schwanz einfügen, verstreichen. Farbige Stecknadeln kürzen und in den Ton stecken – die Augen sind fertig. Die Ohren können aus Stoff sein und in den Ton gesteckt werden. Trocknen lassen. **Wichtig:** Auf die Farben achten, d. h. roter Schwanz, rote Augen, rote Ohren!

REAKTIONSSPIEL „WER FÄNGT DIE MAUS?"

Anleitung: Jeder Mitspieler bekommt eine Maus und hält diese am Schwanz fest. Die Mäuse bleiben in einer Begrenzung. Ein Teilnehmer ist der Fänger (Katze). Der Fänger würfelt mit einem Farbwürfel und versucht schnell die Maus in der Farbe einzufangen, die er gewürfelt hat. Wird die richtige Maus eingefangen, wird gewechselt.

VARIANTEN:

- **Zahlenwürfel:** Bei der Zahl „Eins" und „Sechs" sollte keine Maus im Becher sein, d. h. alle Teilnehmer müssen ihre Maus am Schwanz vorher wegziehen.
- **„Drei":** Der Fänger hält seinen Becher über den Kreis, er fängt an zu zählen. Bei „drei" ziehen die Mitspieler die Mäuse schnell aus dem Kreis. Der Fänger muss auf der Begrenzung die Mäuse fangen. Gefangene Mäuse dürfen bem nächsten „Fängerwechsel" wieder mitspielen.
- **Würfel mit Maus- oder Katze-Abbildung:** ein Würfel wird umgestaltet (vier Maus-Abbildungen und zwei Katze-Abbildungen auf den Würfel aufkleben). Würfelt der Fänger eine Maus-Abbildung werden die Mäuse nicht gefangen. Hingegen bei einer Katze-Abbildung darf der Fänger die Mäuse fangen. Für den Fänger gibt es Punkte.

Kreativer Bastelspaß mit Knete

ZUTATEN:

400 g Mehl
400 ml kochendes !!! Wasser
130 g Salz
2 EL Zitronensäure
4 bis 6 EL Öl
evtl. Lebensmittelfarbe

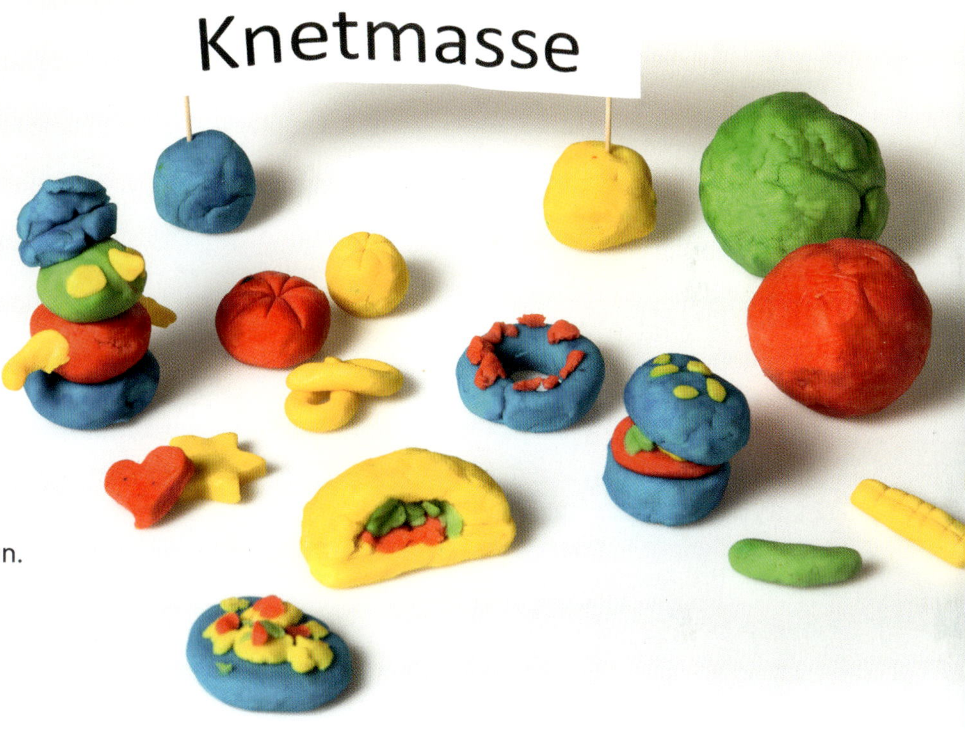

ZUBEREITUNG:

Mehl, Salz und Zitronensäure gut vermischen. Wasser und Öl separat mischen. Je mehr Öl man zum Wasser gibt, desto geschmeidiger wird die Knete. Beide Gemische nun langsam miteinander vermengen und gut verkneten. Nach dem Abkühlen ist die Knete fertig.

Mit Lebensmittelfarben kann die Knete eingefärbt werden.

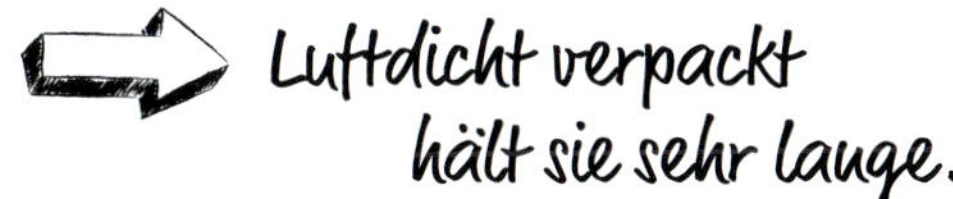

Spielmöglichkeiten

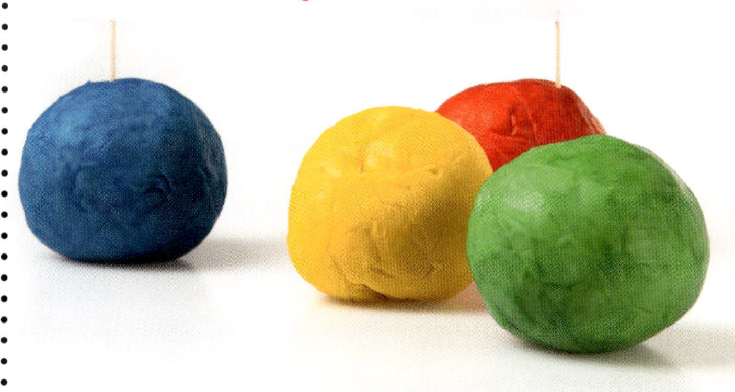

- **Einkaufen spielen**: Es werden Knödel, Würste, Plätzchen (Ausstecher), Pizza, Semmeln, Brezen ... gemacht, auf Teller verteilt und wir spielen verkaufen.
- **Spaghetti machen:** Knete in die Knoblauchpresse füllen und „Spaghetti" herauspressen.
- **Restaurant:** Die Essensbestellung wird aufgenommen, die Zubereitung übernimmt das Kind.

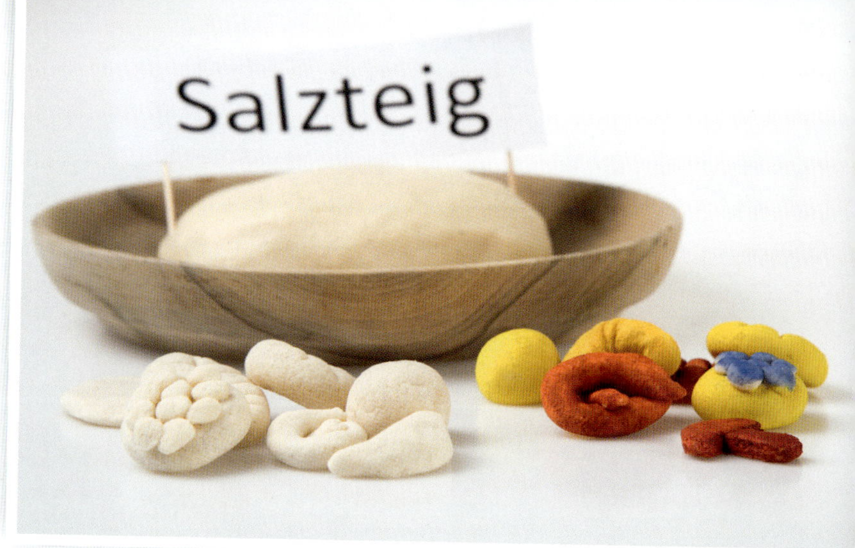

Spielspaß mit Salzteig

ZUTATEN:

2 Tassen Mehl, 1 Tasse Salz,
1 Tasse Wasser, 1 EL Öl

ZUBEREITUNG:

Mehl und Salz vermischen. Wasser und Öl hinzugeben und mit den Händen oder mit einem Löffel kneten. Entweder man rollt den Teig auf einer leicht bemehlten Arbeitsfläche aus um die Motive mit Plätzchen-Ausstecher auszustechen oder man formt von Hand Motive wie Würste, Brezen, Brote, Semmeln, Pizza, Kuchen, Donut ...

TROCKNEN:

Der Salzteig trocknet gut an der Luft (Backpapier unterlegen) – es sollte ein warmer Platz sein. **Wichtig:** Am nächsten Tag muss der Teig umgedreht werden. Nach ein paar Tagen ist der Salzteig fest geworden, schneller geht es bei 100 Grad im Backofen. Die Figuren sind fertig, wenn sie hart sind. Falls gewünscht mit Malkastenfarben anmalen.

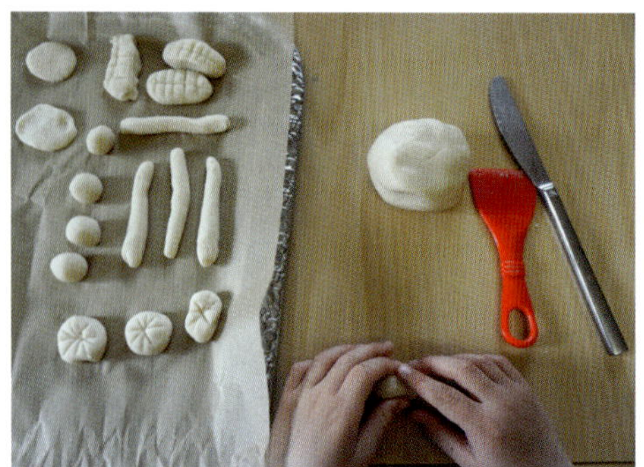

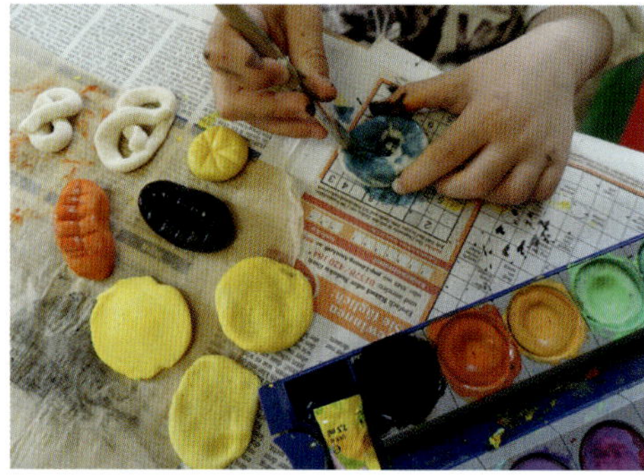

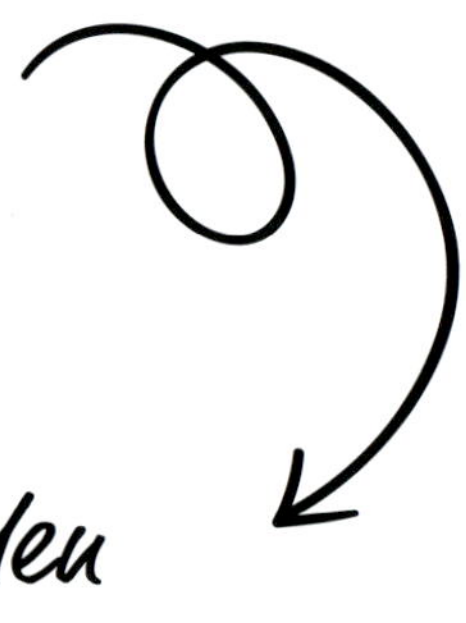

Wir machen uns einen Kaufladen

Wir sortieren alle Knödel, alle Semmeln ... und stellen diese auf einen Teller. Neben den selbstgemachten Produkten können auch Nudeln, Bonbons ... an den Verkaufstisch gegeben werden.

Verkaufen

Geldbörse und Einkaufstasche bereithalten, evtl. Block und Stift als Kasse.

Eintüten

Der Verkäufer muss die eingekauften Sachen natürlich verpacken. Wir verwenden Butterbrottüten oder kleine Plastiktüten mit verschiedenen Verschlüssen.

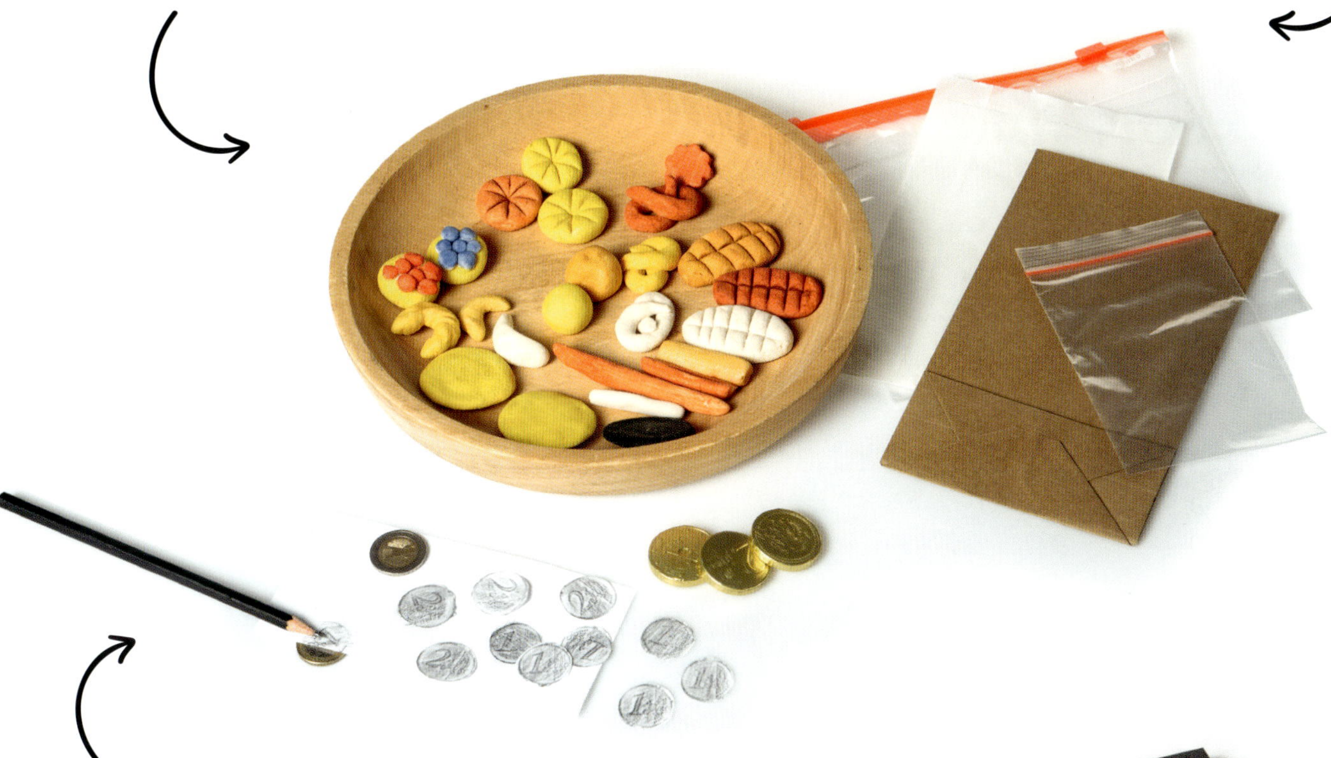

Bezahlung

Für die Bezahlung machen wir uns „Falschgeld“: 1 Euro- oder 2 Euro-Münze unter ein weißes Papier legen. Kleinen Streifen Tesafilm anbringen, sodass die Münze am Tisch nicht wegrutscht. Mit Bleistift die Münze abpausen (Stift evtl. im Faustgriff leicht schräg halten und schraffieren), mit der Schere ausschneiden.

Alternativ bezahlen wir mit „Schokogeld“ bzw. „Goldtaler“.

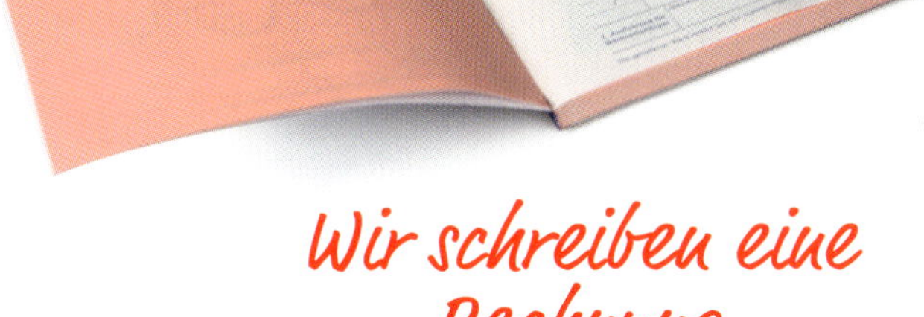

Wir schreiben eine Rechnung

Auf einen Lieferschein mit Durchschlagpapier – das macht Spaß!

ICH BIN EIN

HANDWERKER

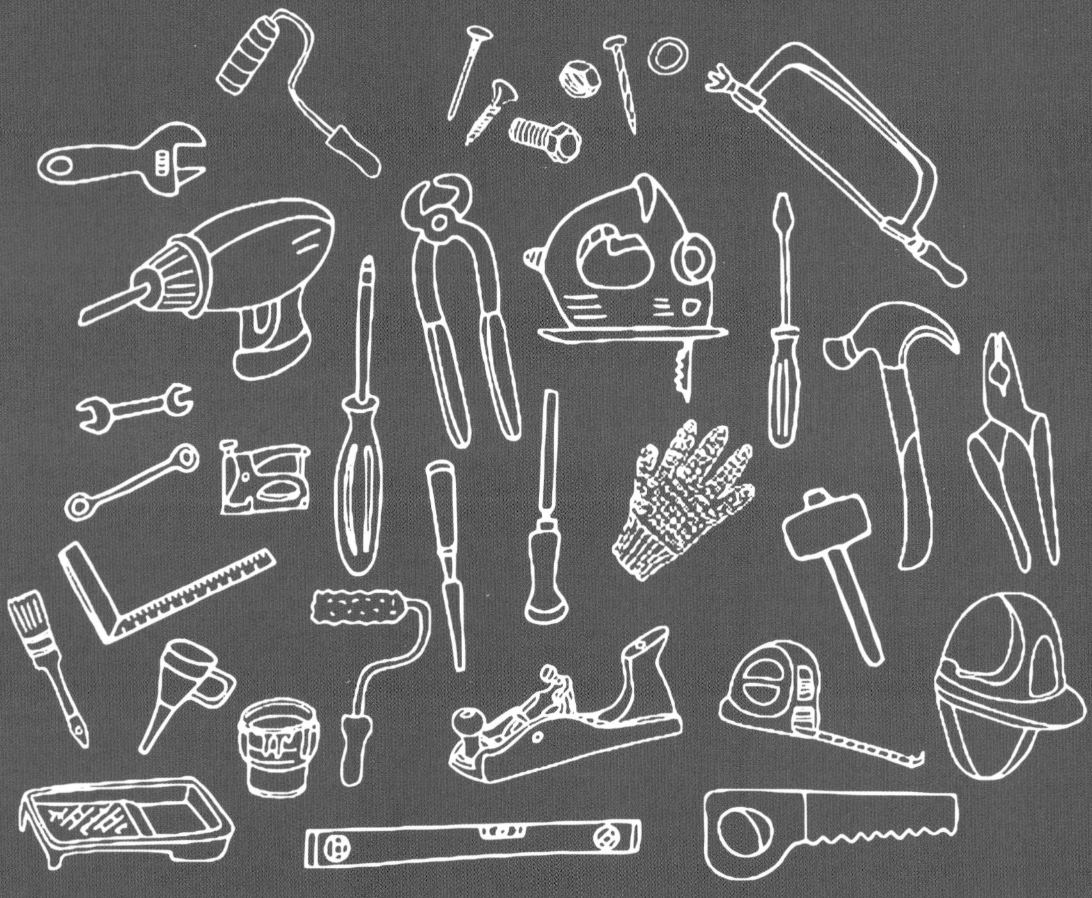

... hämmern, sägen,
schnitzen, werkeln, ...

Schnitzen

Besonders für Kinder eine tolle Sache

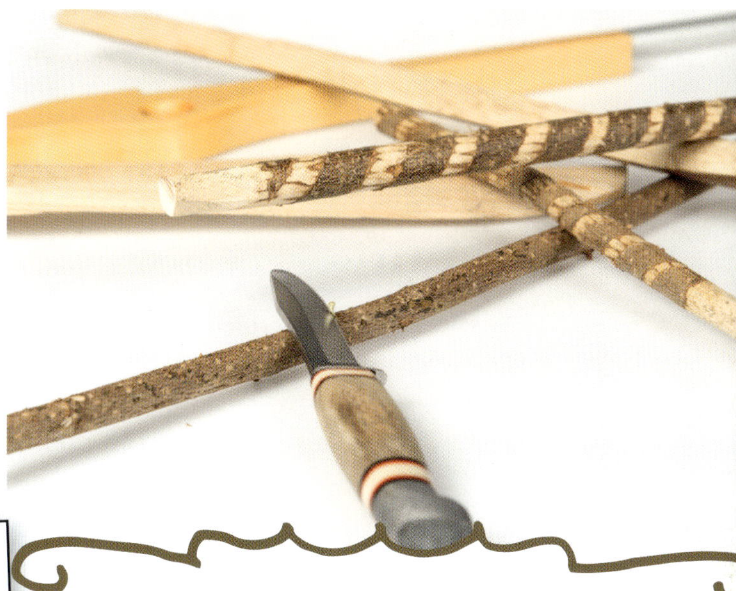

MATERIAL:

Kinderschnitzmesser mit abgerundeter Spitze, kleine dünne ca. 1 bis 2 cm dicke Haselnussstecken oder Weiden, evtl. Schnitzhandschuhe

WAS IST ZU BEACHTEN:

- Wir schnitzen immer weg vom Körper!
- Abstand halten.
- Wer schnitzt, der sitzt.
- Die Klinge muss gut schneiden.
- Nach dem Schnitzen wird das Messer immer verschlossen und evtl. in eine Hülle gepackt.
- In die Rinde von lebenden Bäumen wird niemals geschnitzt!

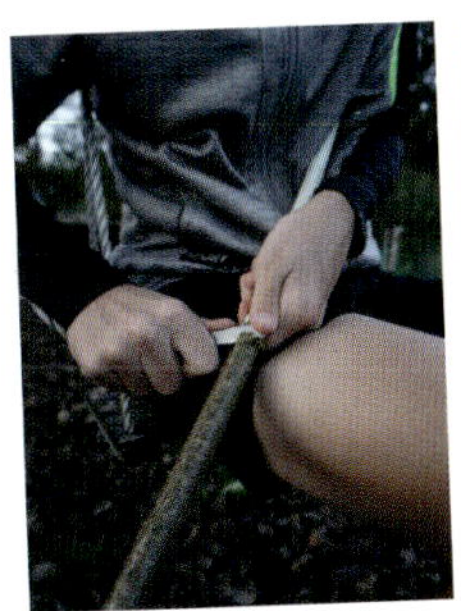
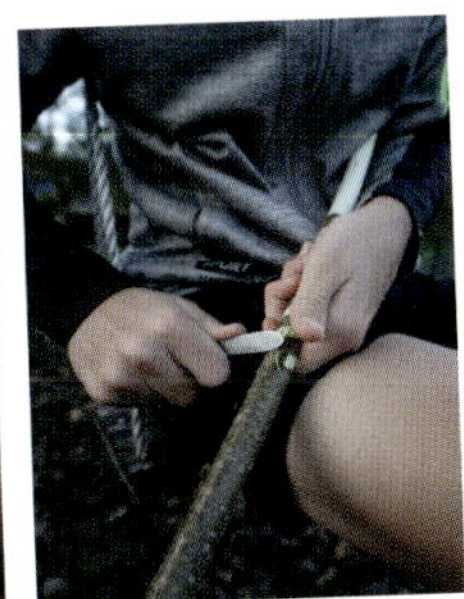
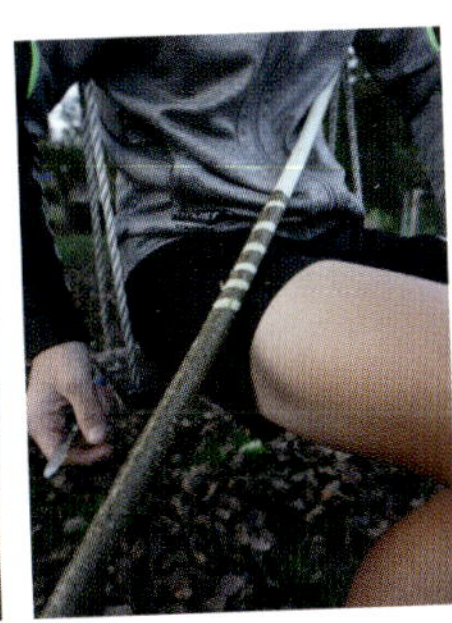

Hinweise zum Holz

Sogenanntes Grünholz von Haselnuss oder Weide ist frisch und noch weich daher lässt es sich am einfachsten bearbeiten. Stöcke, die schon länger liegen, sind härter und somit schwieriger zum Schnitzen.

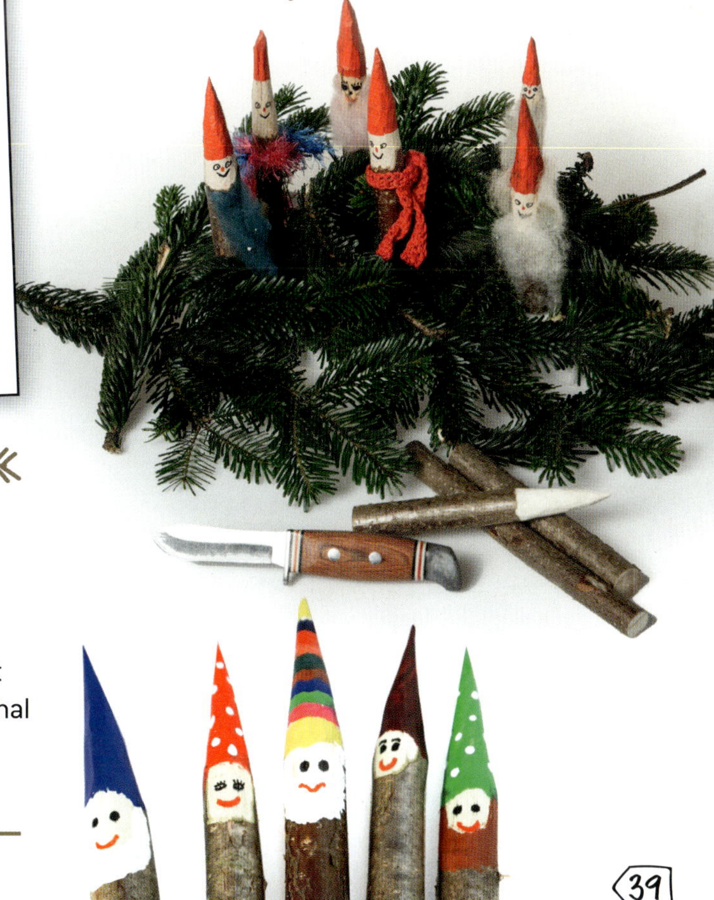

Varianten

- Stock für das Lagerfeuer machen, d. h. eine Seite anspitzen
- Wanderstock verzieren
- Wir schnitzen Nikoläuse: Haselnussstock ca. 15 bis 17 cm vorne zuspitzen, mit roter Farbe die Mütze anmalen, Gesicht mit wasserfestem schwarzen Stift zeichnen, Bart ankleben, Schal stricken und mit Tannenzweigen vor der Haustüre dekorieren
- Maipfeiferle bzw. Weidenpfeichen selber schnitzen

Wir bauen ein Schiff

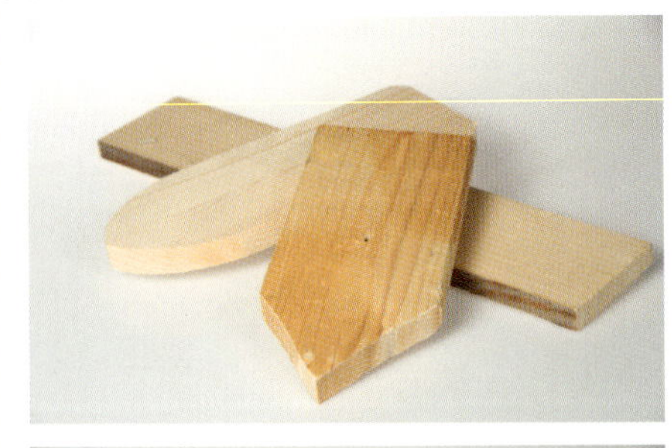

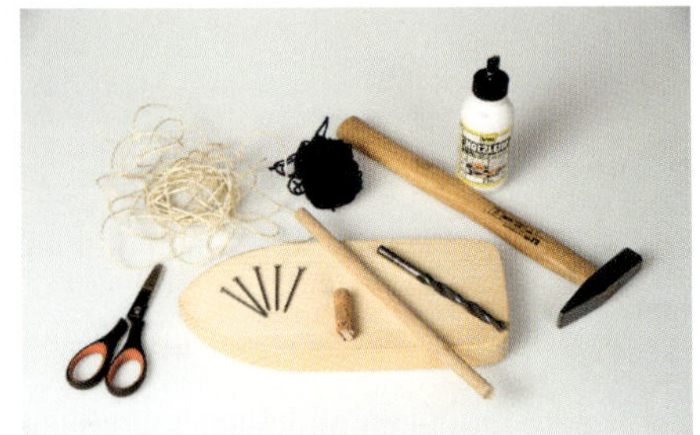

MATERIAL:
Holz, Nägel, Hammer, Bohrmaschine, Holzmasten, Schnur

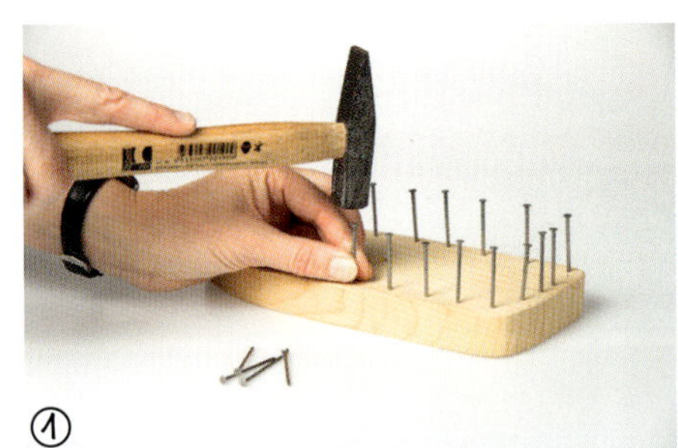

①

- Brett zuschneiden.
- Am Rand des Holzbretts entlang in kleinen Abständen Nägel ins Brett hämmern.

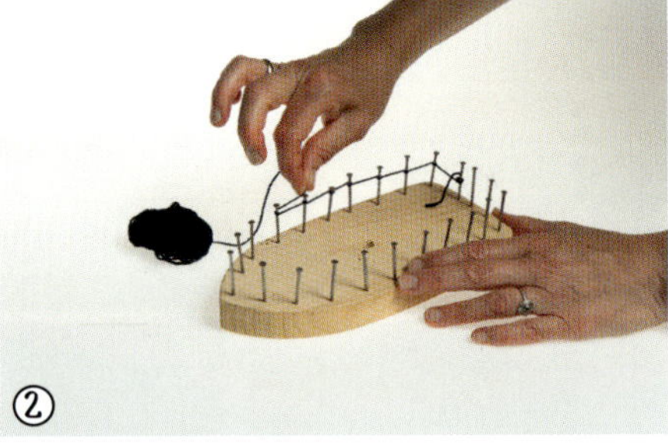

②

- Reling machen: Die Schnur um jeden Nagelkopf straff wickeln (Hilfestellung geben) und am Ende die Schnur verknoten.

Wir machen eine Piratenfahne:

weißer Stoff, Schaschlikstab, wasserfester Stift

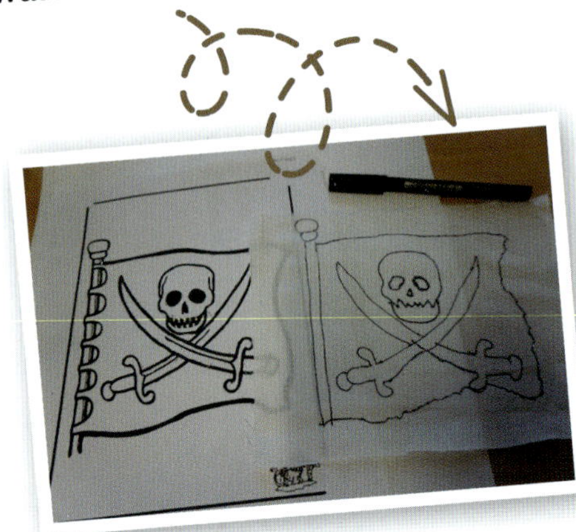

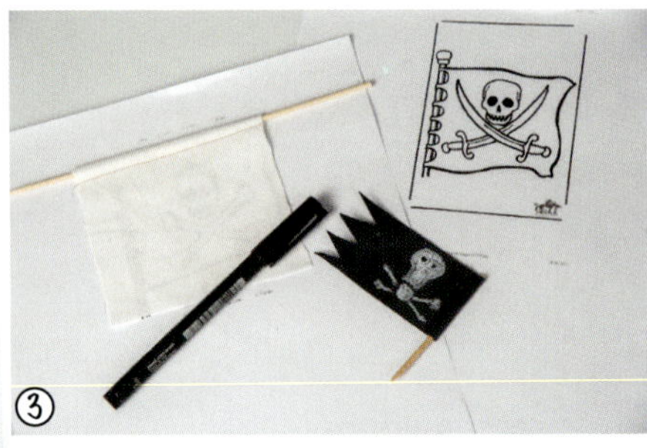

③

- Mit einer Nähmaschine eine Naht am weißen Stoff machen.
- Die Piratenflagge abzeichnen.
- In der vorgesehenen Öffnung den Schaschlikstab befestigen.

Lasst es schwimmen, baut eine Schatzkiste, eine Kanone, einen Anker oder macht eine Schatzkarte …

Jedes Kind braucht eine Schatzkiste

Unsere Vorfahren waren Jäger und Sammler. Dieser Urtrieb ist in unseren Kindern wiederzufinden und sehr wichtig für ihre Entwicklung und Entfaltung. Da quellen aus den Hosentaschen der Kinder Steine, Federn, Schrauben, Scherben oder Glitzerschnipsel.

Diese Dinge sind für die Kinder sehr wertvoll. Somit braucht die Sammlerleidenschaft eine Schatzkiste!

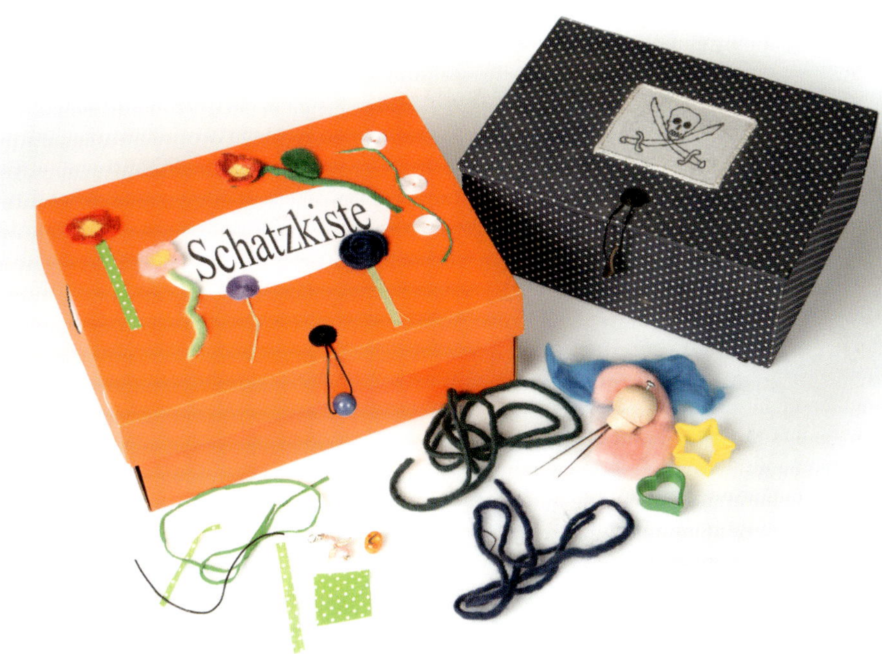

MATERIAL:

Schuhkarton, verschiedene Wolle, Stein mit Loch zum Öffnen der Schachtel, Lederschnur

VARIANTEN:

① Der Karton wird angemalt, mit Namen versehen und verziert. Wir machen Blumen auf den Deckel, oder filzen die Blumen mit Märchenwolle.

② Ein Schuhkarton wird mit Stoff überzogen: dazu benötigt man einen schönen Stoff und Holzleim mit Wasser gemischt.

③ Eine Holzkiste mit Deckel wird gekauft, dazu Verschluss oder Schloss anbringen.

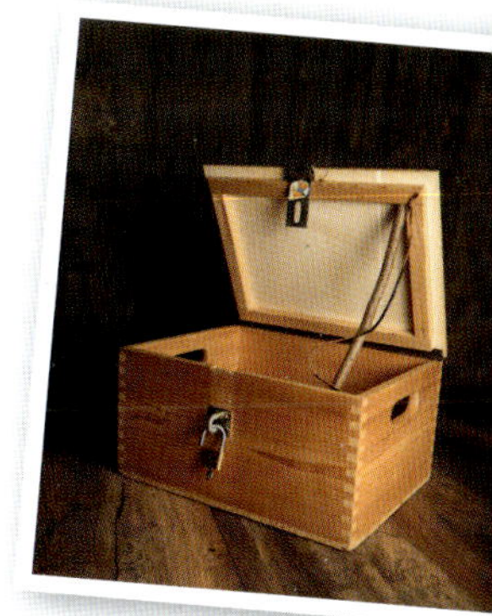

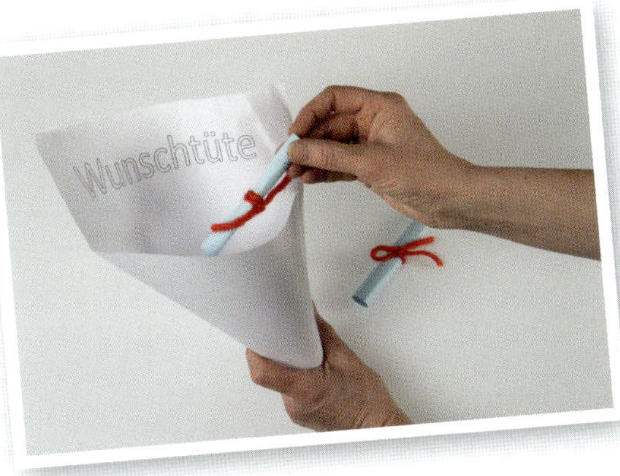

Wunschtüte basteln

MATERIAL:

Papier, Stifte, Material zum Bekleben der Tüte, Kleber, Schere

Wir falten ein Papier zusammen und machen eine Tüte daraus. Hier kann das Kind kleine Schätze verstecken, geheime Wünsche in die Tüte flüstern oder einen Wunsch auf ein Blatt Papier malen und diesen in die Tüte stecken.

Echtes Spielzeug aus dem Alltag

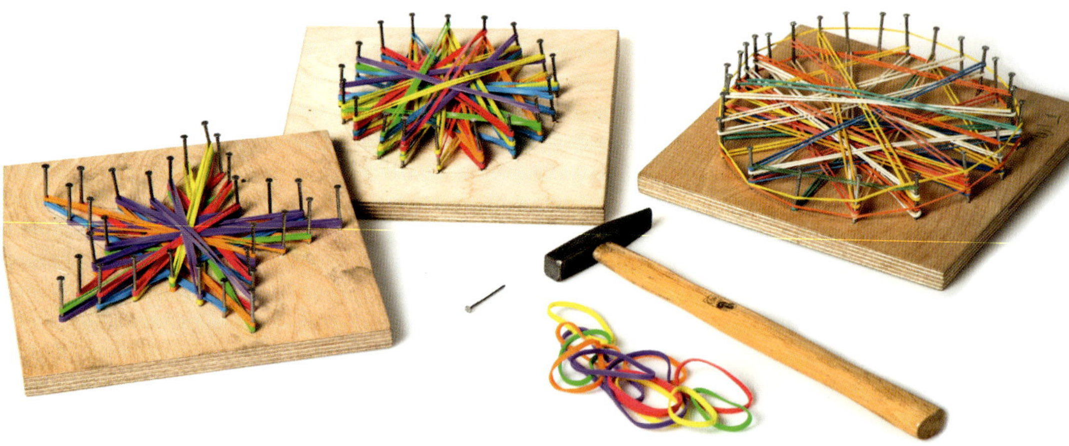

Die Hammer-Werkstatt

MATERIAL:
Holzbrett, Hammer, Nägel, Gummiringe

Das Motiv auf das Holzbrett (Fichtenholz) aufzeichnen. Die Nägel werden in die Holzplatte in gleichmäßigem Abstand eingeschlagen und bilden die Konturen des Motivs (evtl. vorher anzeichnen). Haushaltsgummi um die Nägel spannen (den Gummiring beidhändig auseinanderziehen, erst mit einer Hand einhängen, dann mit der zweiten Hand über einen Nagelkopf hängen).
Vorsicht: Gummis schnellen gerne!

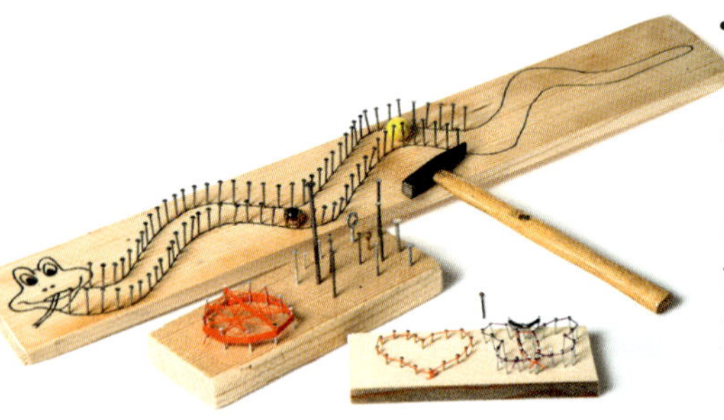

Schlangenbahn

MATERIAL:
langes Holzbrett, Nägel, Hammer, Murmel

Auf einem länglichen Holzbrett eine Schlange aufzeichnen. Entlang dieser Linie Nägel in kurzen Abständen einschlagen. Nun können wir eine Murmel durchrollen lassen, diese soll so gelenkt werden, dass sie nicht aus der Begrenzung fällt.

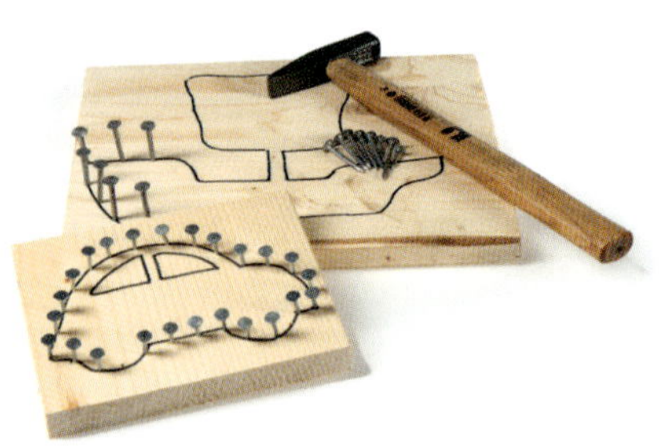

Nagelbilder

MATERIAL:
Holzbrett, Hammer, Motive, Stift, Nägel mit großen Köpfen

Das Motiv auf das Holzbrett aufzeichnen. Die Nägel mit großen Köpfen in gleichem Abstand ins Brett hämmern.
Motive können sein: Auto, Traktor, Herz, Fisch, Lastwagen, Schiff … (Muster-Motive siehe Anlage S. 122)

Varianten

- Wir spannen Loom-Bänder um die Nägelköpfe.
- Wir würfeln mit einem Farbenwürfel – diese Farbe wird um die Nägel gespannt (Loom-Band oder Haushaltsgummi).
- Wir machen Fadenbilder: Nachdem man ein Motiv gewählt und aufgezeichnet hat, wird die Holztafel mit Nägeln in gleichmäßigen Abständen bestückt. Eine dünne Schnur oder dünner Messingdraht werden um die Nagelköpfe gewickelt.

Laubsäge-arbeiten

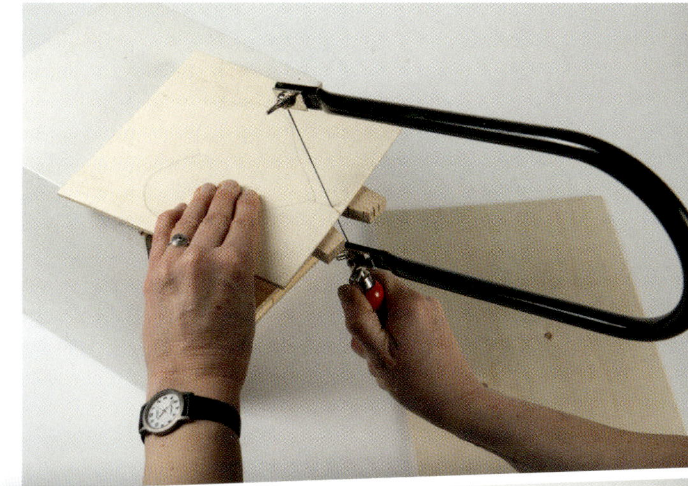

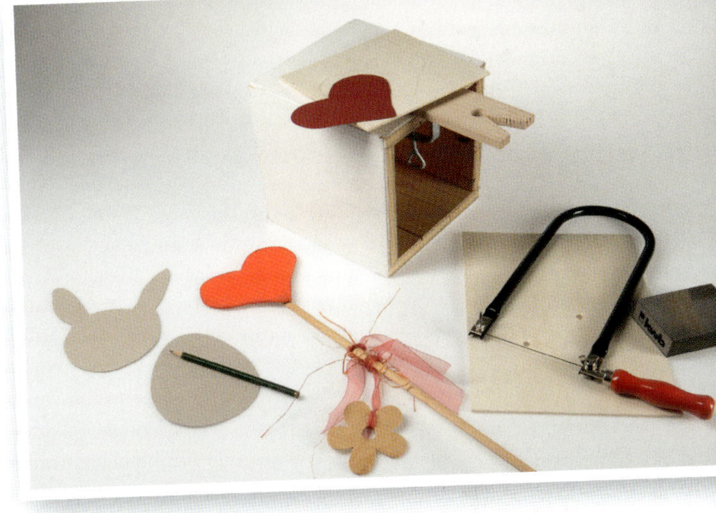

MATERIAL:

- Laubsägebogen (für kleine Hände ist die Größe von ca. 250 bis 350 mm zu empfehlen)
- Laubsägeblätter (gerade oder runde Sägeblätter, mittlere Größe, z. B. Nr. 3 – 4)
- Sperrholz (Pappel- oder Birkenholz)
- Laubsägebrettchen mit Zwinge
- Schleifpapier oder Schleifstein mit feiner Körnung
- evtl. Farbe und Pinsel

ANLEITUNG:

Das Laubsägebrettchen mit einer Zwinge an einer Tischkante oder Werkbank befestigen. Das Laubsägeblatt einspannen. Hierbei ist auf die richtige Spannung zu achten. Der Laubsägebogen sägt beim Runterziehen.

Das Motiv auf das Sperrholz übertragen. Der Erwachsene soll am Anfang den Laubsägebogen platzieren. Man kann die Säge auch gemeinsam führen. Hat das Kind ein Gefühl für die Bearbeitung von Sperrholz bekommen, kann es alleine sägen.

Mögliche Motive: Herz, Osterei, Traktor, Feuerwehrauto, Schiff. Im Internet können kostenlos Laubsägemotive heruntergeladen werden.

Falls das Kind Unterstützung braucht, kann man auch mit einem Laubsägebogen gemeinsam schneiden.

Nach dem Sägen sollte man die Holzoberfläche und -kanten noch abschleifen und wenn gewünscht, kann man das Motiv mit Farbe anmalen.

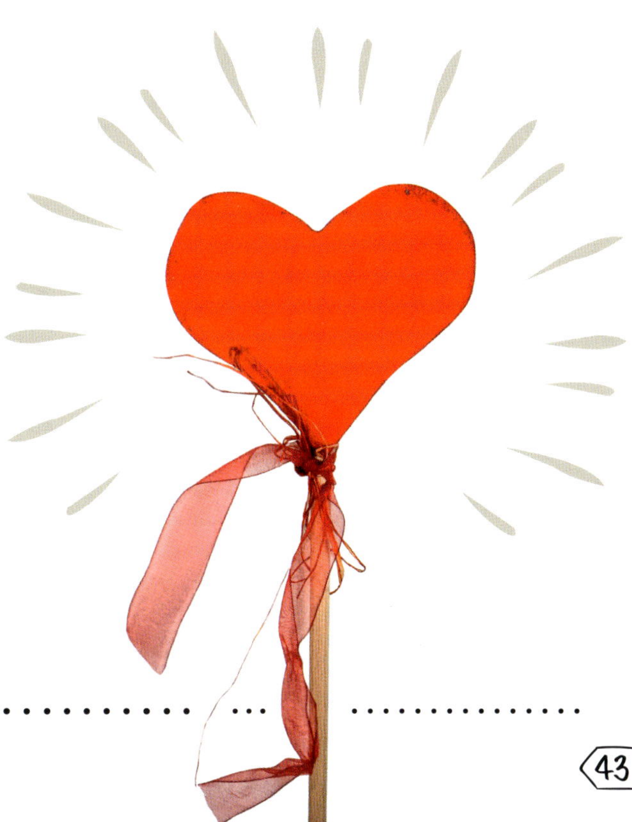

Spielhäuser aus Pappe bauen

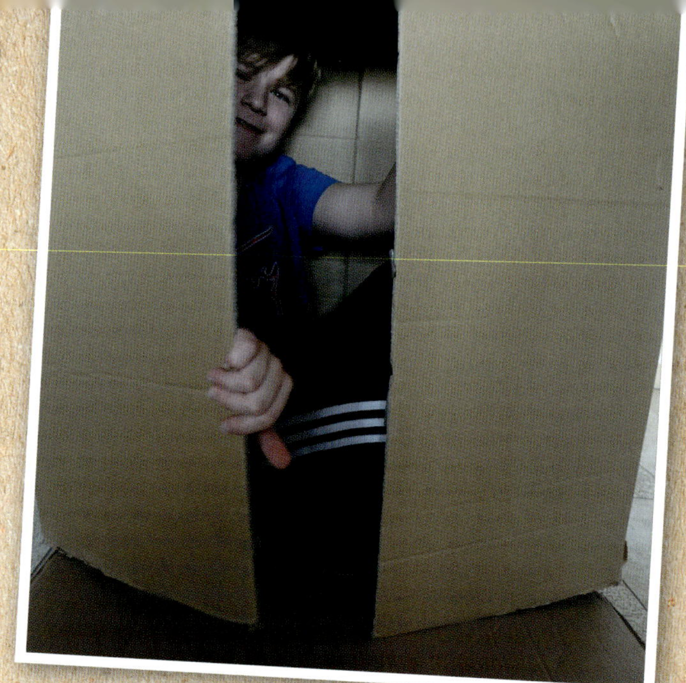

MATERIAL:

- großer Karton
- Teppichmesser (Erwachsene)
- breites Tesaband

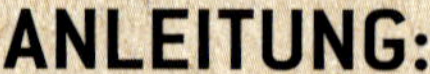

ANLEITUNG:

Ein großer Karton wird zu einem Spielhaus umfunktioniert, mit einer Tür und verschiedenen Fenstern. Nach Lust und Laune kann man darin spielen oder sich einfach zurückziehen.

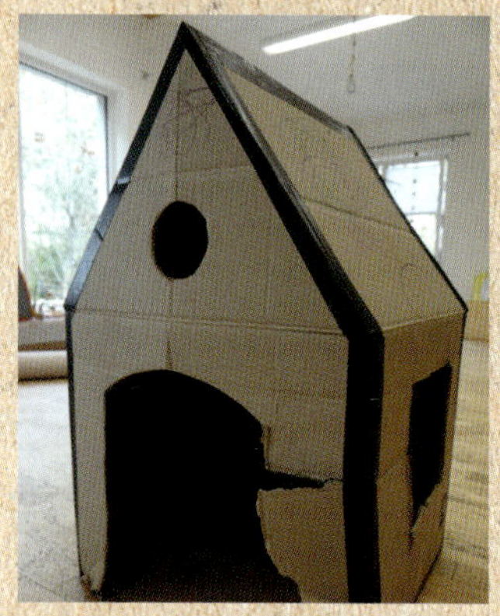

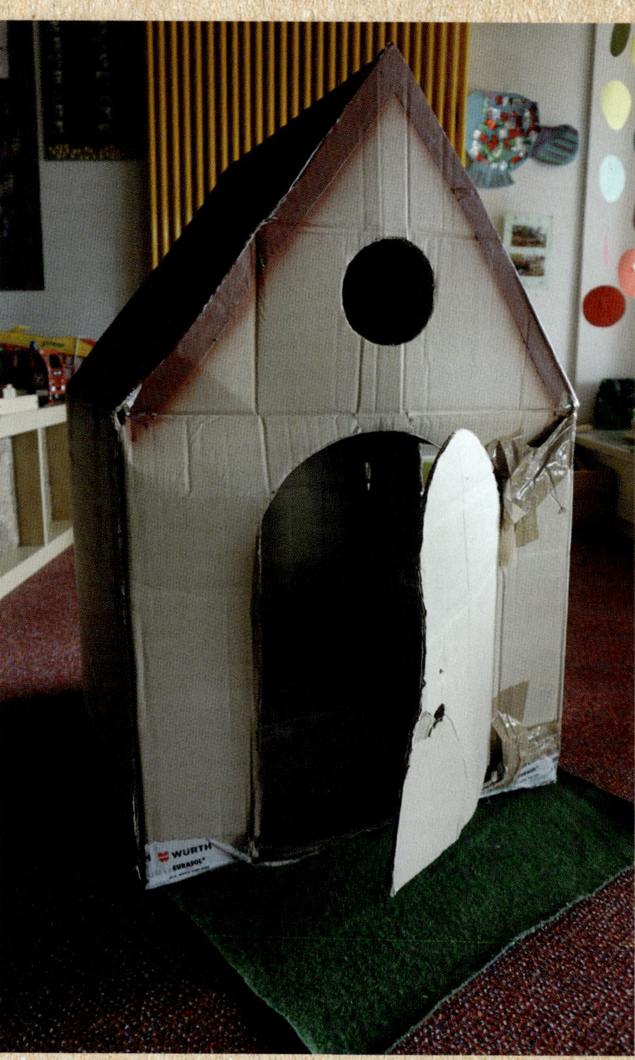

Ein Haus wird nie fertig

- Haus anmalen
- Gardinen machen
- Briefkasten basteln
- Blumen vor dem Fenster gestalten
- Kugelbahn aus Klorollen hinten an der Hauswand anbauen
- ...

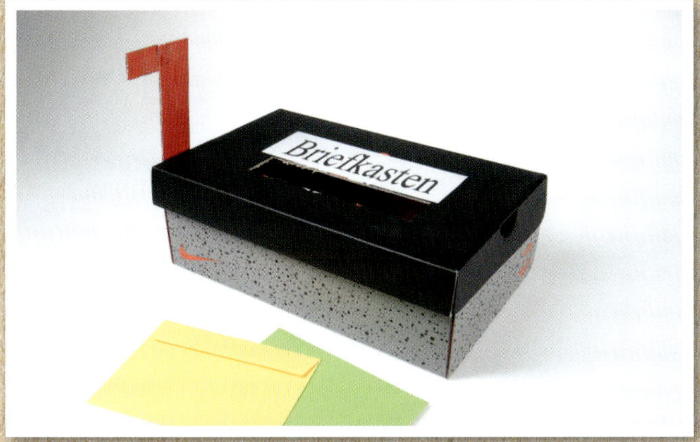

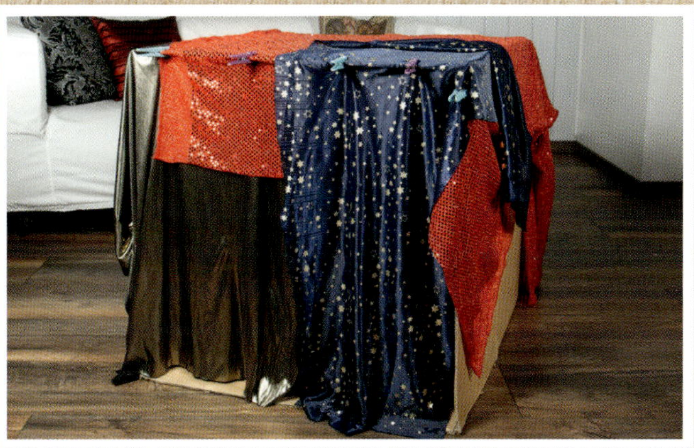

Anleitung für den Briefkasten

MATERIAL:

Schuhkarton, Schere, schwarzer Filzstift, Papier, Malstifte

ANLEITUNG:

Bei einem Schuhkarton wird eine Öffnung in den Deckel geschnitten. Beschriftet den Briefkasten und befestigt ihn am Spielhaus, an der Höhle oder einfach im Zimmer. Nun werden Briefe geschrieben oder etwas gemalt. Es können Glücksbriefe, Erlebnisbriefe, Einladungsbriefe … gemalt, gezeichnet oder mit Buchstaben versehen/gestaltet werden.

Falls ein Brief im Briefkasten ist, wird eine rote Fahne gehisst.

Wir bauen uns eine Höhle

MATERIAL:

großer Karton, Wäscheklammern, schöne Stoffe oder verschiedene Decken

Heute wird die Gute-Nacht-Geschichte mit Taschenlampe in der kuscheligen Höhle vorgelesen!

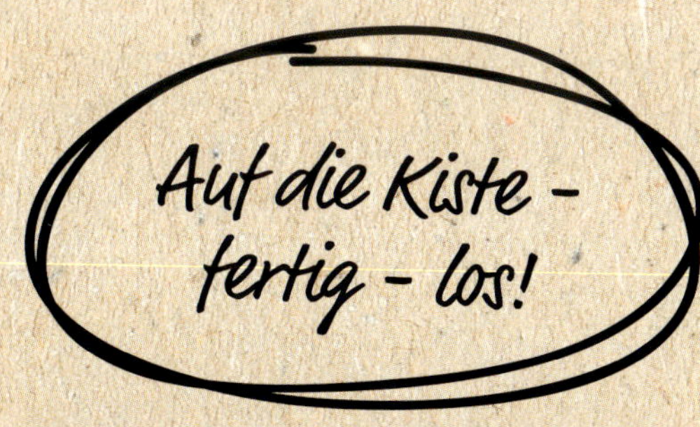

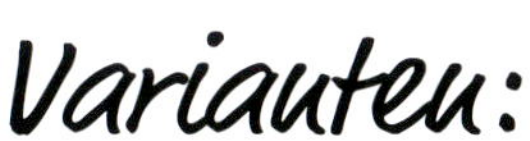

- Pappfahrzeuge bauen (Auto, Traktor) mit Nummernschild, Lichtern und Reifen
- Einen Krabbeltunnel gestalten
- Ballwurf in die Schachtel

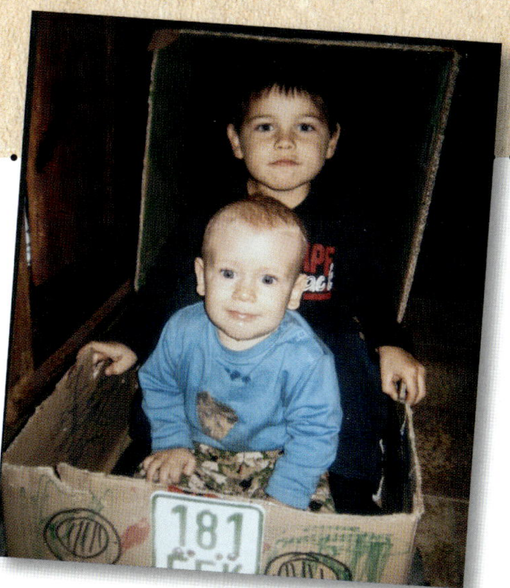

AB IN DIE

KÜCHE

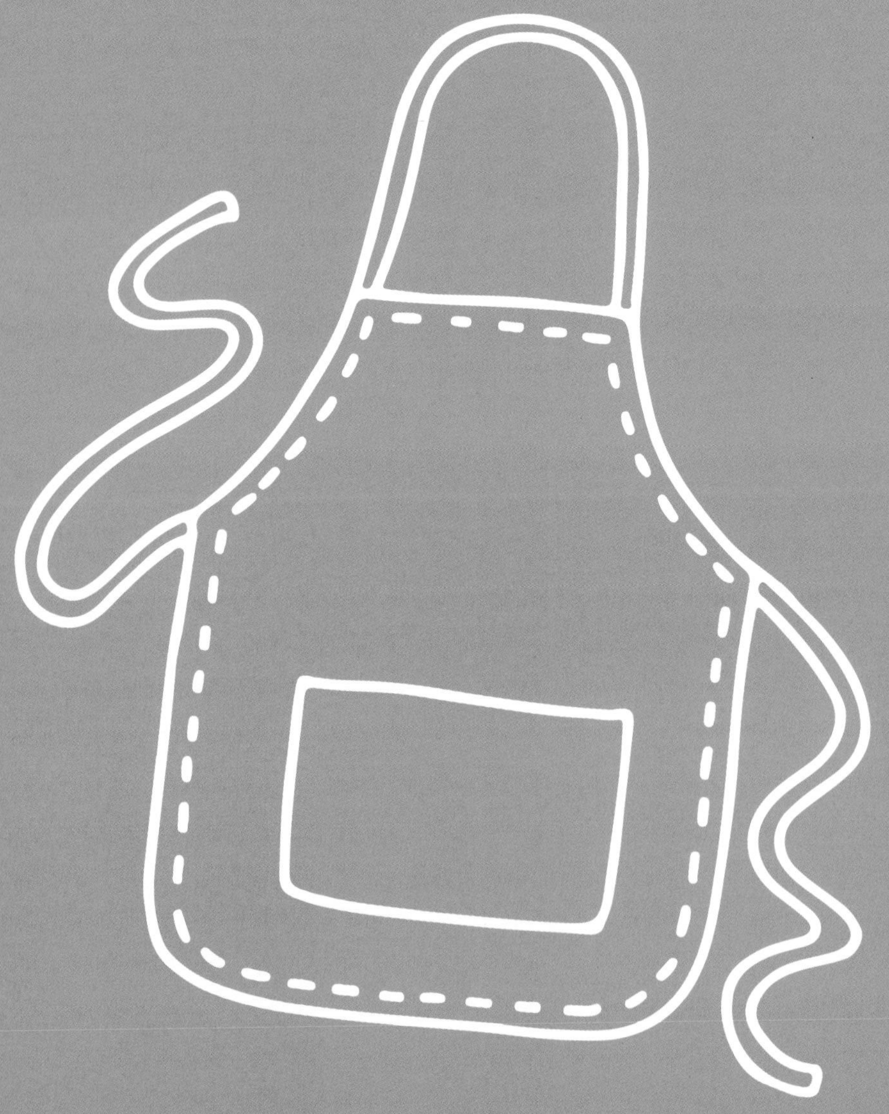

... backen, kochen, verzieren, naschen, probieren, ...

Wir machen eine Pizza

ZUTATEN FÜR 2 KINDER-PIZZEN:

- 1 TL Trockenhefe
- 250 g Mehl
- 1 Tasse lauwarmes Wasser
- 1/4 TL Salz
- 2 EL Olivenöl

ZUBEREITUNG:

In einer großen Schüssel Mehl und Trockenhefe gut mischen. Wasser, Salz und Olivenöl dazugeben und alles mit den Knethaken des Handrührgeräts verrühren. Die Kinder können anschließend den Teig etwa 10 Minuten **mit der Hand** durchkneten, bis er glatt ist und nicht mehr klebt.

Den Teig zu einer Kugel formen und an einem warmen Ort „ruhen" lassen (am besten im Backofen, ein paar Minuten auf 50 Grad vorheizen, dann abschalten und ca. 30 Minuten „gehen" lassen).

Den Teig noch einmal kurz durchkneten, in zwei Hälften teilen und zu jeweils einer runden Pizza ausrollen.

Den Backofen bei 180 Grad vorheizen. Ein Backblech mit Backpapier auslegen, die Pizza belegen.

Belag: Tomatenpüree, Salz, Pfeffer, Pizzagewürz, Mozzarella, Schinken geschnitten, Salami, Gemüse, Käse ...

Ca. 15 Minuten backen.

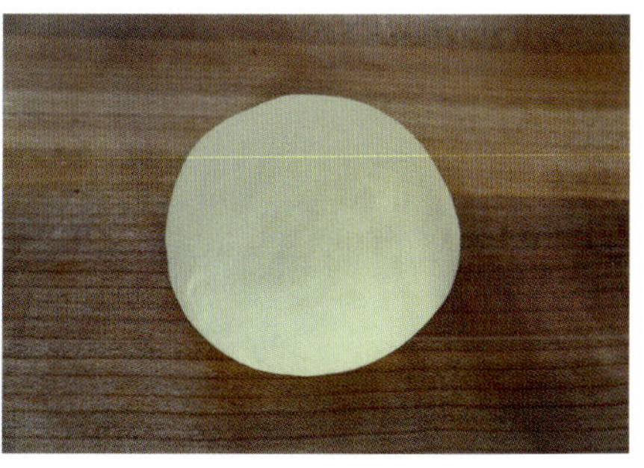

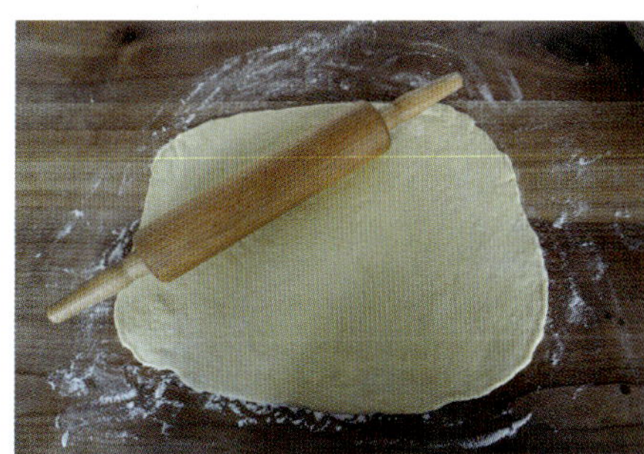

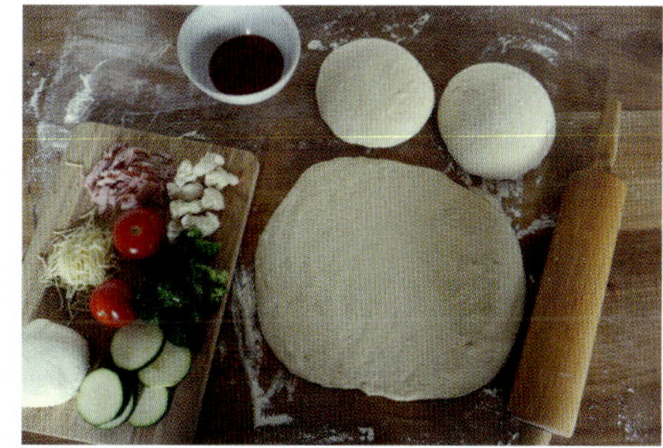

Quarkölteig

ZUTATEN:

- 150 g Quark
- 1 Ei
- 1 Prise Salz
- 6 EL Öl
- 6 EL Milch

Alle Zutaten in eine Schüssel geben und mit dem Handrührgerät (Knethakenaufsatz) kneten.

- 350 g Mehl
- 2 TL Backpulver

Mehl und Backpulver zu den restlichen Zutaten geben und zu einem glatten Teig kneten. Diesen auf einem Blech ausrollen, belegen und im vorgeheiztem Ofen ca. 15 Minuten bei 175 Grad (Umluft) backen.

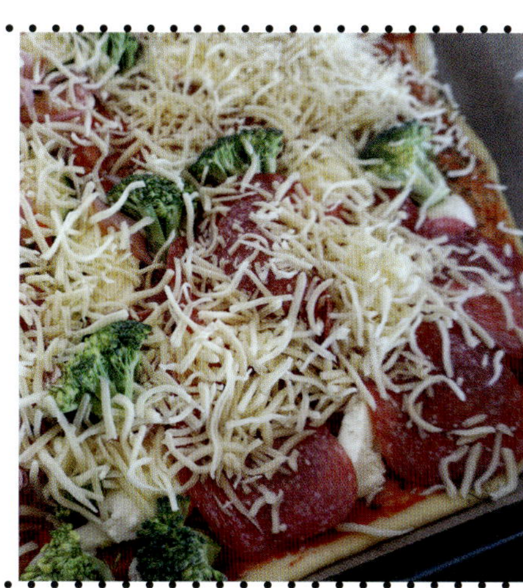

Semmeln backen

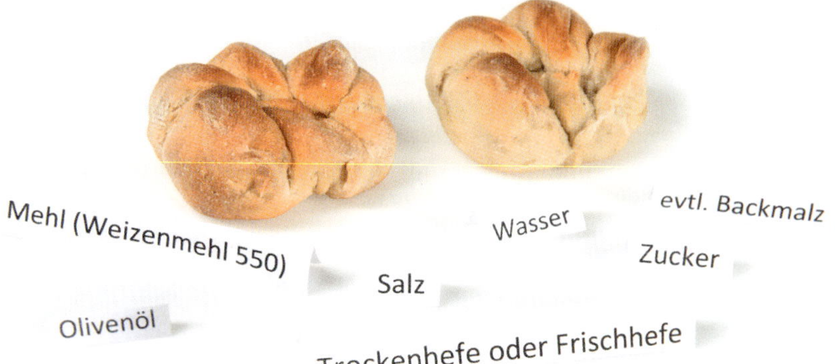

Backe, backe Semmeln, was duftet da so gut?

ZUTATEN:

- 500 g Weizenmehl
- 1/2 Würfel Hefe
- 0,3 l Wasser
- 1 TL Zucker
- 2 TL Salz
- 2 EL Olivenöl

ZUBEREITUNG:

Mehl, Zucker und Salz mischen. Hefe in etwas Wasser auflösen und zu einem glatten Teig gut verkneten, Olivenöl dazugeben. Der Teig soll schön weich sein und nicht an den Fingern kleben bleiben. Den Teig rund 10 bis 15 Minuten an einem warmen Platz aufgehen lassen (z. B. auf der Heizung oder im Backofen bei 40 Grad).

Kleine Brötchen formen, evtl. einmal die Brötchen längs einschneiden und auf dem Backblech mit ausgelegten Backpapier noch einmal 10 Minuten aufgehen lassen. Den Ofen aufheizen auf 240 Grad Unter- und Oberhitze. Die Semmeln nochmals einschneiden und mit Wasser besprühen oder bestreichen, in den Ofen schieben.

Nach 10 Minuten backen nochmals mit Wasser besprühen, damit die Semmeln knusprig werden. Die Hitze auf 210 Grad reduzieren und weitere 10 bis 13 Minuten backen.

ZUTATEN:

- 300 g Dinkelmehl Typ 1050
- 300 g Weizenmehl Typ 405
- 1 Würfel Hefe
- 2 EL Öl
- 2 TL Salz
- 300 g Naturjoghurt
- 100 g Wasser
- 1 TL Honig
- Körner zum Bestreuen: Sesam, Mohn, Leinsamen

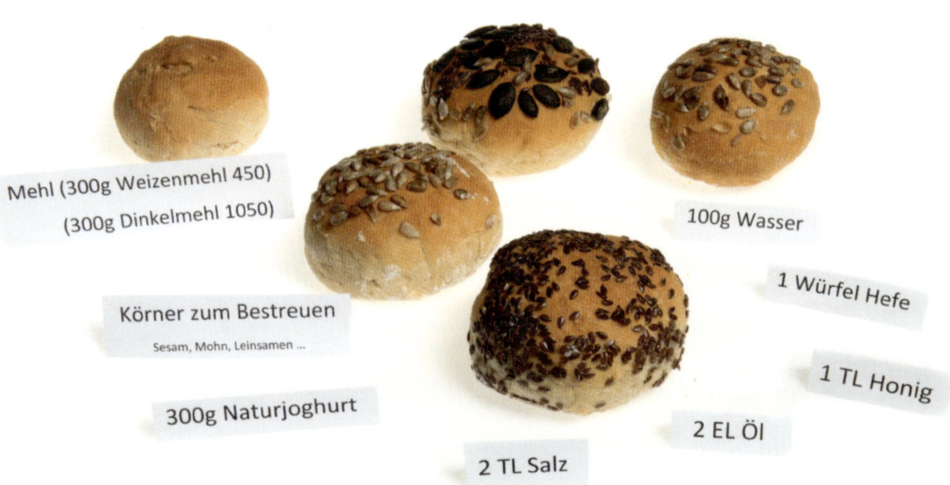

ZUBEREITUNG:

Alle Zutaten mit den Knethaken zu einem Teig verarbeiten und aufgehen lassen. Ca. 12 bis 14 Semmeln formen; Oberseite in Wasser tauchen und in die Körner drücken. Auf einem Backblech erneut aufgehen lassen, anschließend backen bei 200 Grad für 25 bis 30 Minuten.

... schieb, schieb, schieb in den Backofen rein!

Brot backen

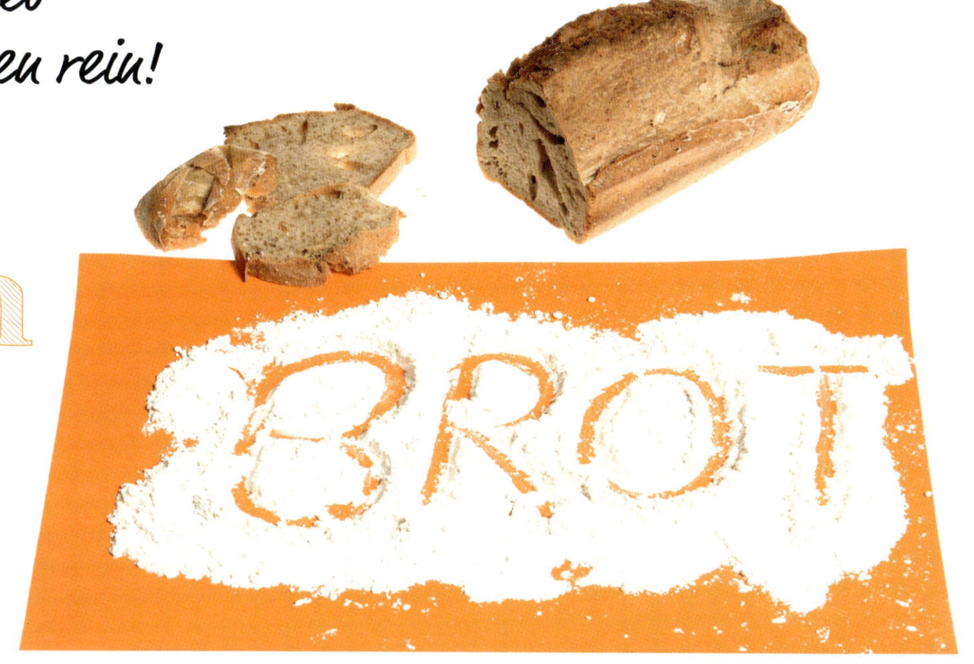

ZUTATEN:

- 500 g Dinkelmehl
- 1 Pck. Backpulver
- 1 TL Salz
- 1/4 l lauwarmes Wasser

ZUBEREITUNG:

Mehl, Backpulver und Salz mischen. Wasser dazugießen und durchkneten.

Zum Verfeinern kann man noch 2 bis 3 TL Brotgewürz, 20 g Amarant gepoppt, Kürbiskerne, Leinsamen oder Sonnenblumenkerne hinzufügen.

Den Backofen auf Ober- und Unterhitze vorheizen. Brotteig in einer mit Backpapier ausgekleideten Kastenform 65 Minuten bei 200 Grad backen.

⇨ Den Teig ggf. nach 30 Minuten mit Backpapier oder Alufolie abdecken.

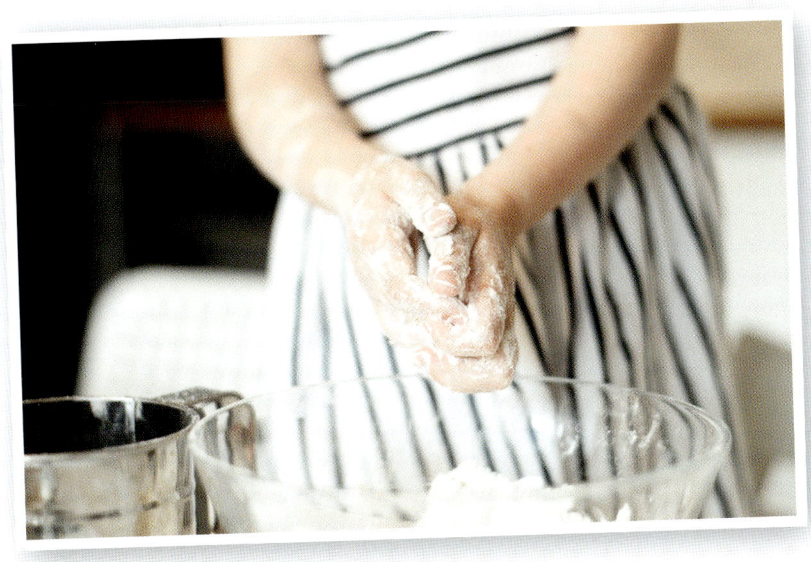

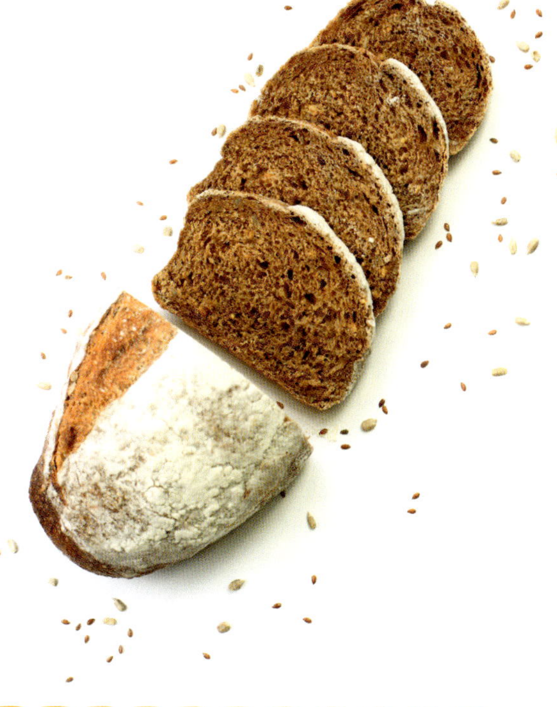

Backe, backe Kuchen ...

Saftiger Marmor-kuchen

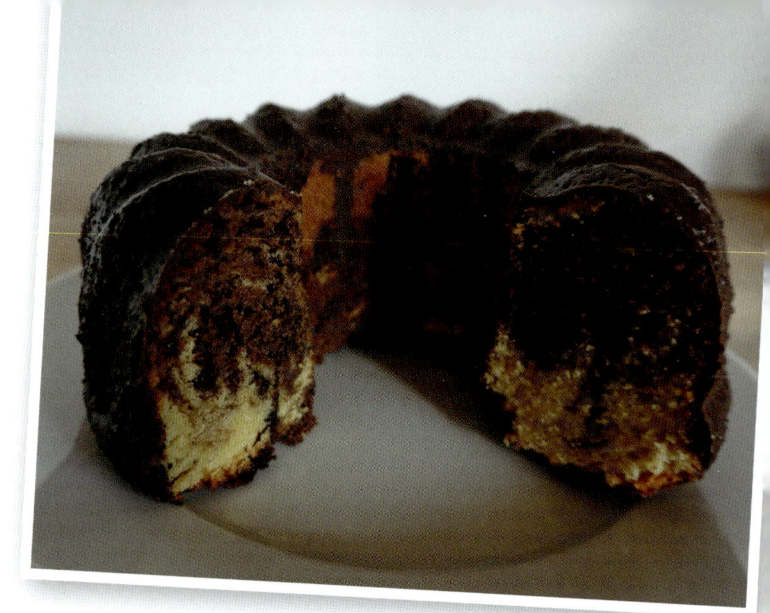

ZUTATEN:

- 250 g weiche Butter
- 250 g Zucker
- 1 Pck. Vanillezucker
- 5 Eier
- 1 Prise Salz
- 1 bis 2 EL Rum
- 75 ml Sahne
- Abrieb von 1/2 unbeh. Zitrone
- 250 g Mehl
- 2 TL Backpulver
- 70 g Raspel-Zartbitterschokolade
- 1 EL Backkakao

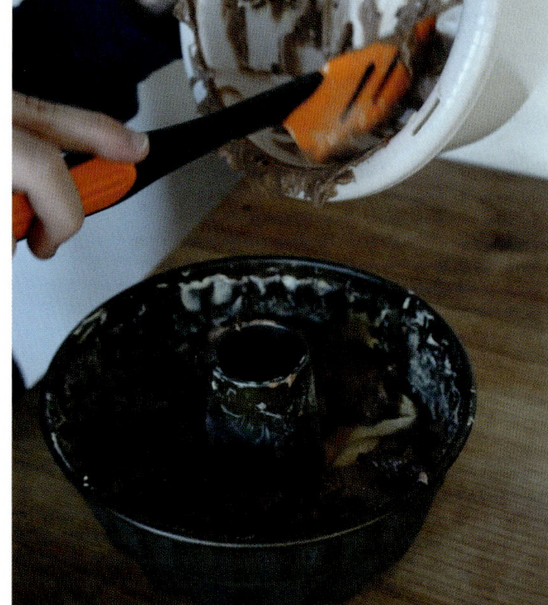

ZUBEREITUNG:

Den Backofen auf 175 Grad (Umluft) vorheizen.

Die Butter mit dem Zucker und Vanillezucker schaumig rühren. Die Eier dazugeben, rühren. Salz, Zitronenabrieb, Rum und Sahne zugeben und kurz unterrühren. Das Mehl mit Backpulver vermischen und unterrühren.

Die Gugelhupfform (22 cm Durchmesser) vollständig mit Butter einfetten und mit Mehl bestäuben. Die Hälfte des hellen Teiges in die Form geben.

Zartbitterschokolade und Kakao in die zweite Teighälfte rühren und den Schokoladenteig auf dem hellen Teig in der Form verteilen. Evtl. mit einer Gabel spiralförmig durch beide Teigschichten ziehen, sodass eine Marmorierung entsteht.

Den Marmorkuchen im vorgeheizten Backofen bei 175 Grad etwa 60 Minuten backen (Stäbchenprobe machen).

Abkühlen lassen und stürzen. Mit Puderzucker oder Zartbitterschokolade überziehen.

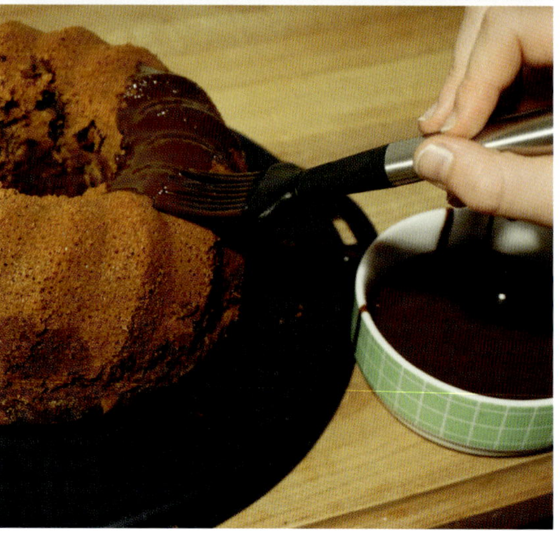

Lecker, lecker, Zuckerbäcker …

Waffeln

ZUTATEN:

- 100 g Margarine
- 4 Eigelb
- 60 g Zucker
- 1 Pck. Vanillezucker
- 100 g Mehl
- 1 Prise Salz
- 1 Messerspitze Backpulver
- 100 ml Joghurt
- geschlagener Eischnee der 4 Eier

ZUBEREITUNG:

Margarine rühren, dann Zucker und Eigelb dazugeben und schaumig verrühren. Salz hinzugeben. Mehl und Backpulver mischen und mit dem Teig verrühren. Anschließend den Joghurt hinzufügen. Das Eiweiß steif schlagen und unterheben.
Das Waffeleisen vorheizen und mit Speiseöl einpinseln.
Ca. 3 bis 4 Esslöffel Teig in das Waffeleisen geben.
VORSICHT: Die Bedienung des Waffeleisens sollte ausschließlich einem Erwachsenen anvertraut werden!
Nach etwa 2 bis 3 Minuten ist die Waffel fertig. Mit Puderzucker bestäuben, dazu passen auch Apfelmus oder Sauerkirschen.
Aus diesem Teig ergeben sich ca. 8 Waffeln.

Muffins

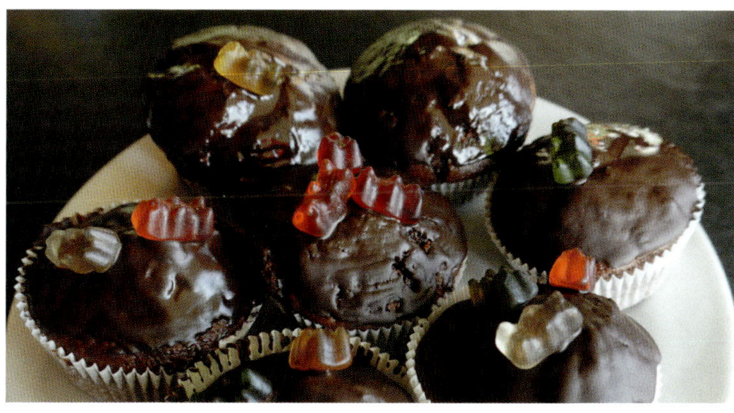

ZUTATEN:

- 180 ml Pflanzenöl
- 250 g Buttermilch
- Butter-Vanille-Aroma
- 1 Ei
- 120 g weißer Zucker
- 90 g Dinkelmehl Typ 630
- 100 g Weißmehl
- 2 TL Backpulver
- 1/2 TL Natron
- 75 g Schokostückchen
- 3 EL Kakaopulver

ZUBEREITUNG:

Pflanzenöl, Buttermilch, Butter-Vanille-Aroma und Ei mit dem Rührgerät verrühren. Zucker dazugeben. Mehl, Backpulver und Natron mischen und unter die Masse geben. Zum Schluss Schokostückchen und Kakao darunterrühren.
Muffins-Papierförmchen in die Formenbox geben, mit ca. 2 EL Teig füllen und bei 180 Grad ca. 20 bis 25 Minuten backen.
Mit Schokolade und Gummibärchen verzieren.

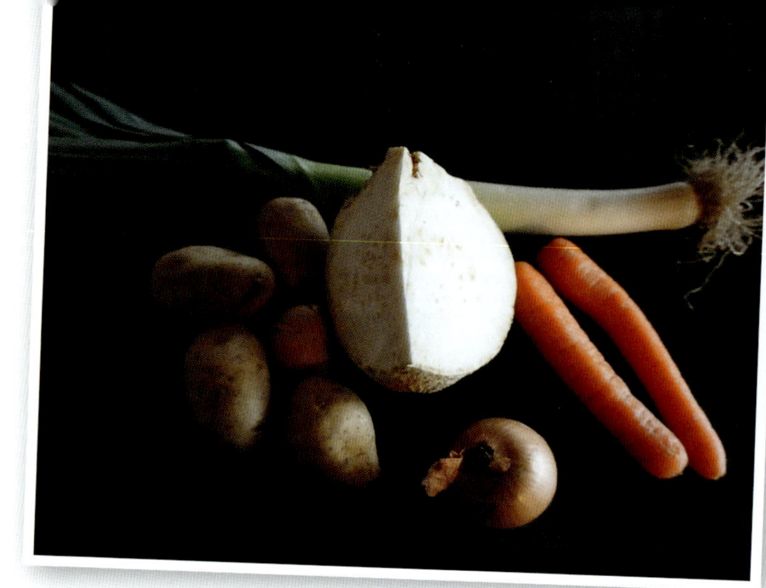

Wir kochen eine Gemüse-suppe

Vorbereitung: 15 Min. | Zubereitung: 35 Min.

ZUTATEN:

- 600 g Kartoffeln
- 1 Zwiebel (ca. 40 g)
- 2 Möhren
- 1 Sellerieknolle (ca. 200 g)
- 1 Stange Lauch
- 40 g Majoran
- 1½ l heißes Wasser
- ⅛ l Sahne
- ca. 2 TL Gemüsebrühe, Salz, weißer Pfeffer, Petersilie, 1 Lorbeerblatt

ZUBEREITUNG:

Gemüse waschen, schälen und in Würfel schneiden. Margarine in einem Topf erhitzen und Zwiebelwürfel darin glasig werden lassen. Restliches Gemüse bis auf die Kartoffeln in den Topf geben und unter Rühren 5 Minuten mitdünsten. Heißes Wasser angießen, Kartoffelwürfel und Gemüsebrühe dazu geben; aufkochen und bei Mittelhitze garkochen. Wenn gewünscht, Suppe pürieren.

Mit Sahne verfeinern und gehackter Petersilie verzieren. Mit einer Würsteleinlage ist die Suppe eine kleine Hauptmahlzeit.

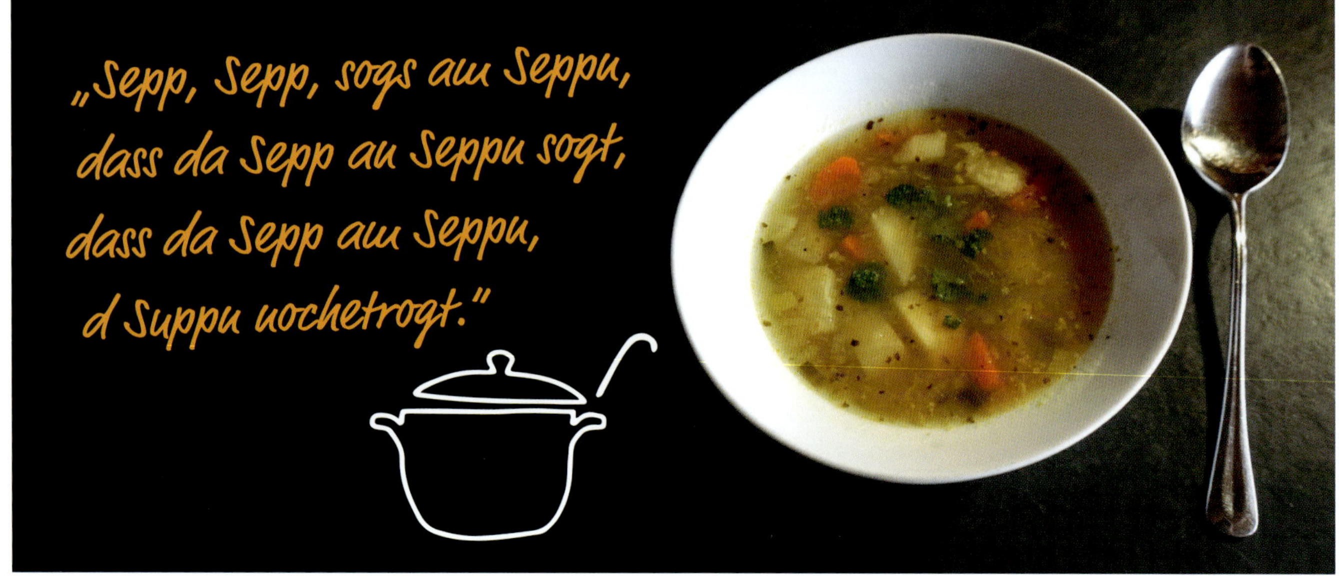

„Kinder kommt und ratet,
was im Ofen bratet..."

Bratäpfel

ZUTATEN:

- 4 kleine Äpfel, die sich zum Backen eignen
- je nach Vorlieben:
  2 Esslöffel gemahlene Haselnüsse oder Mandeln, Honig, Zucker oder Vanillezucker, Marmelade, etwas Butter, Zimt oder Rosinen

ZUBEREITUNG:

Zuerst die Äpfel gründlich waschen und abtrocknen. Das Kernhaus entfernen (WICHTIG: Den Apfel nicht zerschneiden, Boden muss bleiben!). Den Apfel auf ein mit Backpapier ausgelegtes Backblech setzen.

Die Zutaten je nach Vorliebe vermengen. Zuerst etwas Butter und danach die Füllung in jedes Kerngehäuse geben.

Bei 180 Grad ca. 20 bis 25 Minuten backen.

Mit Vanillesoße oder Eis servieren und genießen.

Der Bratapfel

Kinder, kommt und ratet,
was im Ofen bratet!
Hört, wie's knallt und zischt.
Bald wird er aufgetischt,
der Zipfel, der Zapfel,
der Kipfel, der Kapfel,
der gelbrote Apfel.

Kinder, lauft schneller,
holt einen Teller,
holt eine Gabel!
Sperrt auf den Schnabel
für den Zipfel, den Zapfel,
den Kipfel, den Kapfel,
den goldbraunen Apfel!

Sie pusten und prusten,
sie gucken und schlucken,
sie schnalzen und schmecken,
sie lecken und schlecken
den Zipfel, den Zapfel,
den Kipfel, den Kapfel,
den knusprigen Apfel.

(Volksgut aus Bayern)

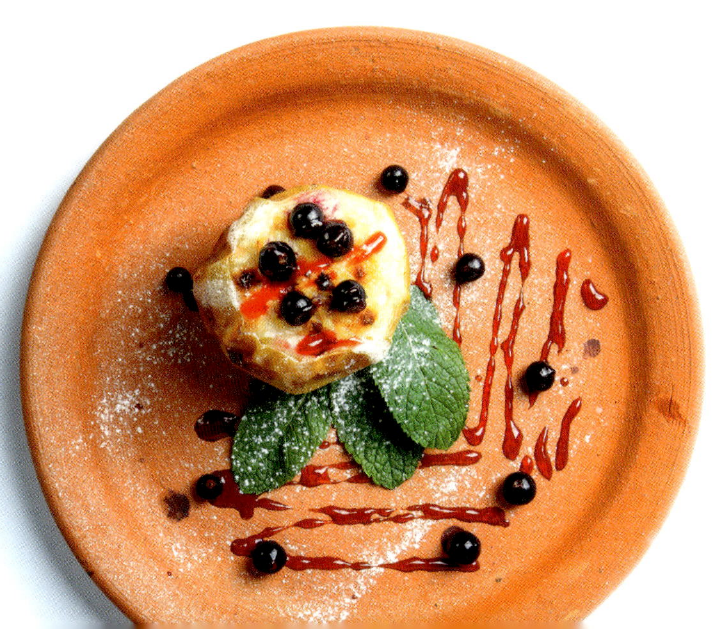

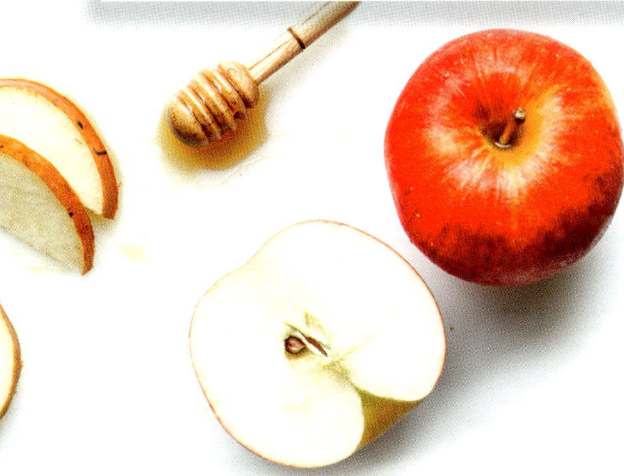

MIT MEINEN HÄNDEN KANN ICH …

… entdecken, erobern, bauen,
erforschen, pflücken, sammeln, …

Der Herbst ist da

Die Blätter haben sich wunderschön gefärbt und fallen zu Boden.
Wir machen daraus einen Blätterkranz – mit Liebe gemacht!

Blätterkranz

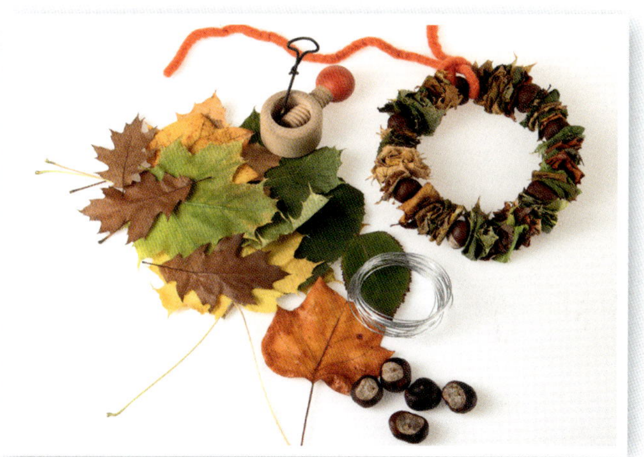

MATERIAL:

viele bunte Blätter, stabiler Draht (Blumendraht kann nicht aufgehängt werden), Kastanien, Kastanienbohrer

ANLEITUNG:

Ca. 10 frische Kastanien mit Löchern versehen (Kastanienbohrer). Die Stiele der Blätter abschneiden und kleine Päckchen machen, d. h. die Blätter je nach Größe zusammenlegen. Auf den Draht auffädeln – **Vorsicht:** Drahtspitze! Nach einigen Päckchen Blättern kommt eine Kastanie. Wenn der Kranz groß genug ist, den Draht abschneiden und beide Enden zusammenwickeln. Die umliegenden Blätter über die Enden ziehen, damit man kein Loch hat.

VARIANTEN:

- gleich große Blätter auffädeln, kleine Päckchen machen, mit Blattstielen immer auf die selbe Seite gerichtet (ohne Kastanien)
- mit großen Ahornblättern Päckchen machen, nur Blätterkranz

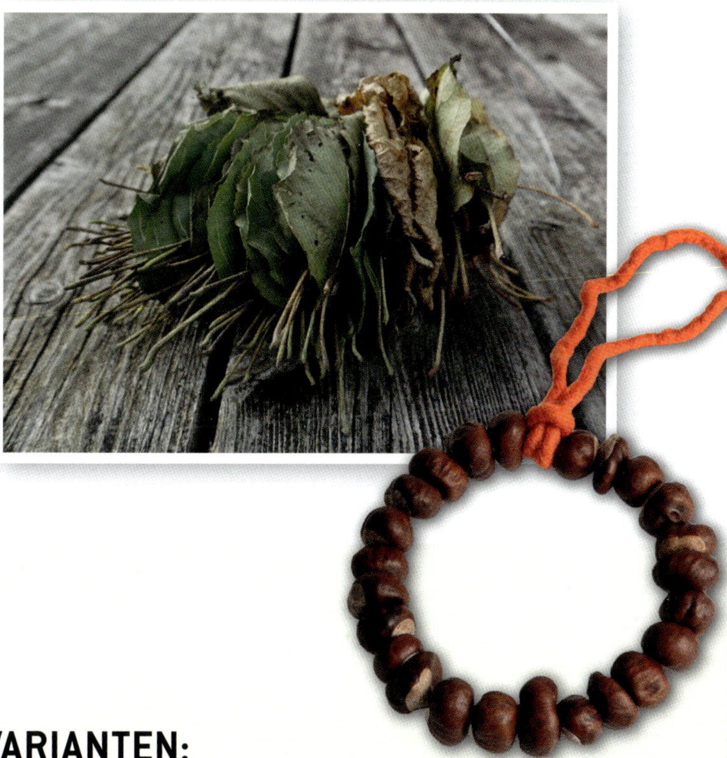

Kastanienkranz

MATERIAL:

frische Kastanien, Kastanienhandbohrer, stabiler Draht

ANLEITUNG:

In die frischen Kastanien Löcher bohren und auf einen Draht auffädeln.

VARIANTEN:

- Kastanienherz machen, Draht wird in Herzform gebogen
- Neben den Kastanien können auch Lampions oder Hagebutte aufgefädelt werden
- aus Kastanien Männchen gestalten

Spannende Experimente mit Wasserfarben

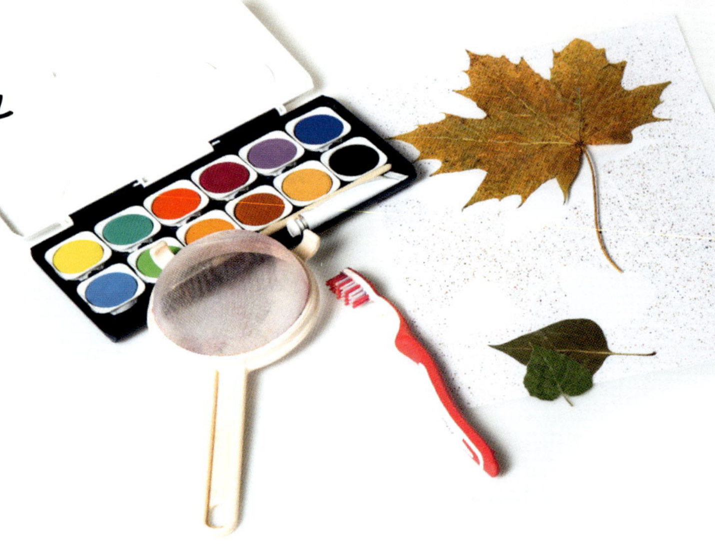

Spritztechnik

MATERIAL:

Wasserfarben, Pinsel, alte Zahnbürste, Unterlage, Malschürze, Sieb oder Spritzgitter, Papier, Wasser

ANLEITUNG:

Formen aus Papier, Blättern oder Blüten werden auf das Papier gelegt. Eine Wasserfarbe mit dem Pinsel gut anrühren. Die Zahnbürste dann in die Farbe tauchen.

Das Küchensieb über das Blatt Papier halten und mit der Zahnbürste darüber reiben. Dadurch entstehen feinste Spritzer auf dem Papier. Nun eine andere Farbe benützen. Je mehr Spritzer auf dem Papier sind, desto besser kann man die Formen später erkennen.

Das Bild muss trocknen, bevor man die Schablonen abnimmt.

Mit dem Wind malen

MATERIAL:

Malkasten, Wasser, Pinsel, Strohhalm

ANLEITUNG:

Ein Pinsel wird ins Wasserglas getaucht und in eine Wassermalfarbe gerührt. Anschließend werden Tropfen auf das Papier gegeben und mit einem Strohhalm werden die Farben in alle Richtungen geblasen.

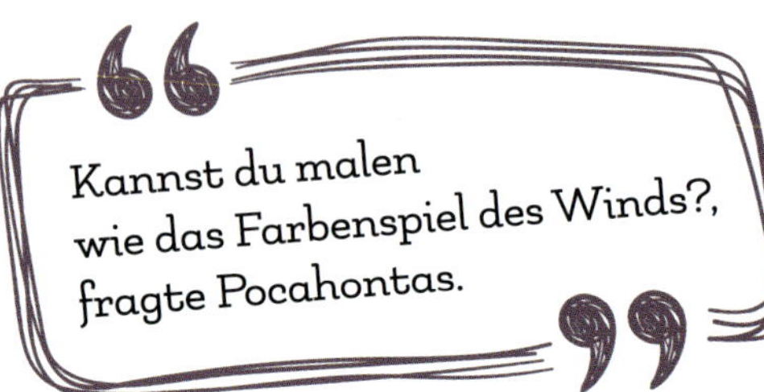

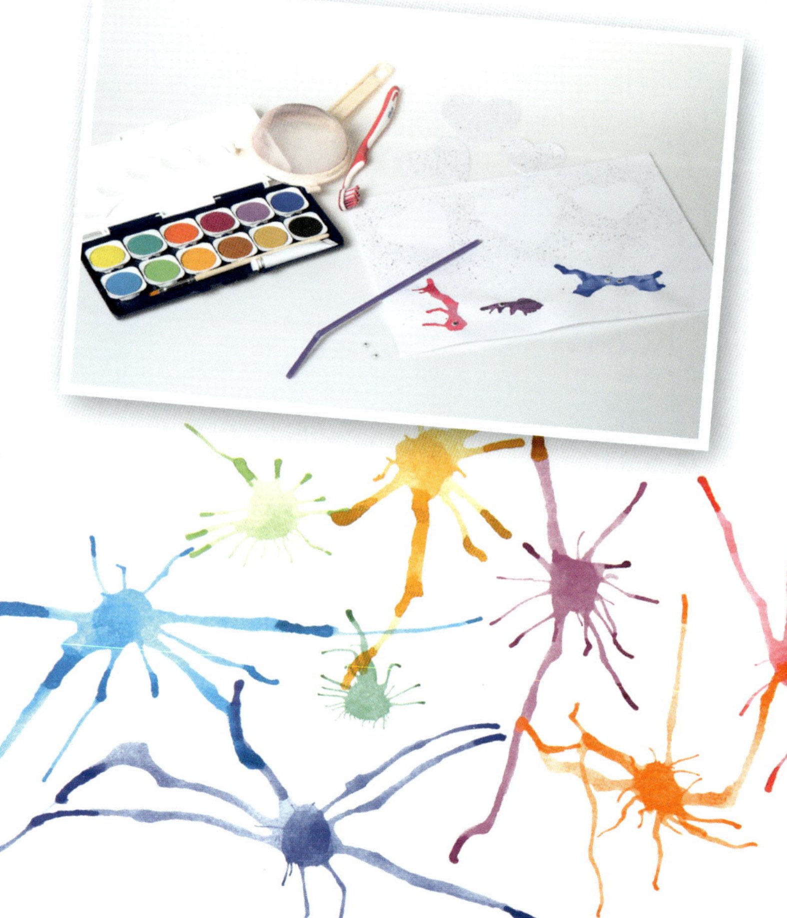

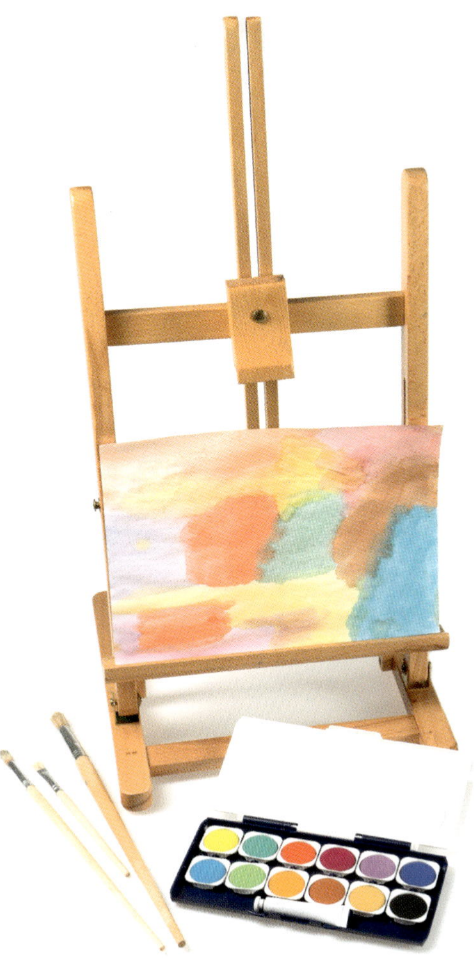

Willkommen im Künstleratelier:

Malen nach Musik

MATERIAL:

Papier, Pinsel, Stifte, Acryl- oder Wassermalfarben, Wasser, Lappen, Handtücher, Malkittel, Musikabspielgerät und unterschiedliche Musiktitel

ANLEITUNG:

Die Kinder dürfen die Malutensilien auswählen und damit zur Musik malen. Am besten eignen sich klassische Stücke sowie Entspannungsmusik. Möglichst keine gesungenen Lieder, Instrumentalmusik wäre klasse.

Musik in sich aufnehmen, Empfindungen ausdrücken, großflächig malen und die Entspannung genießen.

Magische Kratzkunst

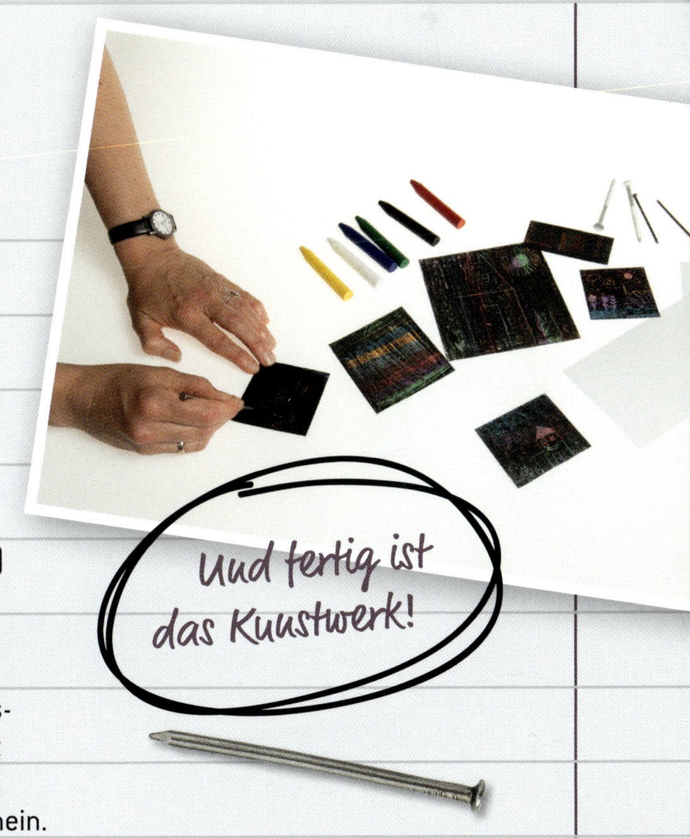

MATERIAL:

Wachsmalkreiden, möglichst ein etwas dickeres, weißes Papier, Unterlage (z. B. Zeitung), großer Nagel oder ein Holzspieß

ANLEITUNG:

Zuerst bemalt man das Blatt Papier (anfangs ein kleines Blatt) vollständig mit bunten Wachsmalkreiden (außer schwarz). Man kann das Blatt mit Flecken, Streifen oder bestimmten Motiven bedecken.

Danach wird das bunt bemalte Papier mit schwarzem Wachsmalstift übermalt. Das Bild muss komplett schwarz sein. Mit einem spitzen Gegenstand kratzt man dann ein Motiv in das Papier. Die darunter liegenden Farben kommen so zum Vorschein.

Und fertig ist das Kunstwerk!

Wir malen Punkte-bilder

MATERIAL:

schwarzes Tonpapier, Acrylfarben oder Malkastenfarben, kleines Holzstäbchen, Pinsel, Wattestäbchen oder Bleistiftradiergummi

BESCHREIBUNG:

Wir schneiden ein Stück schwarzes Tonpapier aus. Bei einer Blumenwiese malen wir mit frischem Grün dünne Striche auf das Blatt (verschieden große Striche, nicht ganz nach oben malen). Kurz trocknen lassen.

Diese Stengel werden nun mit farbigen Punkten mit dem Ende eines Holzstäbchens bestückt.

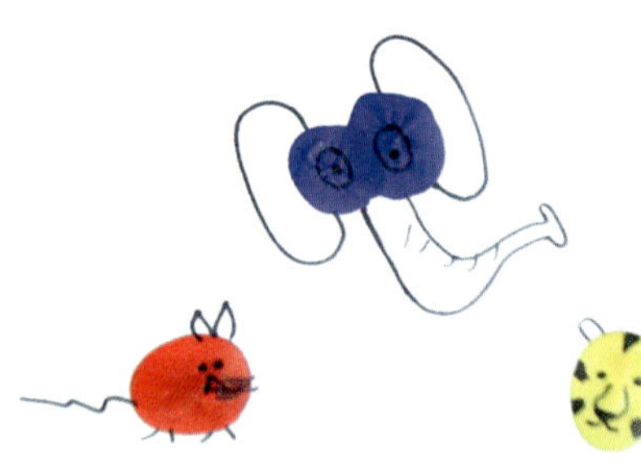

Varianten:

- Vorlagen, z. B. Schmetterling, Traktor, Tiere ... aus schwarzem Tonpapier ausschneiden und mit farbigen Punkten versehen.
- Steine mit glatter Oberfläche gestalten: Natursteine oder schwarz angemalte Steine mit Punkten (Acrylfarben oder Wassermalfarben) bemalen, trocknen lassen und evtl. mit Klarlack besprühen
- Fingerpunkte

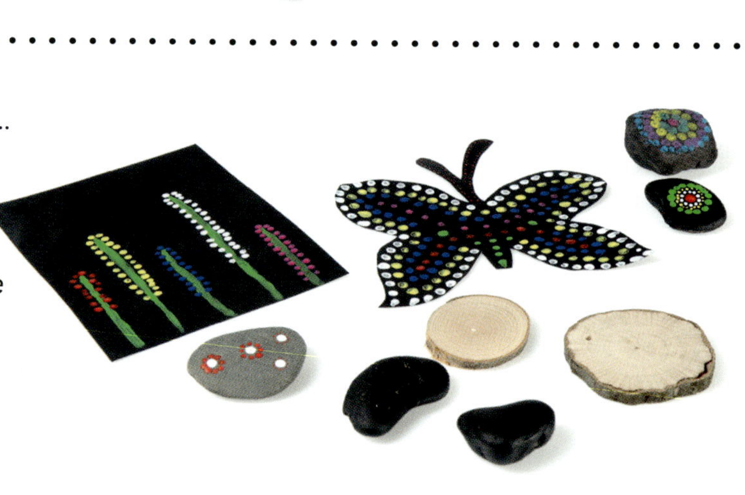

Geburtstagskerze • Osterkerze • Blumenkerze • Weihnachtskerze

Kerzen gestalten

MATERIAL:

Stumpenkerze (z. B. weiß, Durchm. ca. 5 bis 7 cm), Wachsblätter (verschiedene Farben), Schneideunterlage, Messer, kleine Stopfnadel, ggf. vorgefertigte Verzierelemente

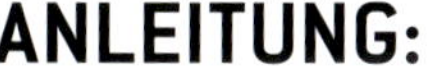

ANLEITUNG:

Das Wunschmotiv auf Papier zeichnen und ausschneiden. Auf die Wachsplatte legen und mit einer Stopfnadel nachzeichnen. Die Vorlage entfernen. Nun das Motivteil an die gewünschte Stelle auf der Kerze anbringen und das Wachs mit leichtem Druck der Hand wärmen.

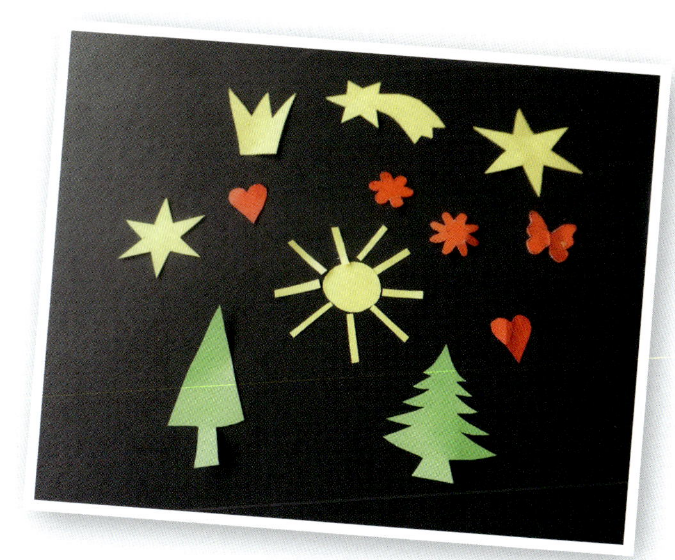

Aus den Wachsplatten kleine Kügelchen oder Würste formen, um damit verschiedene Motive (z. B. Blumen) zu gestalten. Aus den Wachsplättchen Motive wie z. B. Stern, Herz … ausstechen und auf die gleiche Weise auf der Kerze anbringen.

Tipp:

- Beim Kerzengestalten ist die Raumtemperatur wichtig!
- Wahl der Kerze: Je größer die Fläche der Kerze, desto besser lassen sich die Motive darauf verwirklichen.
- Kerze zündet ein Erwachsener an.
- Gemeinsam einen Kerzenteller kaufen oder auswählen.
- Verzierte Kerzen sind schöne Geschenke.

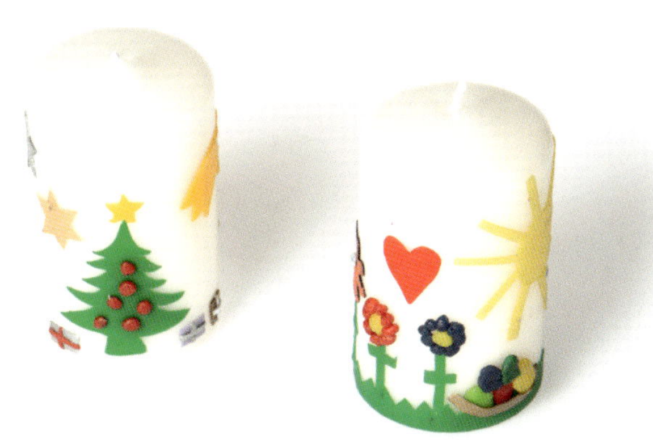

Sticken

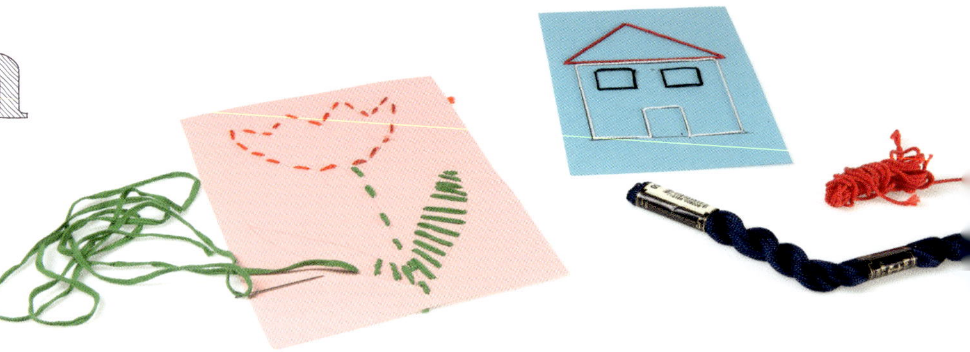

MATERIAL:

Tonpapier, dicke spitze Nadel, Stopfnadel, Stickgarn, Schere, verschiedene Motive

ANLEITUNG:

Auf Fotokarton (Maße ca. 17,5 x 12,5 cm) das gewünschte Motiv aufzeichnen und mit dicker, spitzer Nadel Löcher zum Ausstechen vorbereiten. Faden in die stumpfe Sticknadel einfädeln, Knoten machen. Auf der Rückseite der Karte beginnen, mit der Nadel in eines der Löcher zur Vorderseite stechen und dann in das nächste Loch wieder zur Rückseite.

VARIANTEN:

- Anfangs nur Stickbilder mit einfachen Motive anbieten, die nur rundherum gestickt werden müssen.
- Weiteres Stickgarn mit anderen Farbe verwenden.
- Die gestickte Karte verzieren.
- Einladungskarten für den Geburtstag machen.

Vorlagen: Blumen, Haus, Auto, Baustellenfahrzeuge, Herz, Sonne …

Löchern oder Prickeln

MATERIAL:

Fotokarton, Stoffnadel (Prickelnadel kaufen), weiche Unterlage z. B. Filzunterlage

ANLEITUNG:

Ein Motiv wird auf ein Tonpapier gezeichnet. Mithilfe einer Nadel werden entlang der Linien Löcher ins Papier gestochen. Als Unterlage wird meistens ein Stück Filz verwendet. Durch die geprickelten Löcher entstehen schöne Muster.

VARIANTEN:

- Prickeln nach Jahreszeit.
- Prickelanhänger für Ostern und Weihnachten gestalten
- Prickelmandalas gestalten.
- Nach Vorlagen prickeln: Baustellenfahrzeuge, Blumen …
- Karten verzieren mit Klebeaugen, Glitzer …

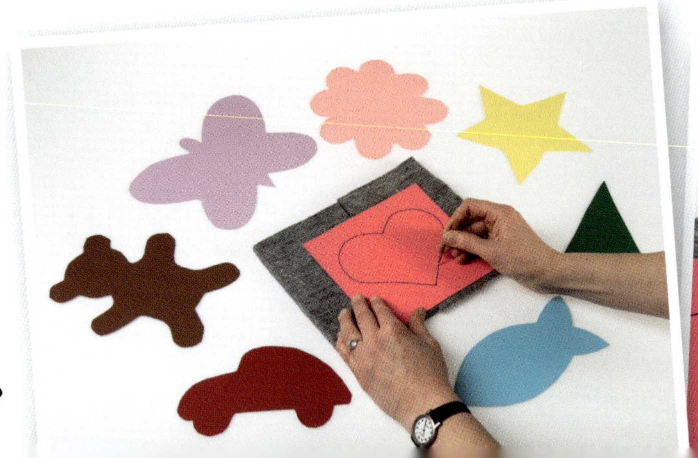

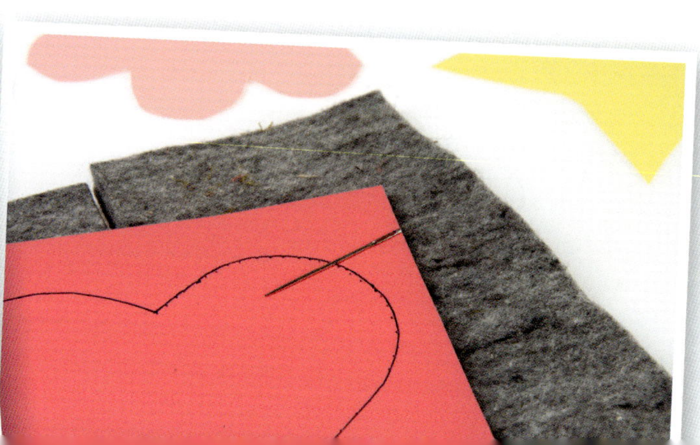

Spiele mit Knöpfen

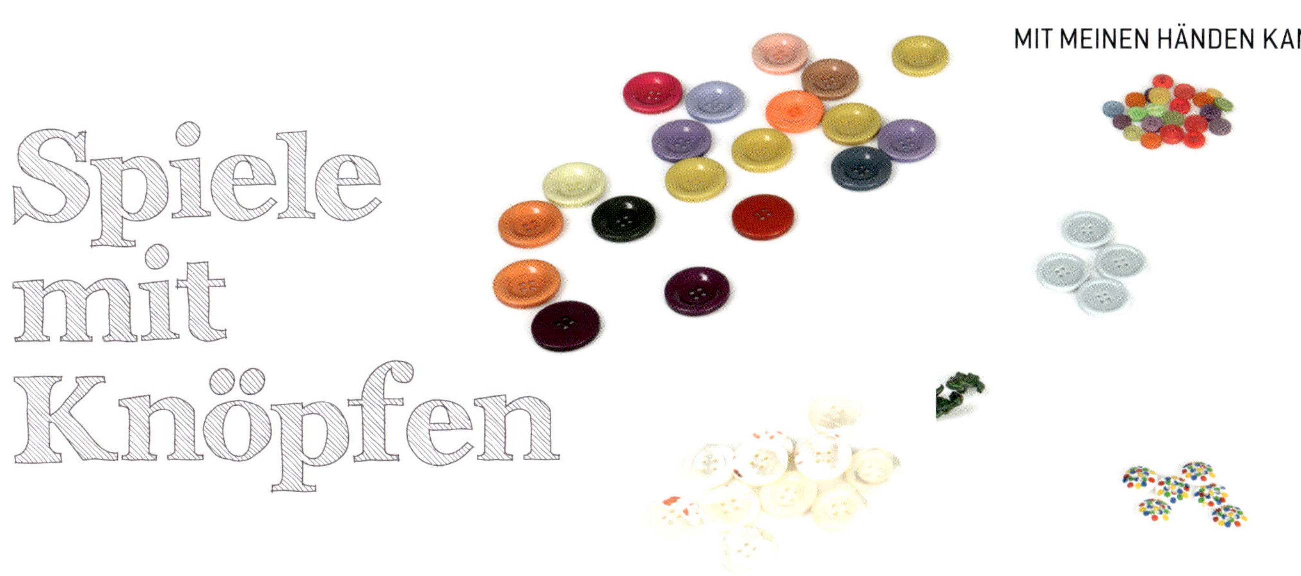

MATERIAL:

verschiedene bunte Knöpfe, Sortierbox

ANLEITUNG:

Die vielen vielfältigen Knöpfe, mal klein, mal groß, mal bunt, mal einfarbig, mal rund, mal eckig, mal als Figur oder auch mit Glitzer werden auf den Tisch gelegt und sortiert.

VARIANTEN:

- **Knöpfe-Paare:** Für das Spiel braucht man ca. 20 besondere Knopfpaare, außerdem ist eine Sortierbox ganz gut. Gebt nun alle Knöpfe in eine kleine Schüssel. Hat das Kind zwei gleiche Knöpfe gefunden, kann man diese in der Sortierbox ablegen.
- Knöpfe nach Farben sortieren
- Knöpfe nach Größe sortieren
- Knöpfe mit Grillzange oder Pinzette sortieren
- Formen legen mit Knöpfen, z. B. Spirale, Schlange, Blume ...
- **Knöpfe annähen:** Große Knöpfe mit großen Löchern verwenden, stumpfe Nadel mit Faden, evtl. Stoff in einen Stickrahmen einspannen
- Schrauben und Muttern sortieren

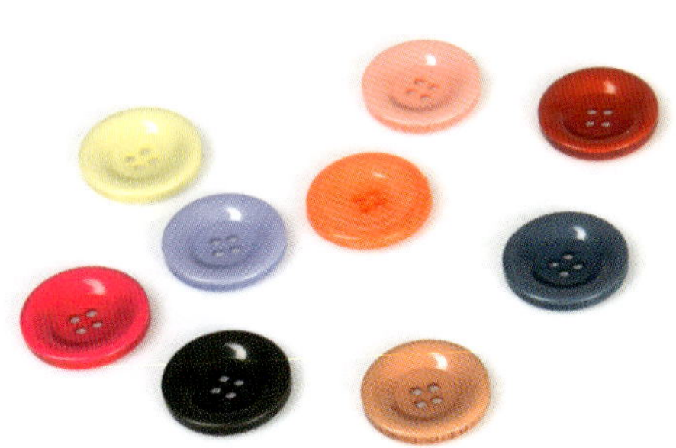

Ball „Fredi" hat Hunger

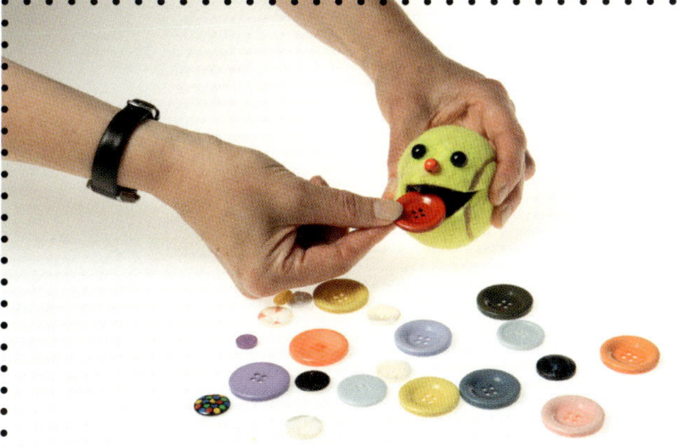

MATERIAL:

Tennisball, Knöpfe oder kleine Steinchen

Für den Mund den Tennisball ca. 3 bis 4 cm breit aufschneiden und mit Augen bemalen oder bekleben.

Den hungrigen Ferdi könnt ihr füttern, indem ihr den Ball so zusammendrückt, dass sich sein Mund öffnet.

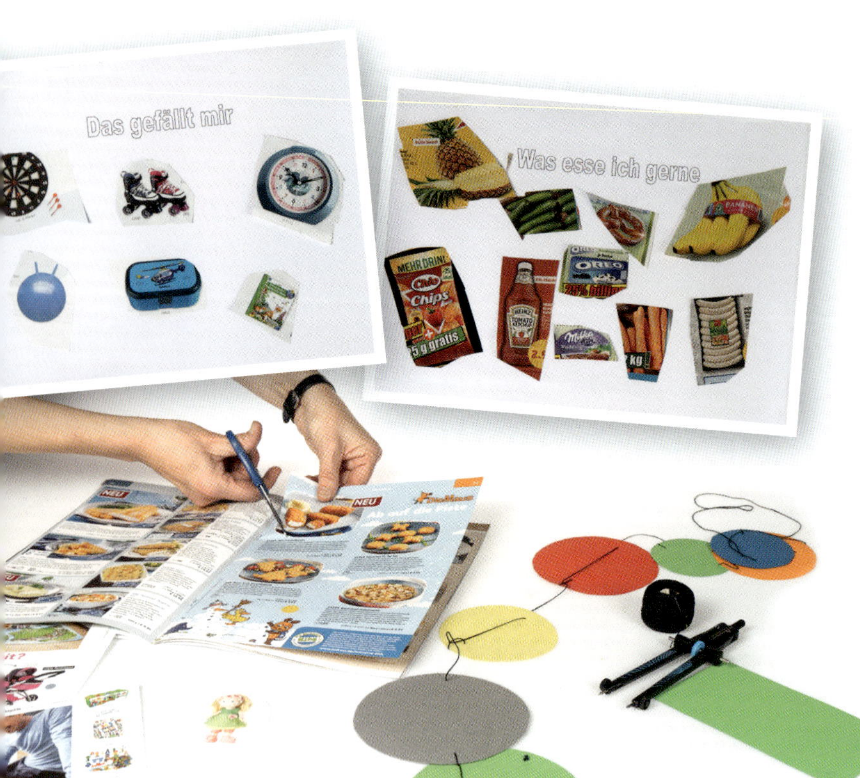

Schnipseln
mit der Schere

MATERIAL:
Schere, alte Zeitschriften, Prospekte, Kataloge, Kleber

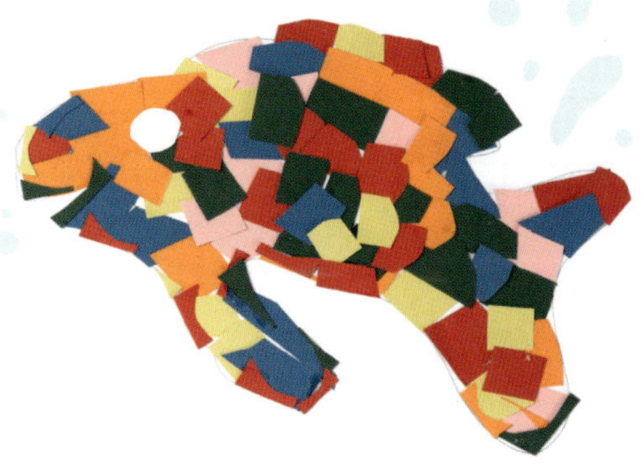

ANLEITUNG:
Alte Zeitschriften, Prospekte oder Kataloge durchblättern und daraus dürfen die Kinder Bilder ausschneiden.

VARIANTEN:
- Collagen machen: Obst, Gemüse, was esse ich gerne
- Kreismobile machen (verschiedene Kreise aus Tonpapier ausschneiden)

Bauen wir ein
Kartenhaus!

Um die Geduld und die Geschicklichkeit zu testen, ist das Bauen eines Kartenhauses eine sehr gute Übung. Alles was wir brauchen, ist eine ruhige Hand, ein Paket Karten und etwas Zeit.

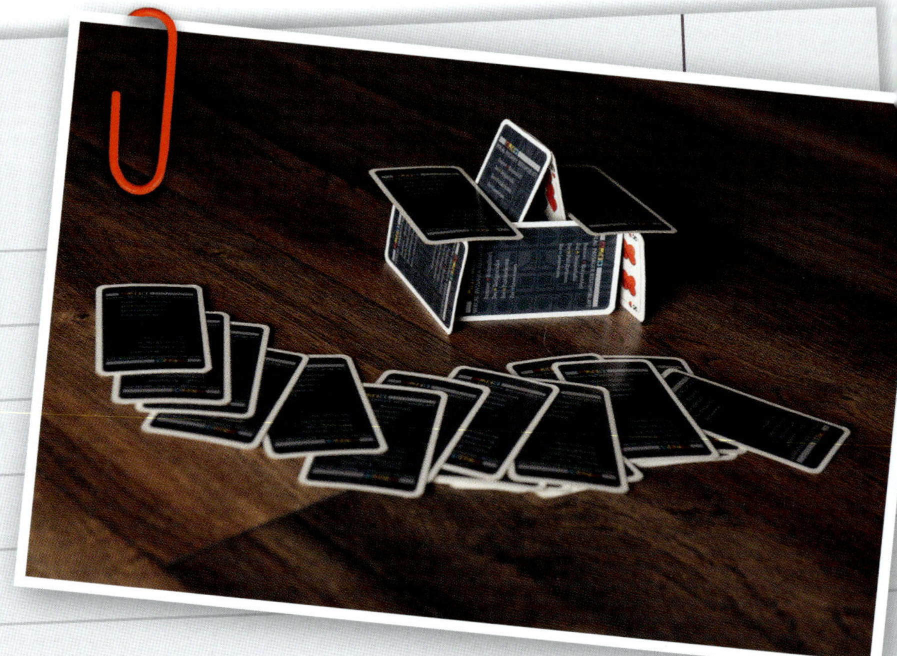

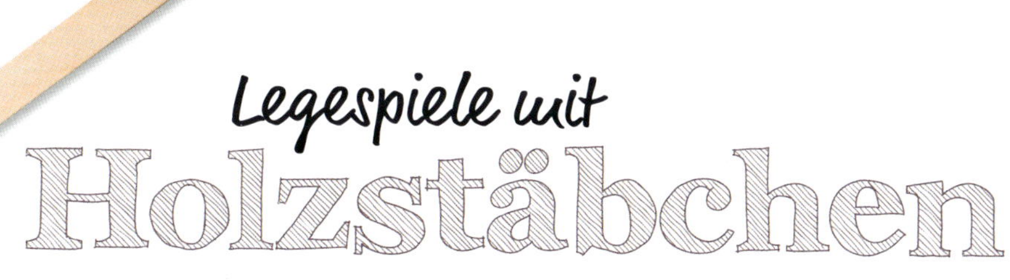

Legespiele mit Holzstäbchen

Legespiel mit Eisstäbchen

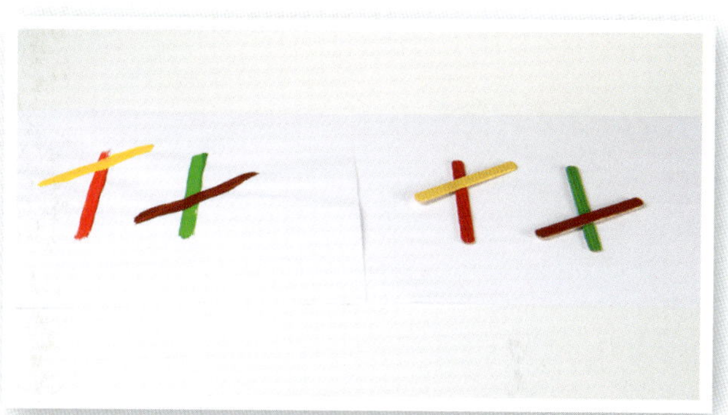

MATERIAL:

bunte Eisstäbchen, Wasserfarben oder Filzstifte, Papier

ANLEITUNG:

Eisstiele mit Wasserfarben anmalen.

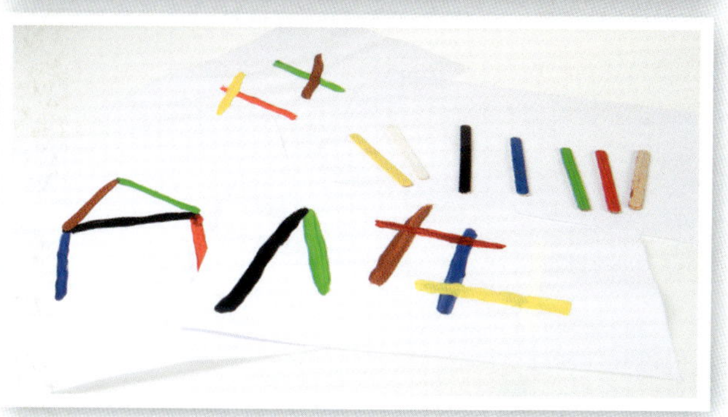

VARIANTEN:

- Wir legen mit Eisstäbchen verschiedene Figuren, ein anderes Kind legt das gleiche nach.
- Wir zeichnen mit Wasserfarben einen Plan und bauen diesen nach.
- Wir legen erst die Eisstäbchen und malen dann den Bauplan dazu nach.

Legespiel mit Zündhölzer

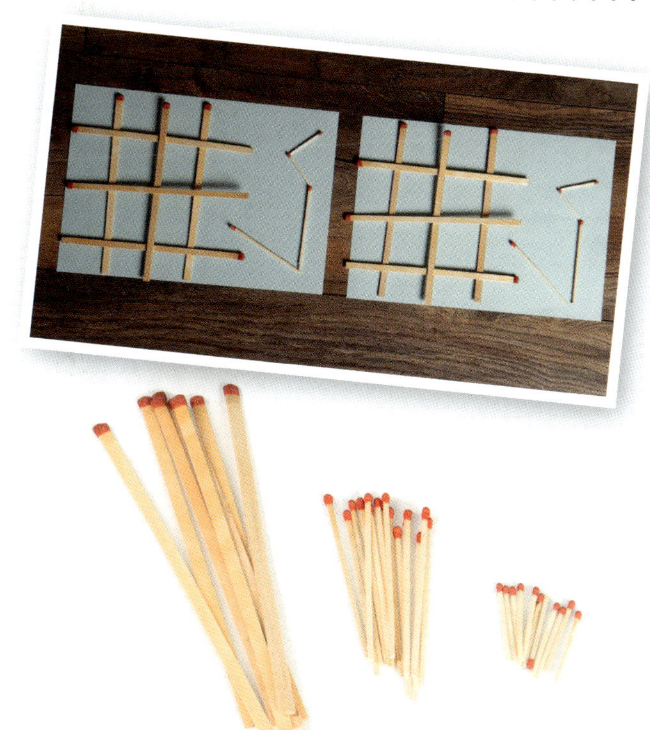

MATERIAL:

Zündhölzer in verschiedenen Größen, Papier

ANLEITUNG:

- Jeder bekommt gleich viele, unterschiedlich lange Zündhölzer.
- Einer baut, der Andere muss nachbauen.

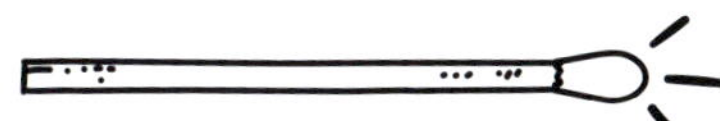

Auf die Länge und Lage der Zündhölzer aufpassen!

Papier falten

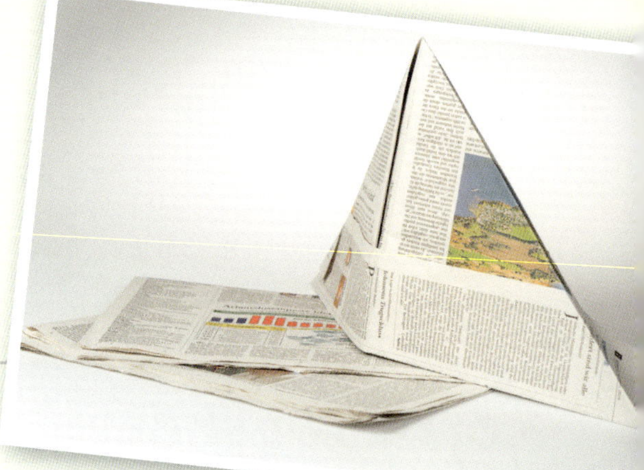

MATERIAL:

Zeitungspapier oder Zeichenblockpapier A3, evtl. Stifte zum Anmalen

Papierhut

Nehmt das gewählte Stück Papier in der Form eines Rechtecks. Faltet es der Breite nach zur Hälfte. Faltet dies nun nochmals in der Mitte und öffnet es wieder. So entsteht die Mittelinie (1). Faltet danach die zwei Seitenflügel (die Kante von der rechten bzw. linken Ecke zur Mittellinie) nach innen zur Mittellinie (2). Anschließend die untere Kante nach oben falten. Den Hut umdrehen. Führt diesen Faltschritt auch auf der Rückseite durch (3). Kappt die überstehenden Ecken jeweils nach hinten bzw. innen um. Die umgeklappten Ecken festkleben (4). Fertig ist der Hut!

VARIANTEN:

- **Ritterhelm:** hellgraues oder silbernes Tonpapier, rote Feder
- **Robin Hood Hut:** grünes oder braunes Tonpapier, längere Feder
- **Jägerhut:** grünes Tonpapier, Borte oder Kordel, Gamsbart basteln

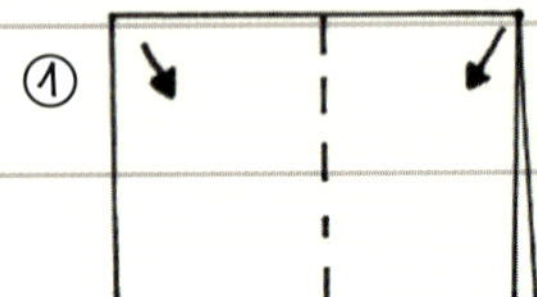

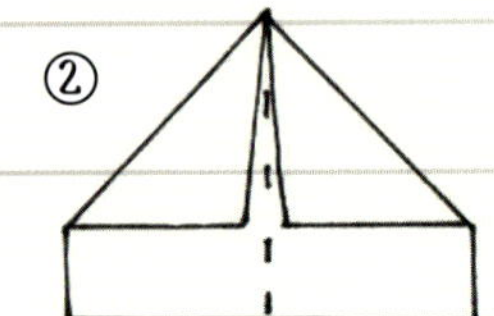

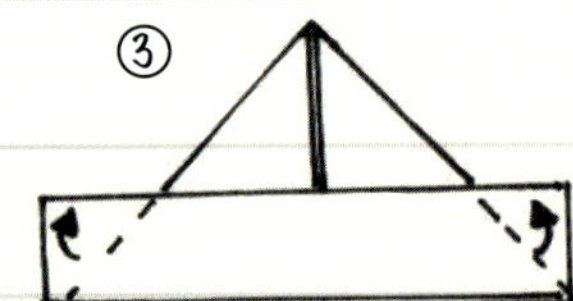

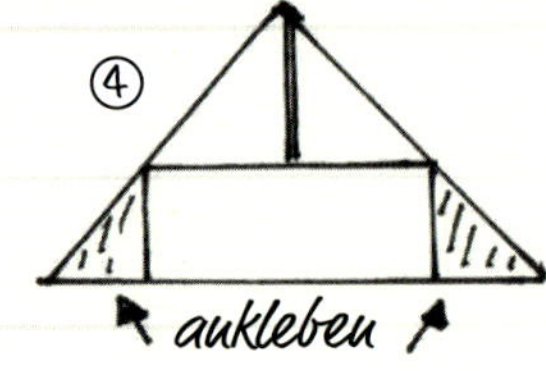

Papierschiffchen

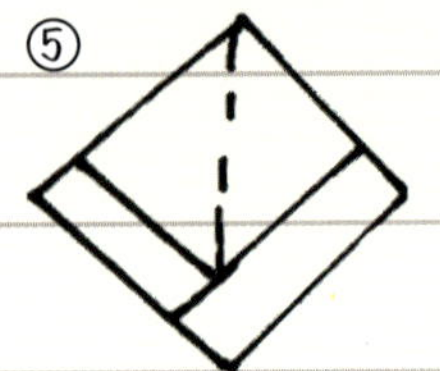

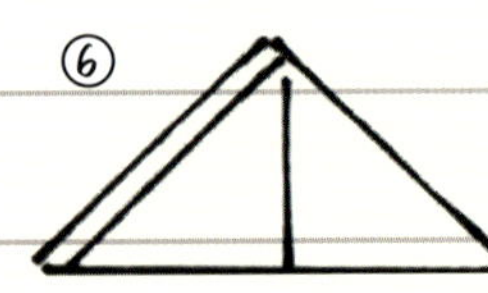

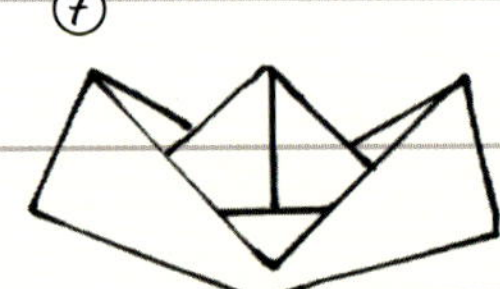

Schritt 1 bis 4 von Anleitung „Papierhut" übernehmen, allerdings die Ecken bei Schritt 4 nicht ankleben (1-4). Klappt die überstehenden Ecken noch um, sodass ein großes Dreieck entsteht. Öffnet das entstandene Dreieck, das aussieht wie ein Hut, dreht es und legt es zu einem Quadrat hin (5). Faltet die untere Spitze nach oben. Dreht die Faltarbeit um und führt den Faltschritt auch auf der Rückseite durch (6). Jetzt öffnet ihr das Dreieck erneut von unten, dreht es und legt es als Quadrat vor euch hin. Danach zieht ihr die oberen Spitzen auseinander, so entsteht ein Papierschiffchen. Zieht es richtig auseinander und bringt es in Form, damit es gut stehen und auch später schwimmen kann (7).

VARIANTEN:

- Je kleiner das Papier, desto kleiner das Schiff, umso mehr Übung sollte man haben.
- Das Schiffchen kann bunt angemalt werden.
- Papierschiffchen kann auch als Einladung zum Geburtstag oder zum Sommerfest verwendet werden.
- Das Schiff kann für Spiele im Wasser oder beim Baden verwendet werden.

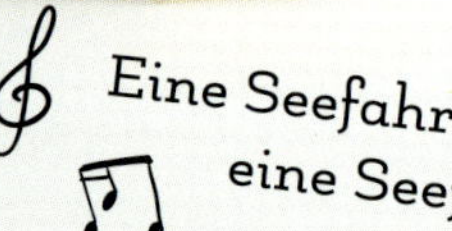

Eine Seefahrt, die ist lustig,
eine Seefahrt, die ist schön, ...

Papierflieger

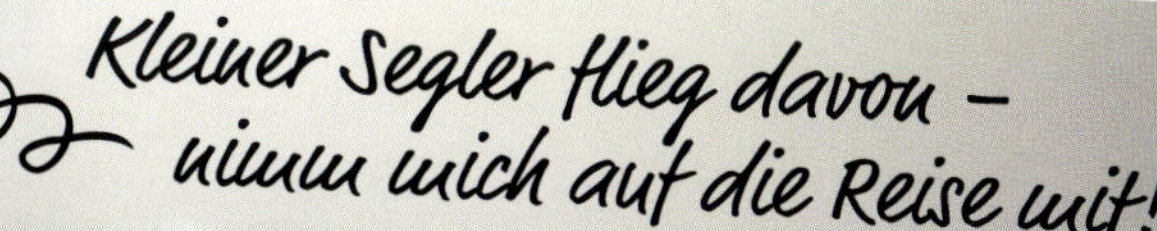

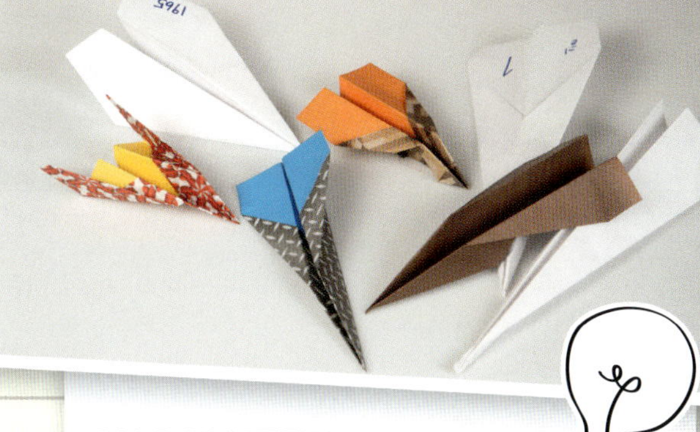

Das wohl bekannteste Modell: Der Pfeil

Ein Blatt Papier wird der Länge nach gefaltet und wieder auseinander gelegt: So erhält man eine Mittellinie (1). Die beiden oberen Ecken werden jetzt zu dieser Mittellinie hin gefaltet (2). Anschließend werden die beiden Seiten ein zweites (3) und noch ein drittes Mal zur Mittellinie hin gefaltet (4). Dann wird das Ganze um die Mittellinie nach hinten gefaltet (5) und die beiden zuletzt gefalteten Klappen werden als Flügel abgespreizt.

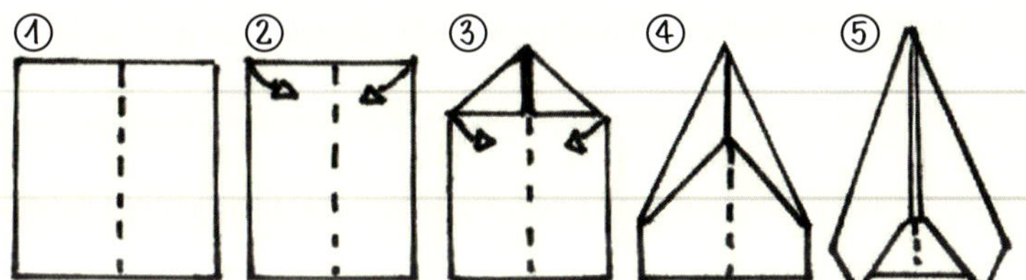

VARIANTEN:

- Absturzflieger
- Rasender Blitz
- Stumpfnasenflieger
- Möwen-Flieger
- Marabu-Flieger

TIPPS:

- Es ist wichtig, dass du genau faltest, lass dir lieber länger Zeit!
- Alle Faltungen sollen mit dem Fingernagel glatt gestrichen werden.

Es gibt zwei andere Möglichkeiten, wie man die Tragfläche faltet: Man kann die Tragfläche parallel zum Rumpf falten (5a), dies führt zu einer großen Tragfläche mit einem starken Auftrieb. Oder man faltet die Tragflächen schräg (5b), der Rumpf wird größer, die Kurvenstabilität erhöht sich.

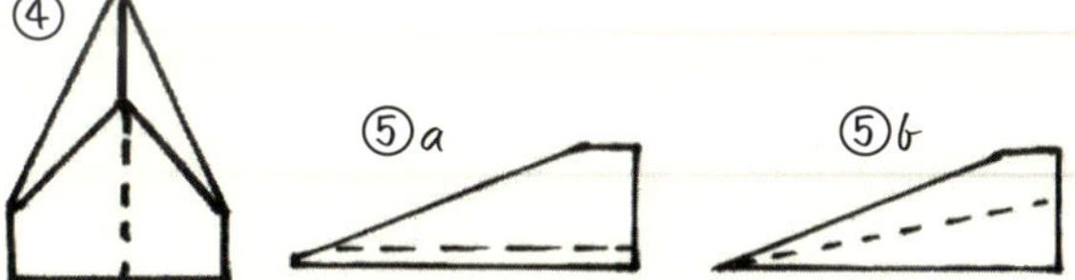

Zaubertüte

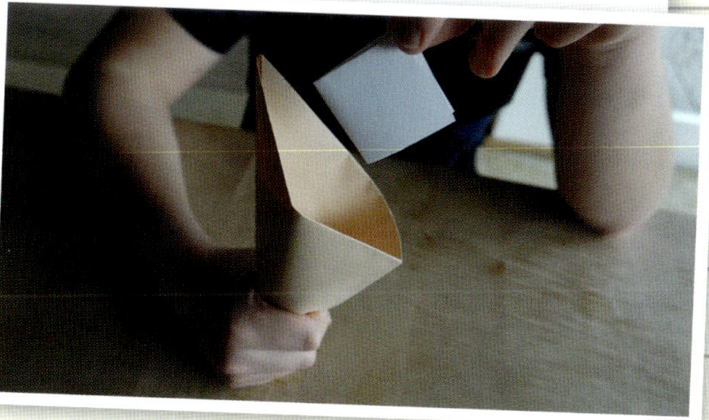

Mit dieser Tüte kann man Briefmarken oder kleine Zettel einfach verschwinden lassen, da sie zwei Taschen hat.

Falte das DIN-A4-Blatt längs der Mitte zusammen und öffne das Blatt wieder (1). Falte alle 4 Ecken zur Mittellinie: Beginne mit der Ecke links oben. Danach die Ecke links unten, überlappend über die zuerst gefaltete Ecke (2). Dann die Ecke rechts unten. Zum Schluss die Ecke rechts oben, überlappend über die zuerst gefaltete Ecke.

Falte das Quadrat entlang der Mittellinie zu einem Dreieck zusammen (3). Die Ecke, die zuletzt gefaltet wurde, wird in der ebenfalls in der Mitte befindlichen Ecke (öffnenden Spalt) hineingeschoben, es entsteht eine Tüte (4). Die Zaubertüte noch glatt streichen, fertig (5).

① 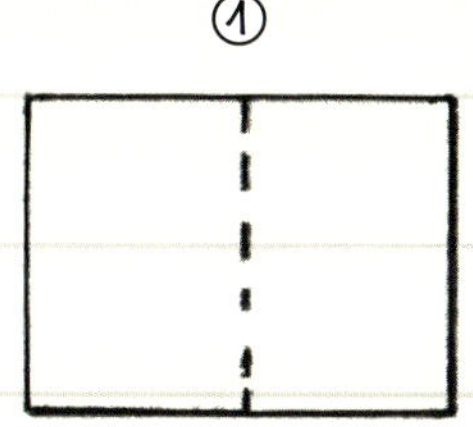

② 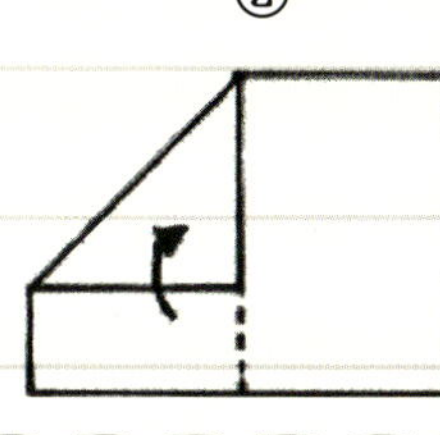

③ 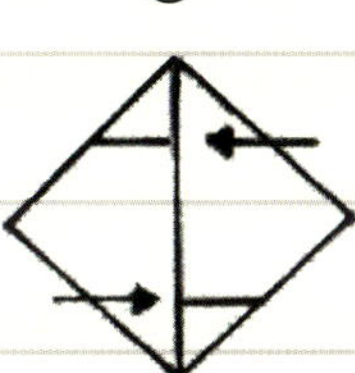

④ 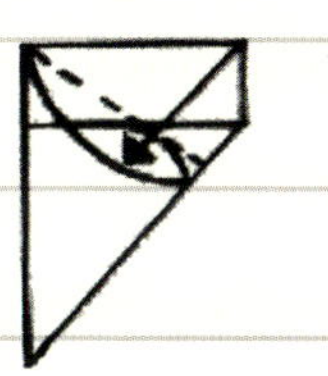

Die Videos mit Anleitungen zum Papierfalten findest du unter:

VORHANG AUF UND BÜHNE FREI!

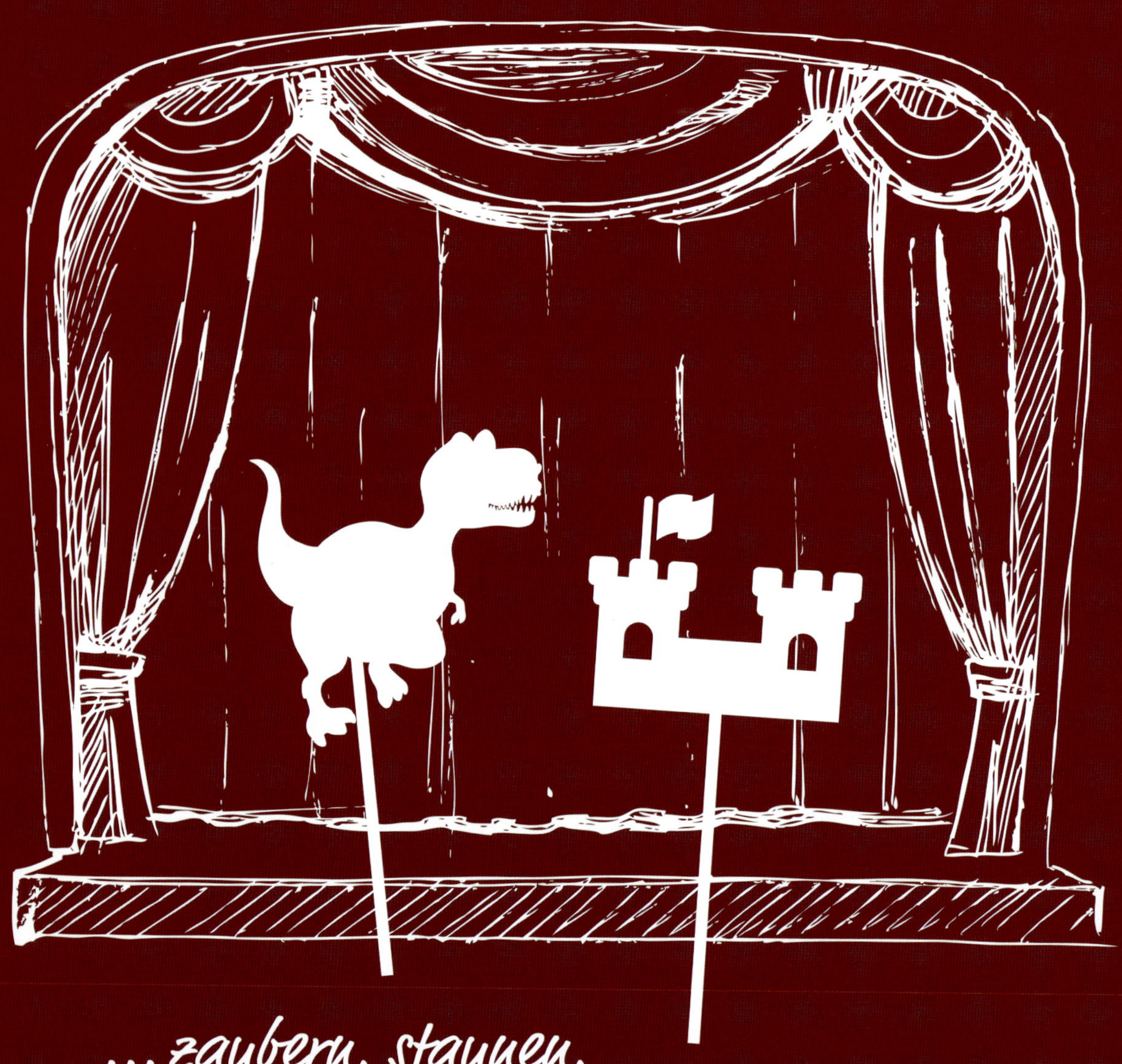

... zaubern, staunen, aufführen, verkleiden, ...

Wir machen eine Klappmaulfigur: Rudi der Frosch

Maße Erwachsenen-socke Gr. 42/44

4,5cm
4,5cm
6cm
11cm

MATERIAL:

grüne Socke (evtl. weiße Socke färben; für Kinder Sneaker-Socke Gr. 39/42, für Erwachsene Tennissocke Gr. 42/44) Pappe, Filz in rot, schwarz und rosa, Watte- oder Styroporkugeln, Kunststoffleder, Kleber, Schere, schwarzen Stift

ANLEITUNG:

Die Vorlage „Maul“ (siehe Anlage S. 120) ausschneiden, auf Pappe aufzeichnen und ausschneiden (2x).

Streifen (für kleinen Frosch 9 x 3,5 cm; für großen Frosch 12 x 3,5 cm) aus Kunstleder, Leder oder festen Stoffmaterial ausschneiden, auf die Pappscheibe kleben, ca. 5 mm Abstand (bei großer Socke 8 mm), zusätzlich antackern. Überschüssiges Leder abschneiden.

Vorderes Zehenteil der grünen Socke abschneiden – für den kleinen Frosch von der Ferse 9 cm (bei großer Socke für den großen Frosch 11 cm). In die Mitte ca. 4 cm (großer Frosch 6 cm) in Richtung Ferse einschneiden und abrunden.

Mit Kleber das Pappmaul in die Socke kleben und den roten Filz darauf kleben.

Das abgeschnittene Zehenteil halbieren, damit die Watte oder Styroporkugeln (für kleine Socke Durchm. ca 25 bis 30 mm, für große Socke Durchm. ca. 30 bis 35 mm) umwickeln (bei Bedarf kürzen) und annähen. Die so entstandenen Augen anmalen. Für kleine Zunge und Gaumen ausschneiden und ankleben.

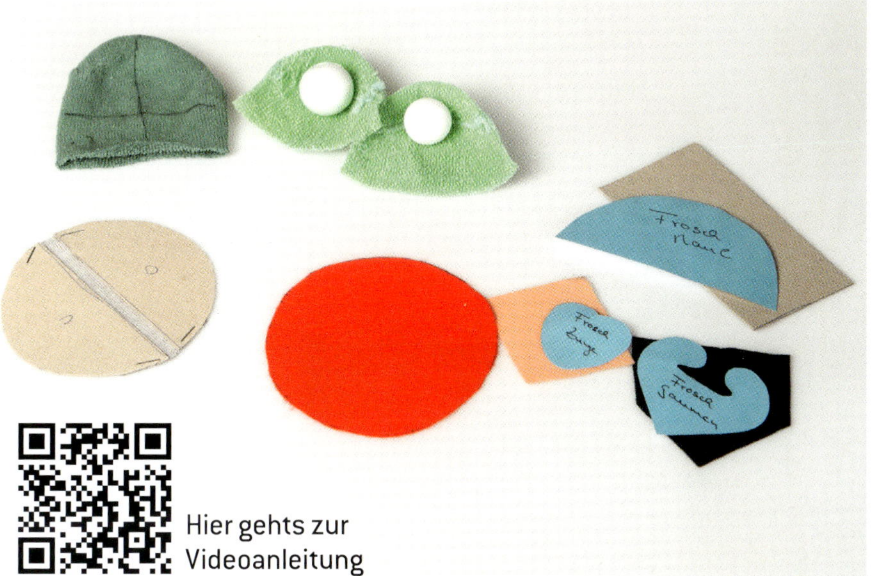

Hier gehts zur Videoanleitung

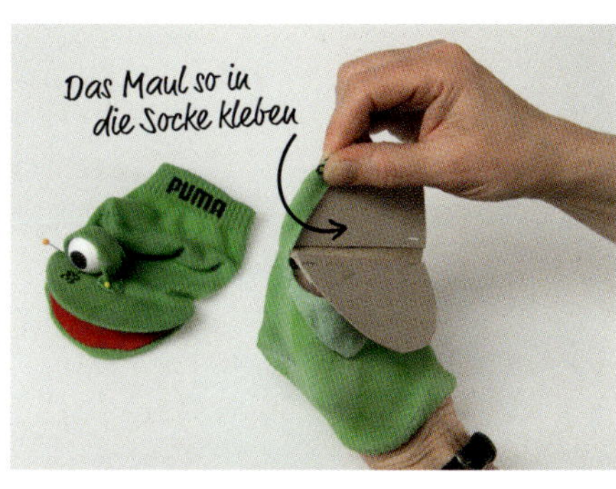

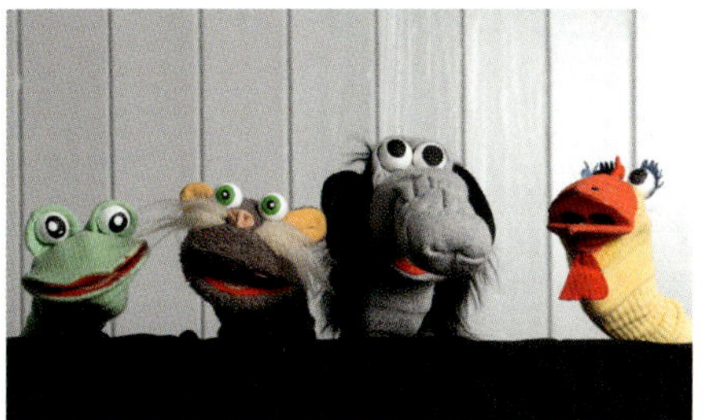

Kamishibai

Das ist wie Fernsehen ohne Strom …

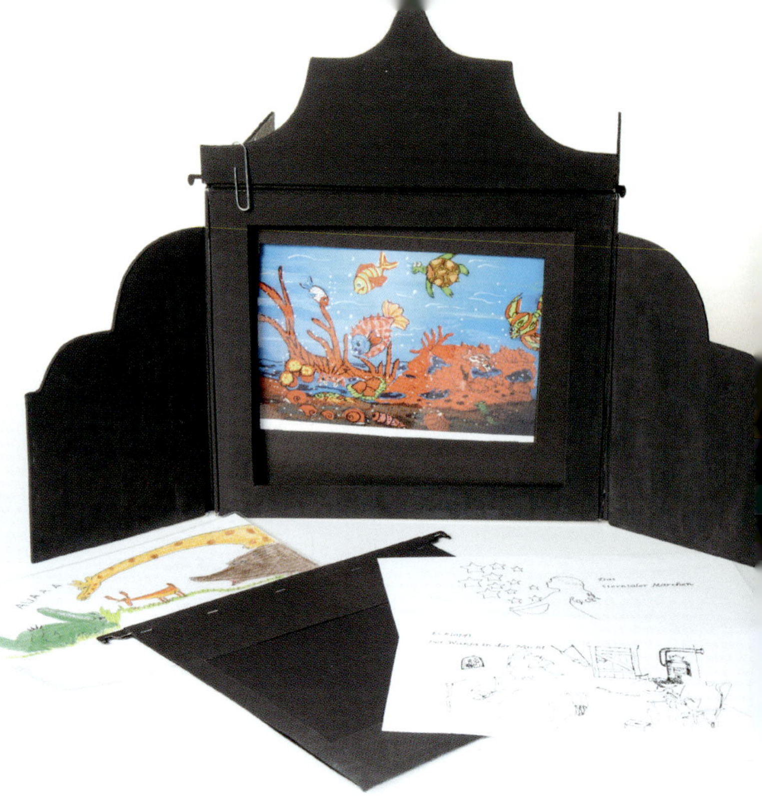

Ein Kamishibai ist ein Bildtheater. Man kann mit gekauften Bildkarten arbeiten, aber auch Geschichten selbst gestalten. Am besten denkt ihr euch eine Geschichte aus und versucht sie in ca. 6 Bildern zu malen. Diese Bilder dienen als Stütze, um die Geschichte zu erzählen. Eine Öffnung bei der Hängeregistratur erlaubt es, das Bild herauszuziehen und das nächste Bild einzulegen. Oder man verwendet mehrere Hängeregistraturen, damit jedes gemalte Bild einen eigenen Rahmen hat.

ANLEITUNG:

- Die Geschichte auf mehrere Bildkarten malen, Erwachsene können mithelfen!
- Die Geschichte nur auf ein Blatt Papier malen und mit Tesafilm einzelne Sachen dazukleben oder ins Bild stellen.
- Am Anfang der Erzählung mit einer Glocke läuten, Vorspann „Wir reisen ins Geschichtenland …“.
- Begleitendes Lied aussuchen, z. B. bei einer Geschichte über eine Biene würde das Lied: „Summ, summ, summ, Bienchen summ herum“ passen.
- Wir ziehen am Anfang einen Vorhang – das Theater lebt von dem Geheimnis und der Neugier.

Bau eines Kamishibai:

MATERIAL:

Schachtel, Schere, ein Hängeregister, schwarze Farbe, Cuttermesser

ANLEITUNG:

Register auf einer Seite ausschneiden, sodass ein DIN A4-Bild hineinpasst. An der Schachtel die vordere Spielfläche ausschneiden (mittig einen Schnitt, sodass eine Flügeltür entsteht und das Registerfüßchen eingesetzt werden kann) und anmalen.

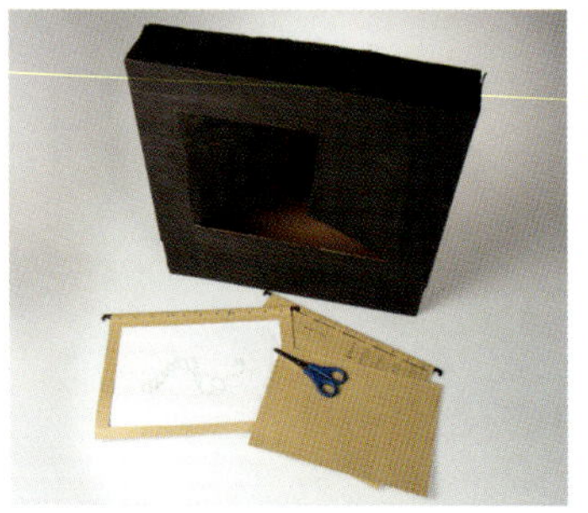

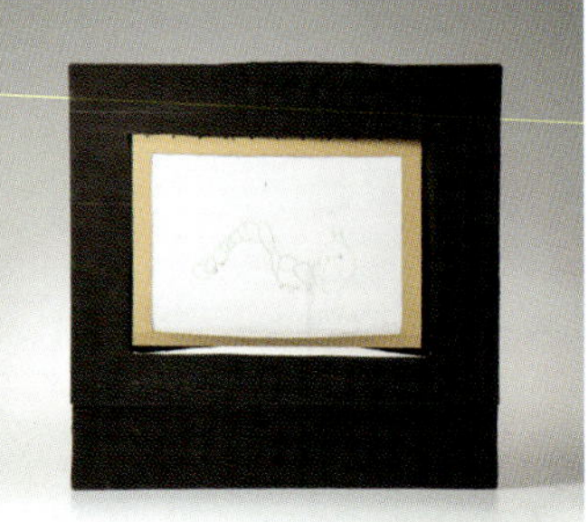

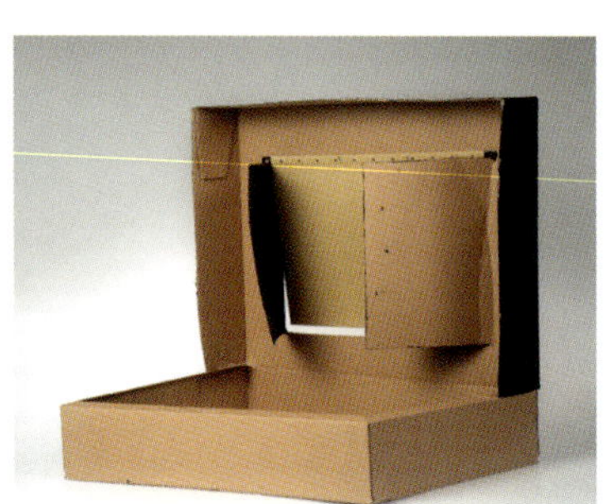

Anleitung und weitere Anregungen unter:

Schatten-theater

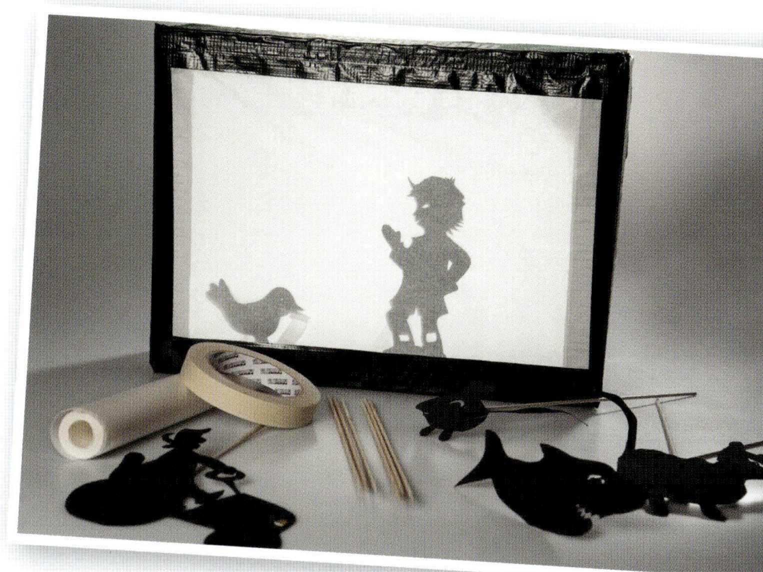

MATERIAL:

Karton oder Obstkiste, Schere, Bleistift, Klebeband, Kleber, Kreppband, Butterbrotpapier oder Architektenpapier, Holz-Schaschlikstäbchen, Tischleuchte, schwarzes Tonpapier für die Figuren, evtl. selbstgemachte Knetmasse zum besseren Stand der Figuren hinter dem Bühnenpapier

ANLEITUNG:

Der Boden des Kartons wird ausgeschnitten, dabei einen Rand von ca. 3 bis 4 cm lassen. Danach wird das Butterbrotpapier aufgeklebt – fertig ist die Bühne!

Figuren kann man malen, ausschneiden, durch eine Vorlage abzeichnen, kopieren und ausschneiden oder aus schwarzen Abfall-Schnipsel basteln, indem man sie zusammen klebt. Auf die Größe der Figuren achten!

Das Holzstäbchen an der Figur befestigen. Der Stab sollte am oberen Ende bzw. mittig angebracht und mit Klebestreifen oder Kreppband befestigt werden.

Ein bewegliches Holzstäbchen: Das Kreppband auf den Rücken der Figur zur Hälfte anbringen, Stäbchen auf die klebrige zweite Hälfte geben. Das Stäbchen soll nach oben schauen. Ein zweites Kreppband nehmen, eine Hälfte auf das Holzstäbchen und die andere Hälfte auf die Figur kleben.

Hier findest du ein Video mit Anleitung, weiteren Geschichten und Anregungen.

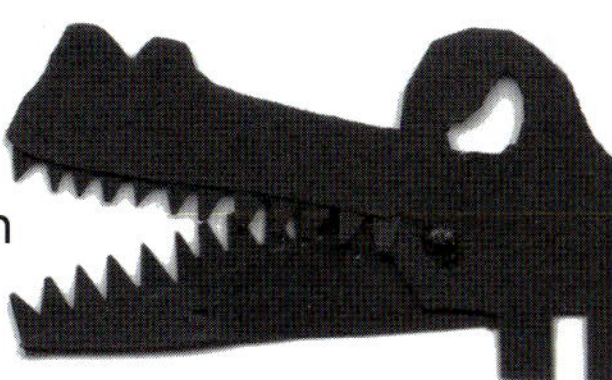

Fünf kleine Fische

Fünf kleine Fische, die schwammen im Meer,
Blub … Blub … Blub.

Da sprach die Mutter, ich warne euch sehr,
Blub … Blub … Blub.

Ich wär' viel lieber in 'nem kleinen Teich,
im Meer gib's Haie und die fressen euch gleich!

Ach du Schreck ein Fisch ist weg!

Ein dicker Hai, der schwamm im Meer,
Blub … Blub … Blub.

Er sagt zu sich ich kann nicht mehr,
Blub … Blub … Blub.

Ich hab so viele Fische im Bauch,
wer kann mir helfen, bitte tut es dann auch?

Oh ich platze – und das tut er dann auch!

Ach du Schreck der Hai ist weg!

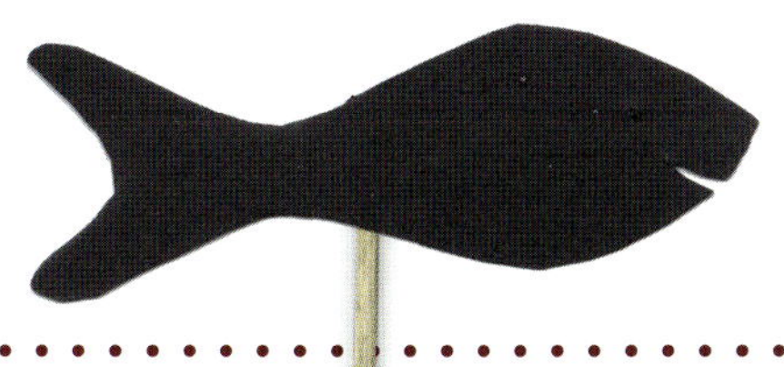

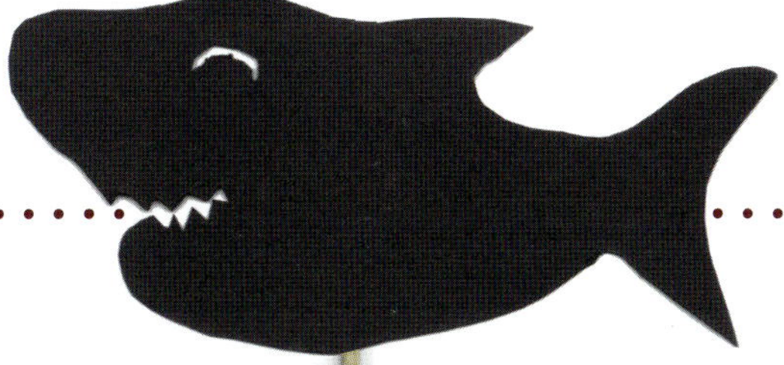

HURRA, DIE SCHÖNE

WINTERZEIT!

... staunen, freuen,

schmücken, erleben, ...

Lebkuchen-Baumschmuck

ZUTATEN:

500 g Mehl
100 g Butter
250 g Honig
125 g Zucker
½ Pck. Backpulver
½ TL Salz
1 Ei
1 Pck. Lebkuchengewürz
1 EL Kakao

ZUBEREITUNG:

Butter, Honig, Zucker und Gewürze im Topf schmelzen, dann mit den restlichen Zutaten vermischen. Teig kann 1 bis 2 Tage im Kühlschrank ruhen. Nicht zu dünn ausrollen. Mit verschiedenen Weihnachtsformen ausstechen und bei 180 Grad Umluft im Ofen die Lebkuchen 15 bis 18 Minuten backen.

WICHTIG: Mit einem Holzspieß oben ein oder zwei Löcher zum Einfädeln vorstechen.

Nach Belieben ein Band durch das Loch im Lebkuchen fädeln und an den Weihnachtsbaum hängen.

VARIANTE: Ein Lebkuchen-Hexenhaus oder eine Lebkuchen-Eisenbahn bauen.

Zuckerguss:

ZUTATEN:

1 Eiweiß
250 g Puderzucker
1 EL Zitronensaft

ZUBEREITUNG:

Das Eiweiß zu steifem Schnee schlagen. Den Puderzucker und den Zitronensaft unterrühren. Den Zuckerguss in einen Spritzbeutel mit feinem Loch füllen. Den abgekühlten Lebkuchen verzieren, auch mit Smarties, Zuckerstreusel oder Nüssen.

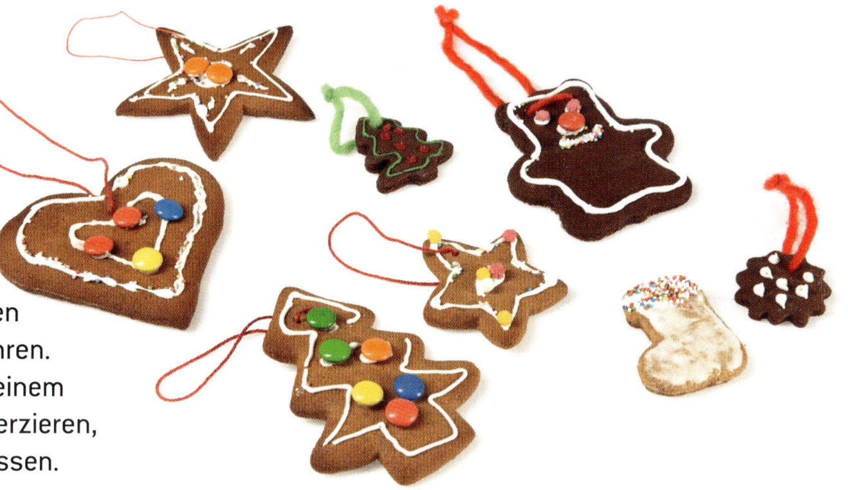

„Oh du Fröhliche!“

Ein Kind als Weihnachtsbaum schmücken

MATERIAL:

Weihnachtsschmuck (alles was angehängt werden kann, z. B. kleine, rote Kugeln, Strohsterne, Lametta ….), kleine Klammern oder Wäscheklammern

ANLEITUNG:

Ein Kind ist der Christbaum, der im Wald steht. Die anderen Kinder legen den Christbaum vorsichtig um und bringen ihn mit einer Decke nach Hause. (das Kind liegt auf der Decke). Nun den Christbaum gemeinsam in einem „Christbaumständer“ aufstellen (nur fiktiv) und dann wird der schönste Baum im ganzen Wald geschmückt.

Kleine Kugeln, Sterne, Wachsplättchen, Lametta … alles, was die Weihnachtskiste so hergibt, wird mit kleinen Wäscheklammern an der Kleidung des Kindes befestigt. Der „Weihnachtsbaum“ bestimmt selbst, wann Weihnachten vorbei ist und der Schmuck wieder abgenommen werden soll.

VARIANTEN:

- Am geschmückten Weihnachtsbaum wird gemeinsam ein Weihnachtslied gesungen.
- Gegenstände, die vorher von einem Erwachsenen verpackt wurden, dienen als Geschenke: Die Kinder können die Geschenke erraten bzw. erfühlen!

SUCHBILD: *Entdecke 3 Fehler!* 😊

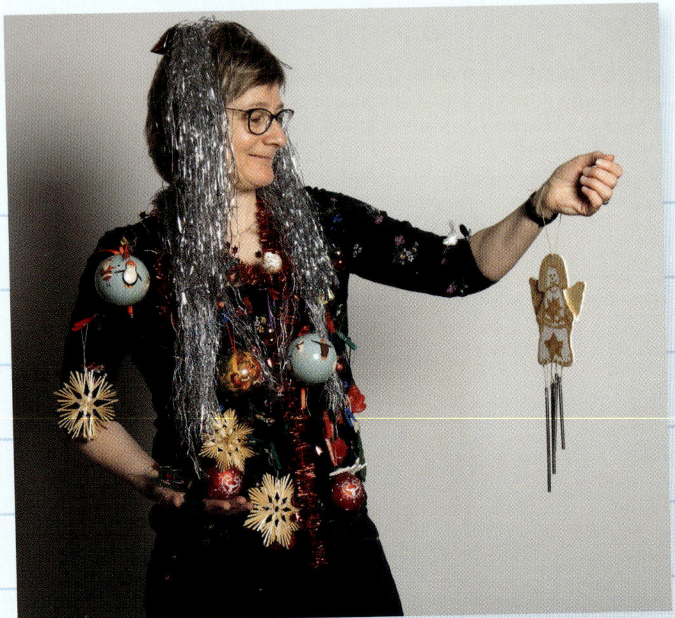

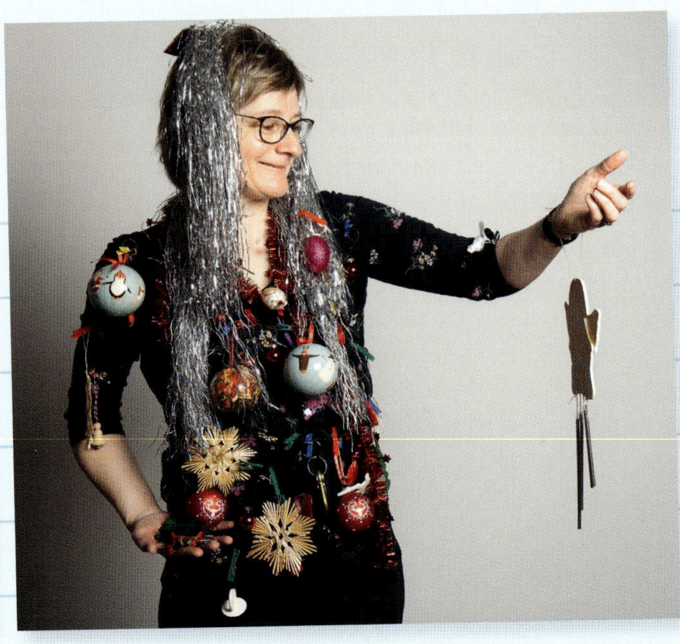

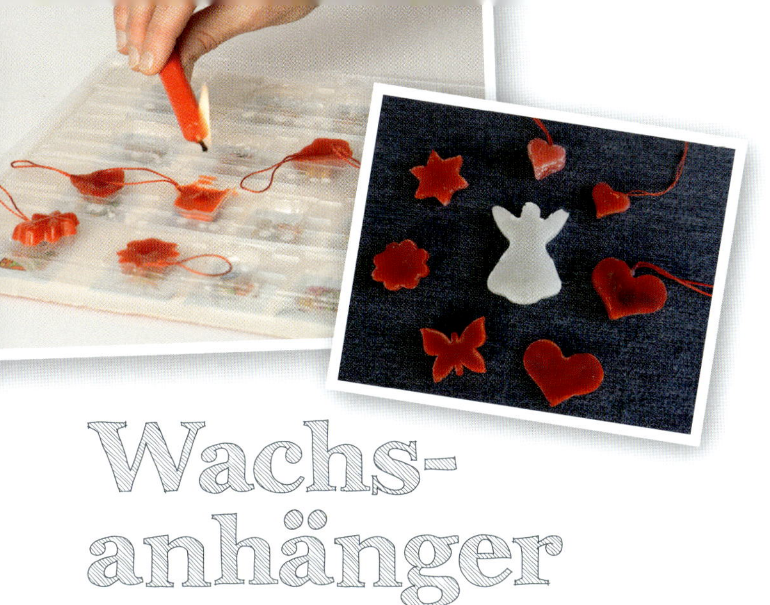

Wachsanhänger

MATERIAL:

alter Schokoladen-Adventskalender oder Ausstechformen und Schüssel mit etwas Wasser, rote Christbaumkerzen, Faden, Zündhölzer

ANLEITUNG:

Alle Schokofiguren sollten schon gegessen sein. ☺ Was bleibt, ist ein leerer Plastik-Adventskalender, der mit verschiedenen Formen versehen ist. Legt Zeitungspapier unter den Kalender und zündet eine rote Christbaumkerze an. Sucht ein Motiv aus und lasst das Wachs eintröpfeln. Wenn die Form mit Wachs ausgefüllt ist, dann nehmt ein Stückchen Garn und legt es vorsichtig auf den fertigen Anhänger (dies übernimmt evtl. ein Erwachsener). Lasst weiterhin einige Tropfen Wachs darauf tropfen.

Der Anhänger muss ganz hart sein. Wer nicht warten kann, legt den Adventskalender nach draußen in die Kälte/den Schnee. Nach einigen Minuten drückt man dann vorsichtig den Anhänger heraus.

VARIANTE: Eine Schüssel bodenbedeckt mit Wasser füllen, Ausstechform in die Schüssel legen und das Wachs in die Ausstechform eintröpfeln lassen.

Wir basteln unsere Weihnachtsdeko

Mit Holzstöckchen, dünnen Ästchen und einer Heißklebepistole kann man wunderbare Weihnachtsdeko basteln.

TANNENBAUM: Suche Holzstöckchen, schneide sie mit einer kleinen Säge in immer kürzer werdende Stücke und klebe sie übereinander auf einen Sockel (z. B. ein Holzleisten-Abfallstück) auf. Schneide aus Papier einen Stern aus und kleben ihn an die Spitze.

Für weitere Ideen brauchst du:

TANNENBAUM ZUM AUFHÄNGEN: Anstelle des Sockels nimmst du ein Ästchen und lässt es oben und unten überstehen, Stern und Aufhängefaden dran – fertig!

ENGEL: Holzstöckchen, kleine Holzkugel für den Kopf, Wolle für die Haare, Goldpapier für die Flügel.

HIRSCH: einen Zapfen als Körper, Stöckchen für Beine, Hals, Kopf und Schwanz, Zweige als Geweih.

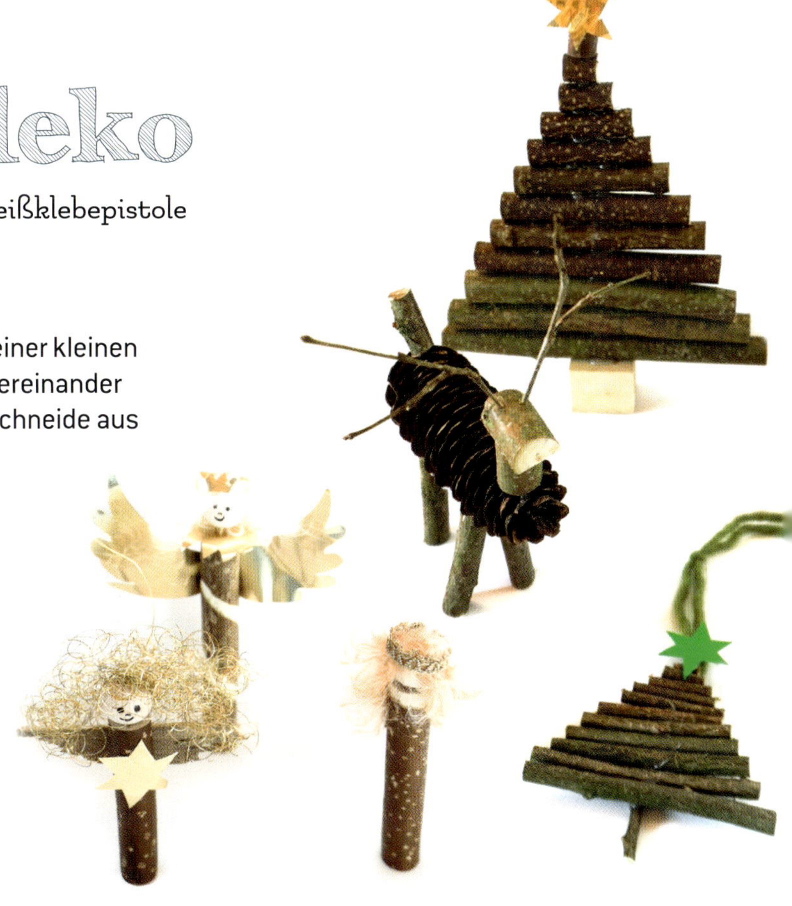

Papier-sterne

MATERIAL:

quadratisches Papier, Schere

VARIANTE 1:

- Das quadratische Papier gerade in der Mitte falten.
- Das Blatt um 90 Grad drehen.
- Noch einmal in der Mitte falten und dann drehen, dass die offene Seite nach oben zeigt.
- Das Papier diagonal von rechts nach links falten.
- Die Spitze des Dreiecks von rechts nach links zur Mitte falten, dies ergibt eine Tütenform.
- Mit einer Schere die offene Spitze schräg anschneiden – je nachdem, wie man die Spitze zurecht schneidet, entstehen verschiedene Sterne. Beispiel: rechts und links kleine Dreiecke schneiden

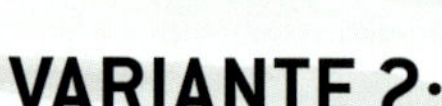

VARIANTE 2:

- Ein quadratisches Papier zu einem Dreieck falten.
- Nochmals 2x wiederholen, sodass ein dreifach gefaltetes Dreieck entsteht.
- Ein Muster auf das gefaltete Dreieck zeichnen.
- Die aufgemalten Flächen ausschneiden und das Papier auseinander ziehen.

Schnittsterne ◆ Streifensterne ◆ Leuchtende Sterne für das Fenster ◆ Nikolaus-Sterne ◆ stehende Tonpapier-Sterne …

Schneeflocken

„Schneeflöckchen, Weißröckchen, wann kommst du geschneit? Du wohnst in den Wolken, dein Weg ist so weit …"

MATERIAL:

Papier, Bleistift, Schere (evtl. Nagelschere), Zirkel

ANLEITUNG:

Mit dem Zirkel einen beliebig großen Kreis auf ein Papier zeichnen, den Kreis ausschneiden. Jetzt wird gefaltet: zuerst den Kreis einmal zu einem Halbkreis, dann nochmal falten zu einem Viertelkreis und nochmal zur Hälfte falten. Mit einem Stift Zacken auf das Papier malen und ausschneiden;

WICHTIG: Keine der Außenkanten darf vollständig abgeschnitten werden, sonst fällt die Schneeflocke auseinander!

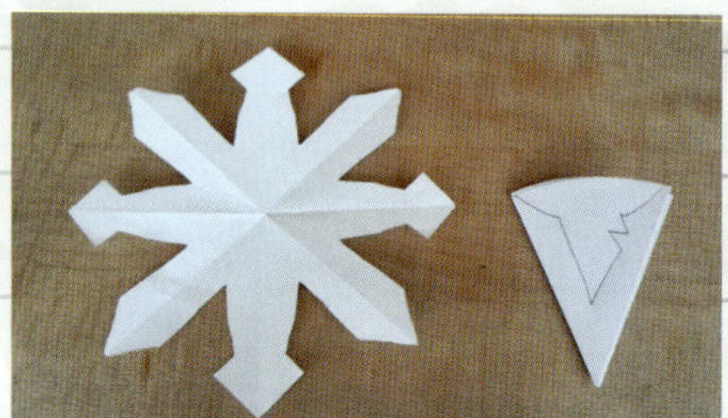

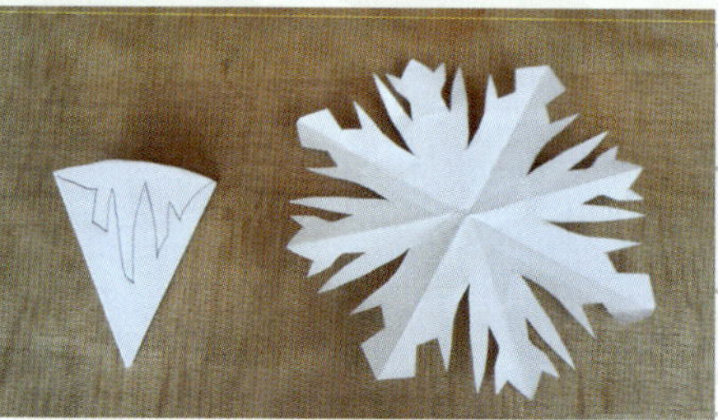

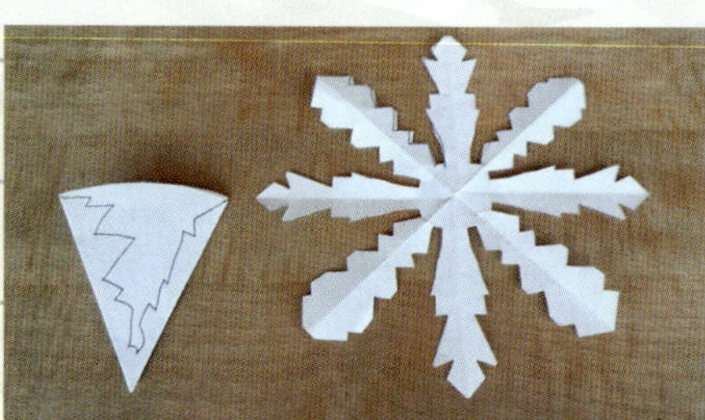

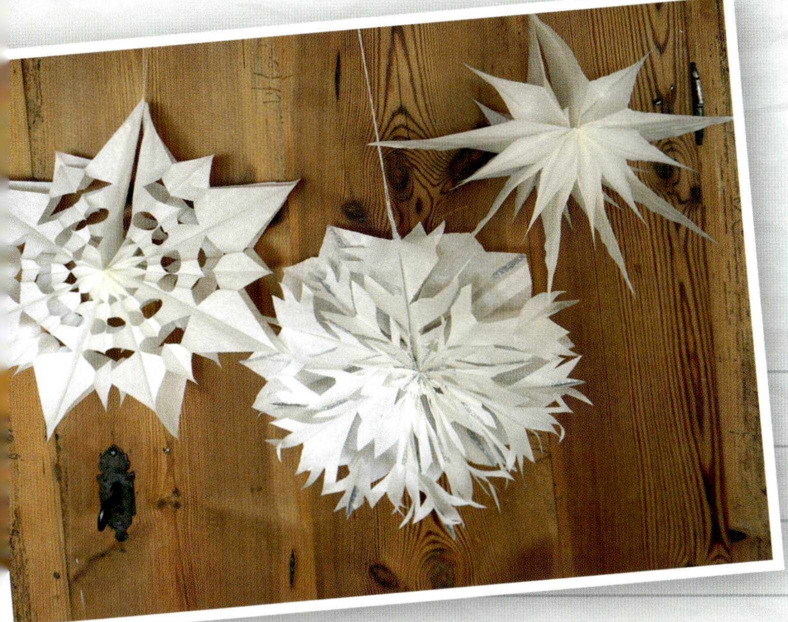

Weihnachts-Sterne

MATERIAL:

7 handelsübliche Papier-Butterbrottüten, Klebestift, Schere

ANLEITUNG:

① Eine Papiertüte nehmen und einen t-förmigen Klebestreifen (wie hier mit Textmarker markiert) auf eine Seite der Papiertüte streichen.
Darauf die nächste Papiertüte kleben und so weiter verfahren, bis alle Tütchen exakt aufeinander geklebt sind.

② Wenn alle Papiertüten aufeinander geklebt sind, an der offenen Kante der Tüten eine Spitze ausschneiden.

③ Wer möchte, kann auch in die Seiten der Papiertüten Kreise oder Dreiecke schneiden, so entstehen tolle Muster in den Sternen.

④ Jetzt ist der Stern fast fertig: Nur noch eine der beiden äußeren Papiertüten t-förmig mit Kleber bestreichen und die Endstücke aneinander kleben.

Diese Sterne sind ein echter Hingucker. Und mit etwas Glitzer ist die Weihnachtsdekoration perfekt!

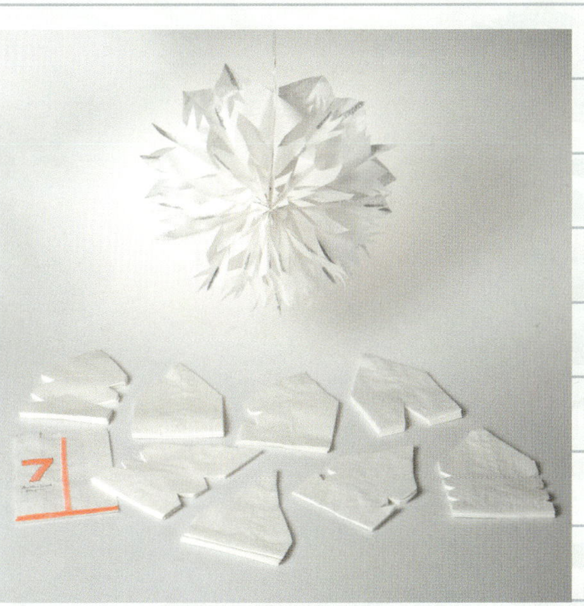

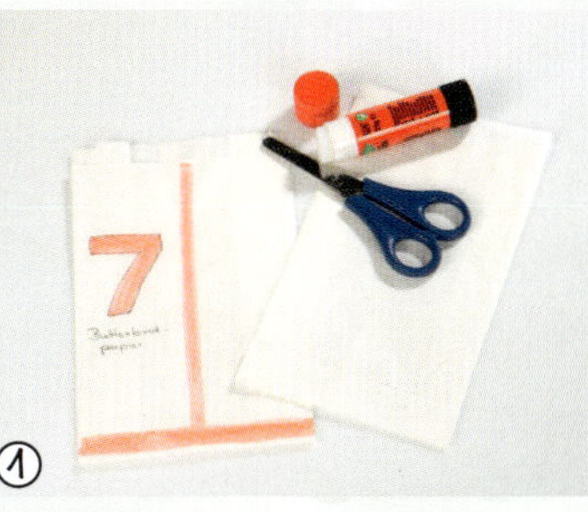

①

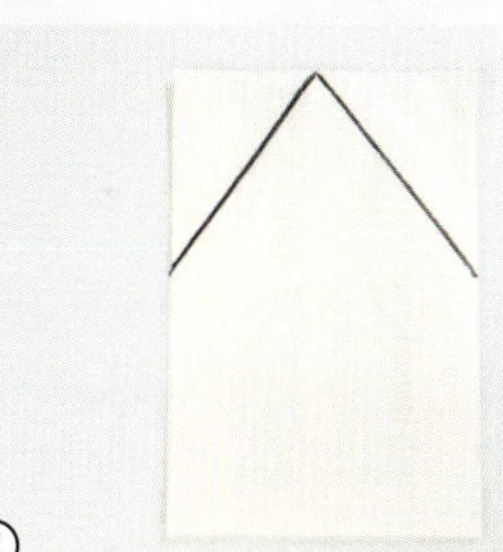

②

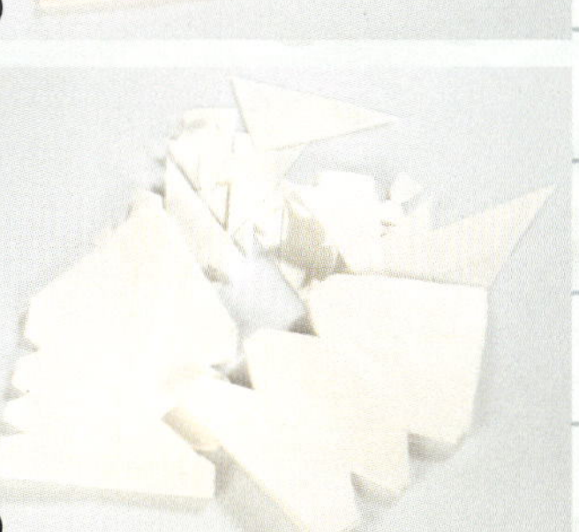

③

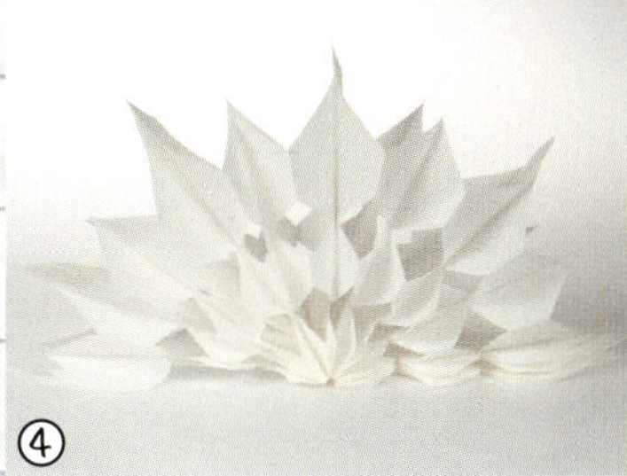

④

Wir schmücken unseren Garten

Anhänger aus Eis

Bei frostigen Temperaturen kann man aus Wasser und Naturmaterialien wunderschöne Anhänger aus Eis machen. Sogar eine Eislaterne ist möglich.

MATERIAL:

- Naturmaterialien wie Blätter, Zapfen, Beeren, Moos oder Äste
- Schüsseln oder Schalen
- Bänder
- Wasser

ANLEITUNG:

Gesammelte Materialien in die Schalen geben und ein Band zum Aufhängen einlegen. Wasser aufgießen, über Nacht bei frostigen Temperaturen ins Freie stellen (oder in die Tiefkühltruhe).

Eisanhänger vorsichtig aus der Form nehmen (einfach kurz ins warme Zimmer stellen) – fertig ist das Kunstwerk.

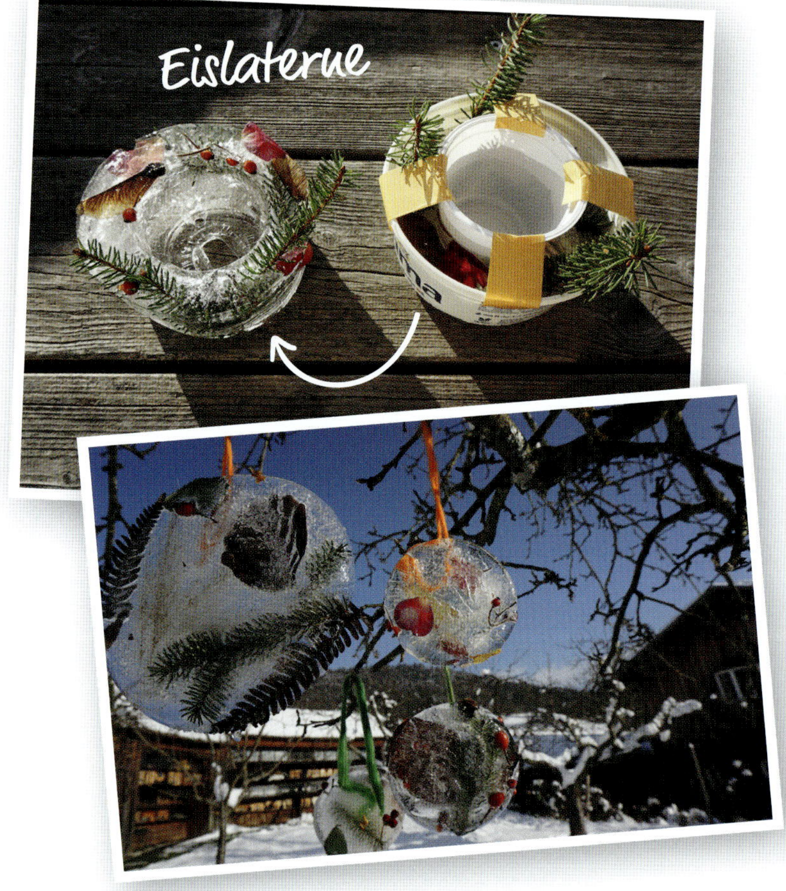

VARIANTE:

Statt Naturmaterialien kann man auch selbstgebastelte Papiermotive ins Wasser legen.

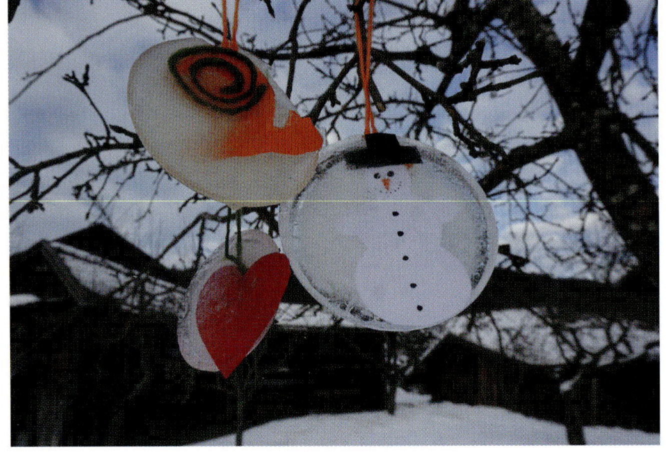

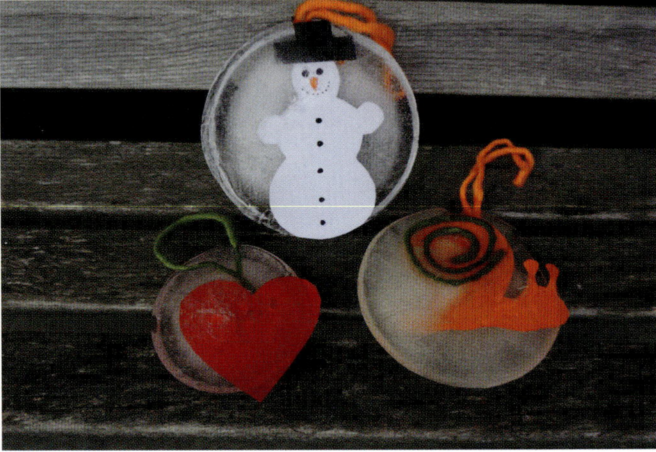

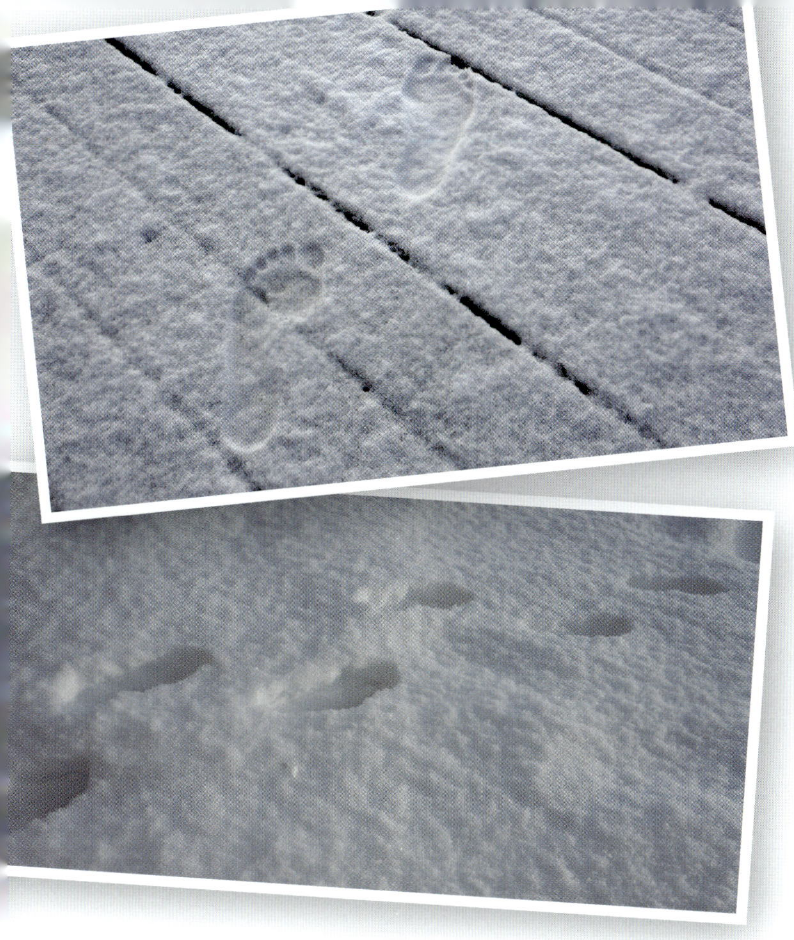

Barfuß durch den Schnee

Hinaus zum „Winter-Kneipen" – mit einer gründlichen Vorbereitung ist das kein Problem.

VORBEREITUNG:

Handtuch, Socken, Decke und Tee bereithalten!

Los geht's: Socken aus, raus in den Schnee (einige Sekunden reichen), Füße ordentlich abtrocknen, frische Socken anziehen, in die Decke wickeln, Tee servieren lassen und dann das Kribbeln genießen, (wenn die Füße wieder „auftauen").

Wahrscheindlich ein seltenes Vergnügen, dafür macht's umso mehr Spaß …

Lachen nicht vergessen!

Lachen macht glücklich! Es schenkt Energie, verbindet und macht beliebt. Lachen ist einfach gesund!

Den Mundwinkel nach oben ziehen und los geht's – herzhaft lachen oder schmunzeln. Mal raus aus dem Alltag und der Routine und einfach mal lauter Quatsch, „Schmarrn" oder Unsinn machen.

- Grimassen schneiden
- Spiel: „Schau mich an – Wer zuerst lacht"
- Geheimsprache entwickeln: Einfach unverständliche Texte sagen, der andere muss darauf antworten.
- Ein Gummibärchen in eine leere Streichholzschachtel verstecken, mehrere leere Streichholzschachteln auslegen oder evtl. im Dunkeln suchen: Wer das Gummibärchen findet darf …
- Mit umgedrehtem Stuhl am Tisch essen.
- rückwärts gehen

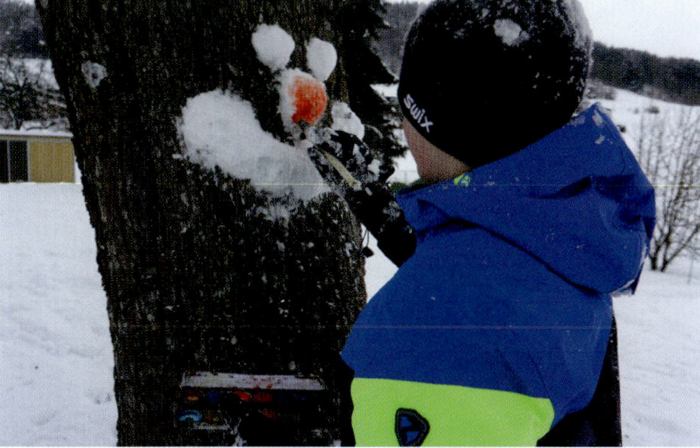

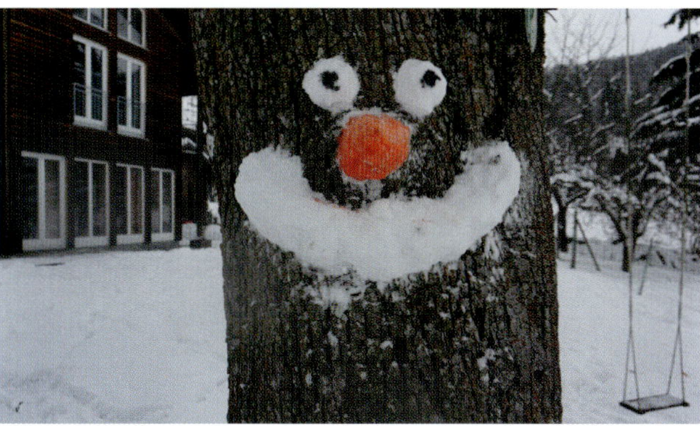

„Ein Tag ohne Lachen ist ein verlorener Tag."
Charlie Chaplin

DER NATUR

AUF DER SPUR

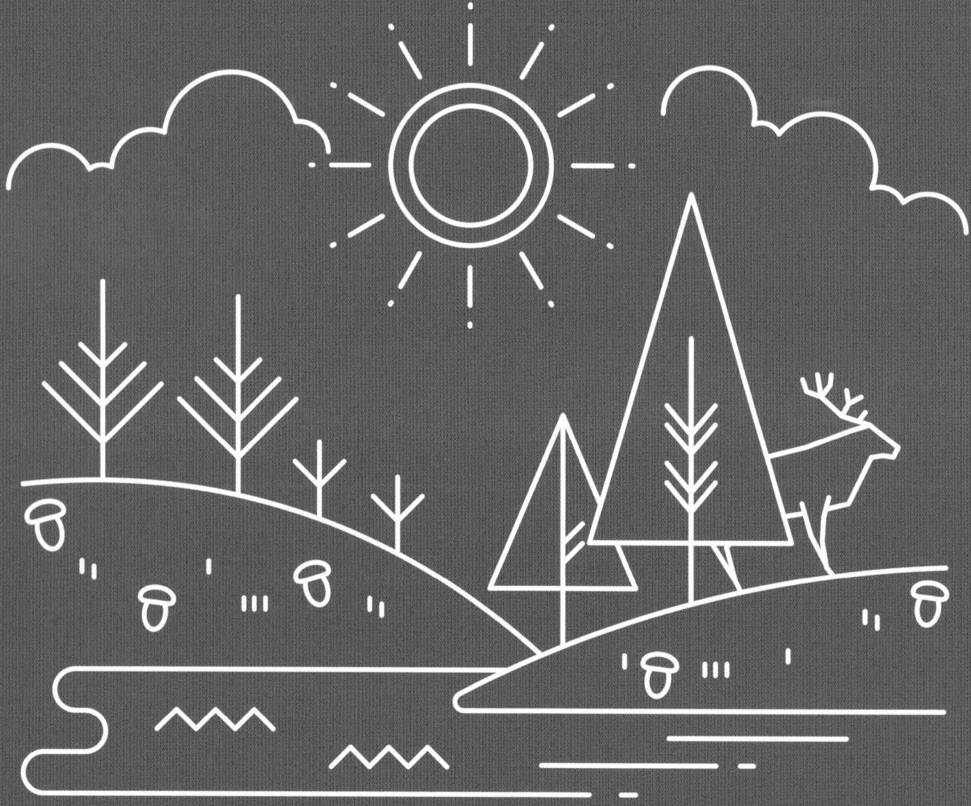

... entdecken, erobern, bauen,
erforschen, pflücken, sammeln, ...

Blumen-Ideen

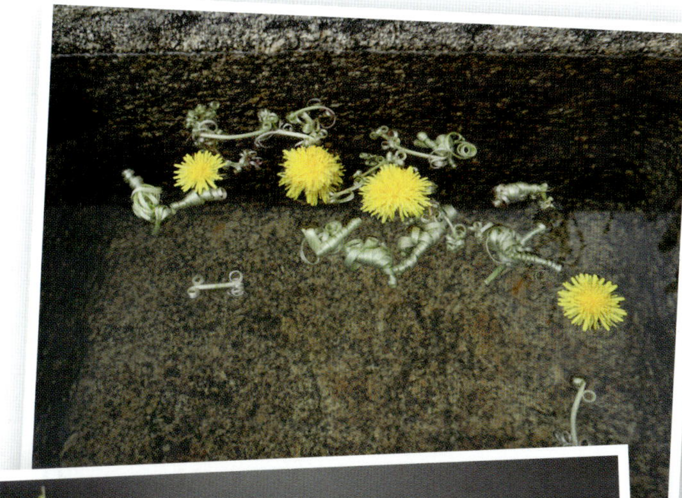

1. Löwenzahn-Kringel machen

Wir benötigen eine Schüssel mit Wasser und Löwenzahnblüten mit langen Stielen. Die Blütenköpfe vom Löwenzahn abzupfen. Die Stiele werden mit dem Fingernagel von beiden Enden eingeritzt und ins Wasser gelegt (andere Variante: Die Blütenköpfe bleiben dran und es wird nur von einer Seite der Stiel gespalten).

Nach kurzer Zeit rollen sich die feinen Streifen zu lustigen „Kringeln" zusammen – je öfter man den Stängel spaltet, desto mehr Ringel werden es!

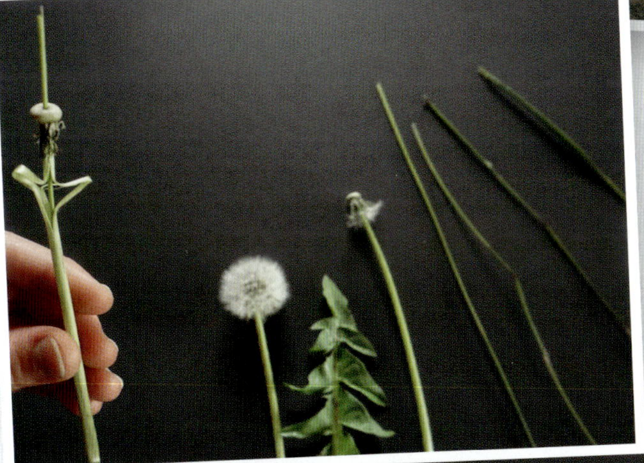

2. Pusteblume „Didle-duck-de"

Als Kinder haben wir manchmal ein Spiel gespielt: „Wer beim Wegpusten der Schirmchen bei der Pusteblume einen weißen Kopf hatte war ein „Engelchen", hatte man einen dunklen Punkt in der Mitte, war man ein „Teufelchen".

Man benötigt eine Pusteblume „Teufelchen" und einen langen Grashalm von der Wiese. In die obere Hälfte des Stängels wird mit dem Fingernagel der Stiel gespalten. Der Grashalm wird von unten durch den Stängel geführt und durch den weißen Knopf durchgestoßen (oder Pusteblumenstängel mit Grashalm durchstechen). Beim Ziehen des Grashalms nach unten duckt sich der weiße Knopf und man sagt dazu „Didl-duck-de, Didl-duck-de".

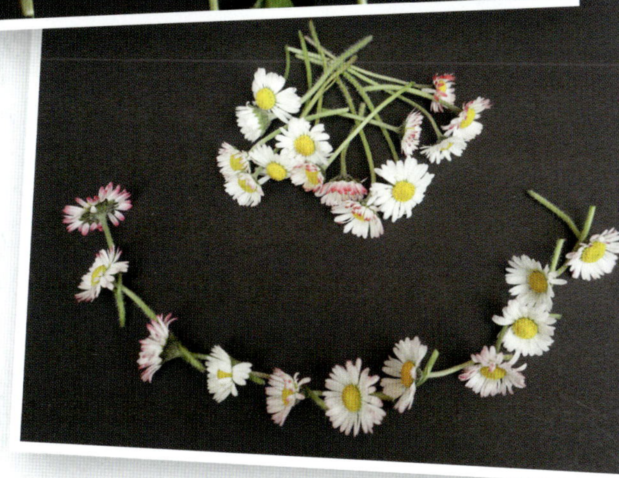

3. Gänseblümchen-Kette machen

Gänseblümchen mit dicken Stielen sammeln. Mit dem Fingernagel einen kleinen Schlitz in den Stiel machen. Die nächste Blume wird mit dem Stiel durch die Öse hindurchgezogen usw. Wenn die Kette lang genug ist muss zum Schluss die ganze Blüte durch die Öse passen.

Weitere Ideen:
Gänseblümchen-Krone
oder Gänseblümchen-Kranz

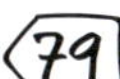

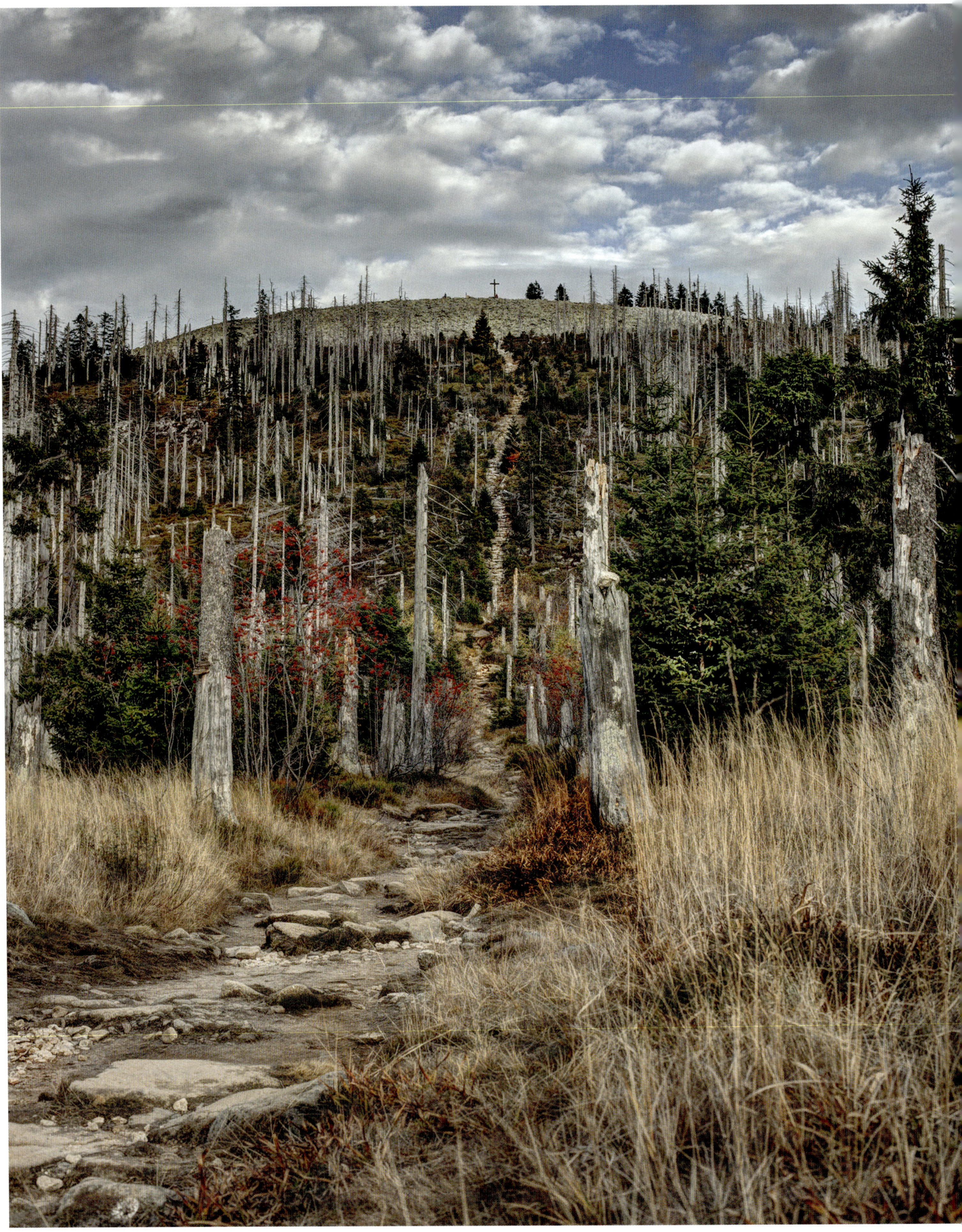

Der Berg ruft

Wandern mit Kindern

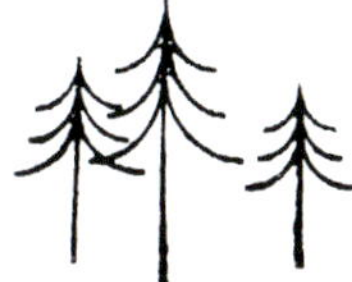

TOURENPLANUNG:

Wer mit Kindern auf einen Berg gehen möchte, sollte die Tour bereits im Vorfeld sorgfältig planen.

Ideen und Wünsche der Kinder können dabei einfließen. Wetter, Gelände, Karten, Brotzeit, Länge der Tour (im Kindergartenalter 2-4 Stunden), Kondition, mindestens eine befreundete Familie, dies alles sollte man im Blick haben.

Auf einer abwechslungsreichen, spannenden Route kleine Abenteuer einbauen (z. B. Bäche überqueren, kleine Klettereien, balancieren auf Baumstämmen ...)

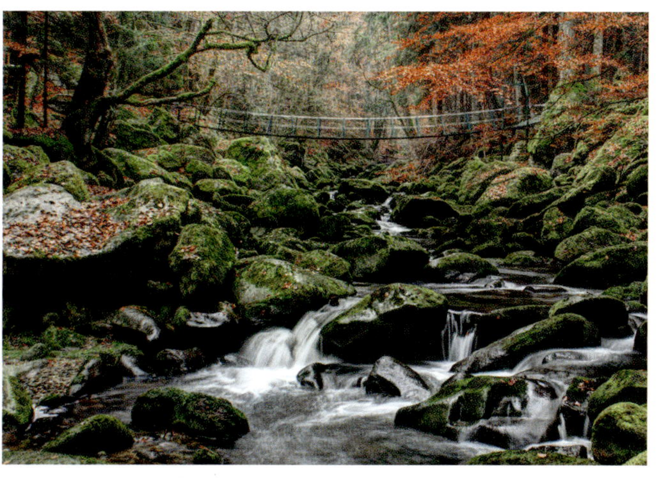

VARIANTEN:

- Kinder brauchen keinen Gipfel, es genügt auch, Abenteuer und Geheimnisvolles in den Bergen zu erleben: Wasser, Tiere, Pflanzen.
- Übernachtung in einer einfachen, kinderfreundlichen Hütte in den Bergen.
- Mit Karte und Kompass gehen, dabei die Kinder führen lassen.
- Im Internet erkunden unter „Erlebniswandern" oder „Familienfreundliche Touren".

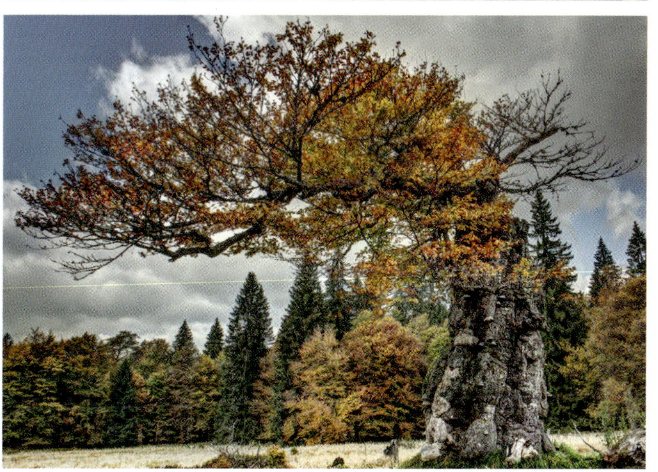

Spaß Dankbarkeit Bergluft grüne Farben Glück
Fernsicht Wildbach rauscht Pflanzen kühles Wasser
Friede Heidelbeeren Abenteuer Bach Brotzeit
Ameisenhaufen Wege gehen
Ausgeglichenheit schneebedeckte Gipfel sehen
Ruhe frische Luft Tiere Lebensfreude Steine

Kaufladen
aus Naturmaterialien

Ein liebevoll ausgestatteter Kaufladen ist etwas Wunderbares. Wie haben wir es als Kinder geliebt: einen eigenen Kaufladen machen, nur mit Naturmaterialien aus dem Garten. Am besten noch barfuß – da kommen Erinnerungen zurück!

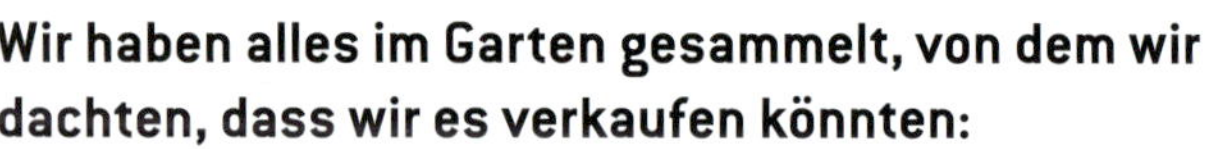

Wir haben alles im Garten gesammelt, von dem wir dachten, dass wir es verkaufen könnten:

- Blatt-Rouladen gefüllt mit Matsch/Erde: Ein großes Blatt (z. B. vom Sauerampfer) einmal um die „Füllung" herumwickeln und dann einfach den Stil festgestecken. Wenn das nicht hält, den Stiel einmal durch die Roulade führen, das hält dann auf alle Fälle zusammen.
- Holzrinden als Brot
- Kringel aus Löwenzahnstängel als Nudeln
- Schnittlauch als Spaghetti
- Löwenzahnblätter als Fische
- Gänseblümchen als Bonbons
- Rindenmulch als Plätzchen
- Steine als Bezahlung
- …

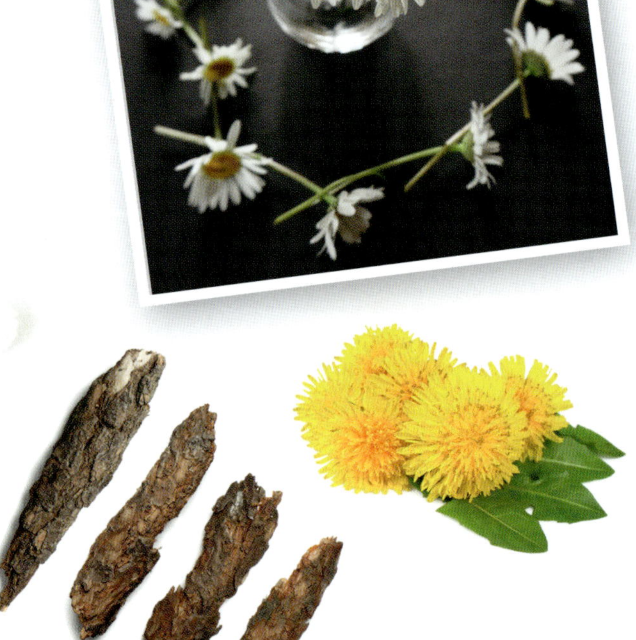

WEITERE IDEEN:

Blättersuppe, Blätterspieße, leere Schneckenhäuser …

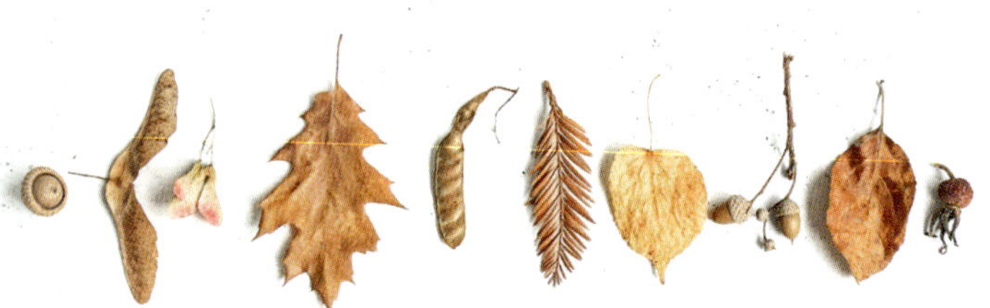

Ida's Sommerlied (aus dem Film „Michel aus Lönneberga"):

… den Sommer, den muss jemand wecken,
dann blühen die Blumen schon bald …

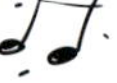

Herbarium anlegen

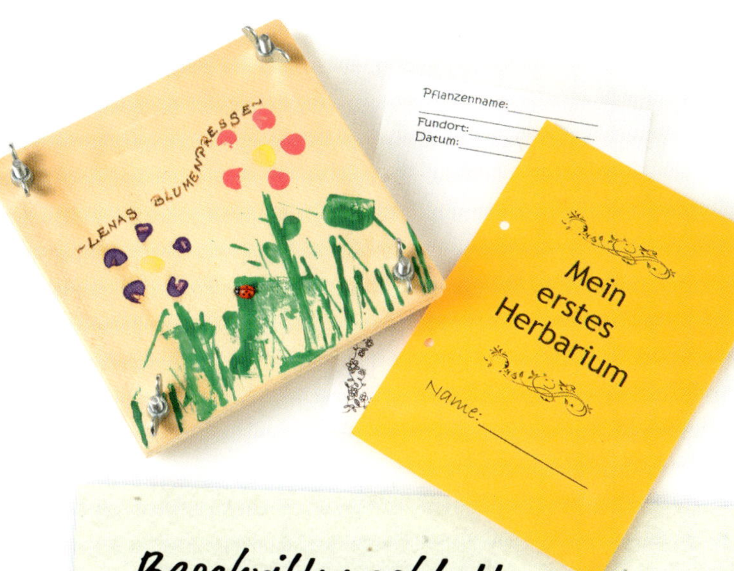

Was ist ein Herbarium? Ein Herbarium ist eine Sammlung von getrockneten Pflanzen. In diesem „Pflanzenbuch" ist der Name der Pflanze, der Fundort und das dazugehörige Datum vermerkt.

Pflanzen finden: Um ein Herbarium anlegen zu können, brauchen wir zuerst Pflanzen. Diese finden wir im Wald, auf der Wiese oder im Garten. Am besten ist die Zeit zwischen Mai und September geeignet.
Folgende Pflanzen eignen sich: Gänseblümchen, Veilchen, Löwenzahnblätter, Dotterblume, Brennnessel, Salbei, Thymian, Lavendel, Glockenblume, Hahnenfuß, Vergissmeinnicht ... Wichtig ist, dass die Pflanzen trocken sein müssen!

Achtung: Du darfst nicht jede Pflanze pflücken, es gibt viele geschützte Pflanzen!

Beschriftungsblatt:

Fertige ein Blatt an mit Pflanzenname, Fundort und Datum.

Pflanzen aufbewahren: Klebe die getrocknete Pflanze mit Tesafilm oder Flüssigkleber auf das Beschriftungsblatt und lege dies in eine Klarsichtfolie. Diese kann man in einem „Pflanzenordner" aufbewahren.

Wer Lust hat, macht ein Foto, bevor man die Pflanze pflückt und klebt das Foto neben der getrockneten Pflanze ein.

Mach dir deine eigene Pflanzen- und Blätterpresse

MATERIAL:

- 2 gleich große Holzplatten je nach Größe (Kleinformat: 21 cm x 21 cm, Großformat: 21 cm x 29,7 cm)
- 4 Metallschrauben mit 4 passenden Flügelmuttern (bei DIN A4-Format: 6 Schrauben mit Muttern)
- 2 Stück Pappkarton, evtl. 2 Löschpapiere

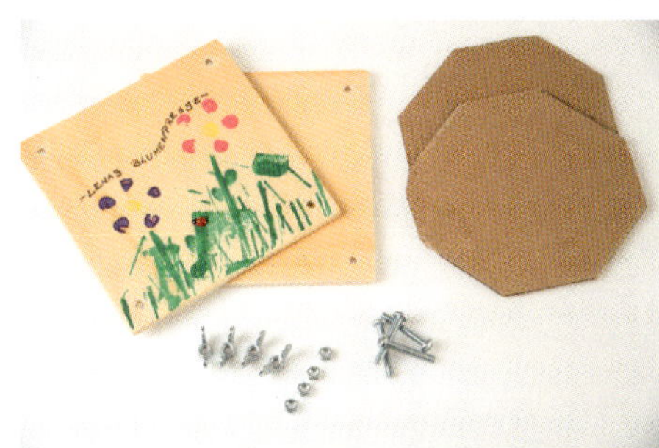

ANLEITUNG:

An jeder Ecke der Holzplatten ein Loch bohren, dann Pflanzenpresse sortieren nach folgender Reihenfolge: Holzbrett, Pappe, Löschpapier, Pflanze, Löschpapier, Pappe, Holzbrett.

Zum Schluss die Schrauben einsetzen und mit den Flügelmuttern fest zudrehen. Das obere Holzbrett kann mit Farben angemalt werden.
Nach einigen Tagen nachsehen, evtl. Pflanzen umdrehen. Die gepressten Pflanzen sind nach ca. 1 bis 2 Wochen getrocknet.

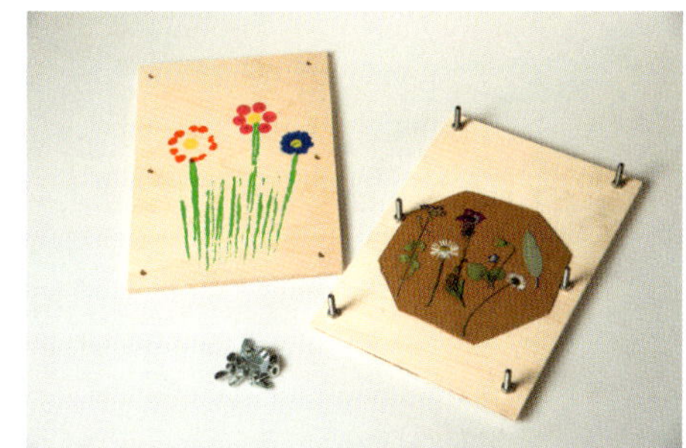

Fantasiebilder aus Blättern

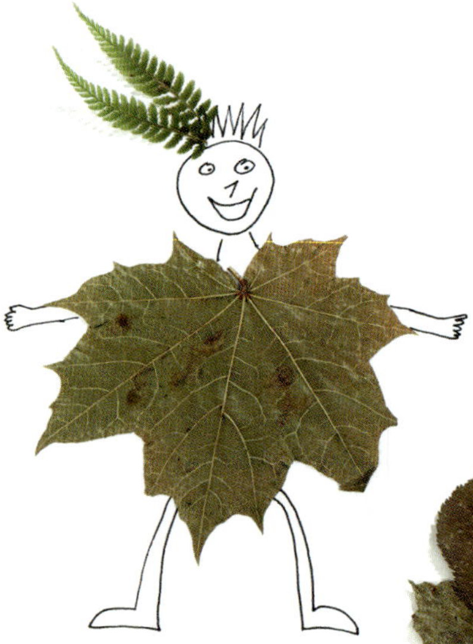

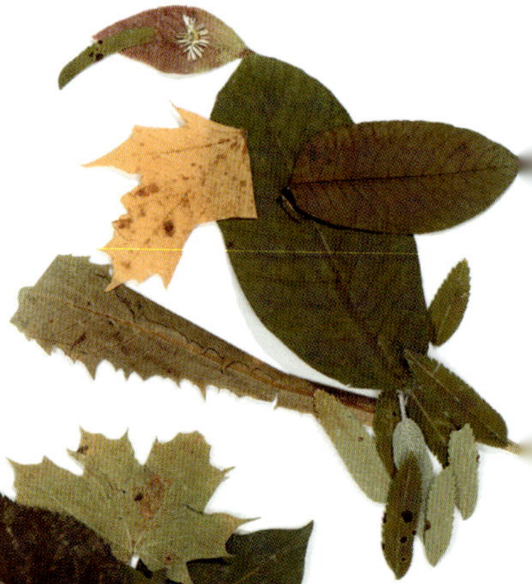

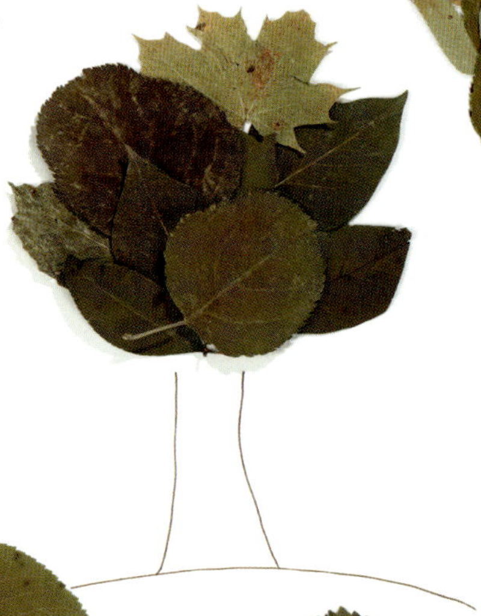

MATERIAL:

getrocknete Blätter, Flüssigkleber, weißes Papier, Stifte/Malfarben

BESCHREIBUNG:

Blätter sammeln und trocknen: Sammelt Blätter und legt sie in ein dickes altes Buch. Beschwert dieses mit anderen Büchern oder einem anderen schweren Gegenstand.

Es dauert ca. 3 bis 5 Tage, bis die Blätter richtig trocken sind und verwendbar sind. Und dann heißt es: positionieren, ausprobieren und kleben.

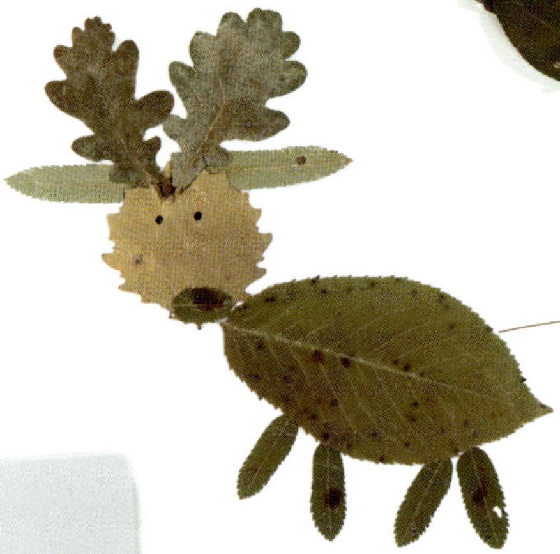

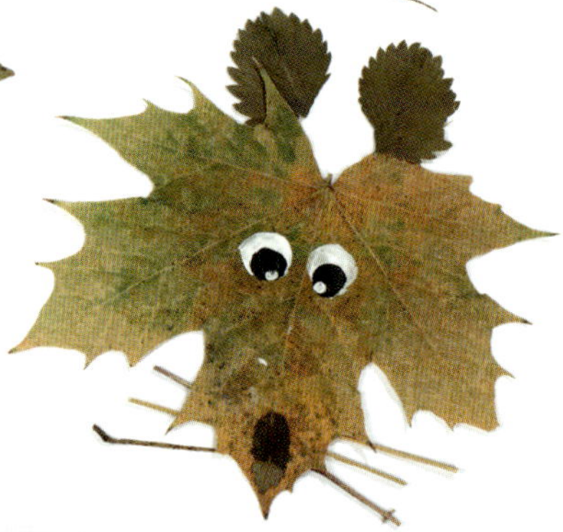

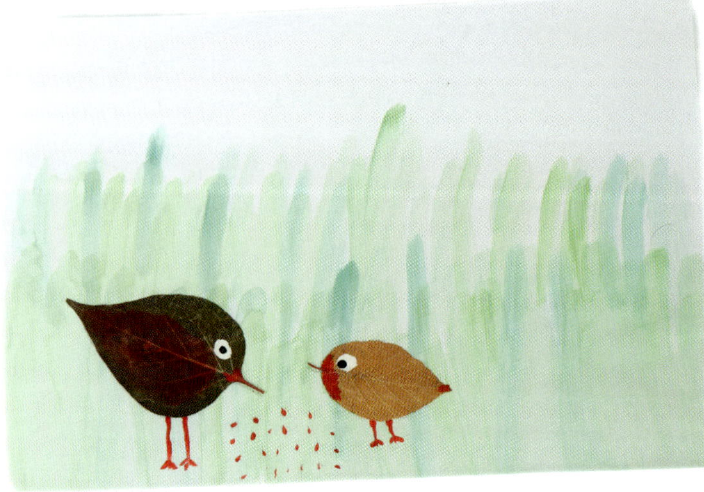

Eine weitere Idee ist ein Blätterbestimmungsbuch

Zunächst werden schöne Blätter im Wald oder im Garten gesammelt. Nach dem Trocknen werden sie in ein Fotoalbum oder Notizbuch geklebt. Gemeinsam mit den Eltern werden sie mit einem besonderen Stift beschriftet oder dem jeweiligen Baum zugeordnet. Dabei lernen nicht nur die Kinder, sondern auch die Eltern können ihr Wissen wieder auffrischen.

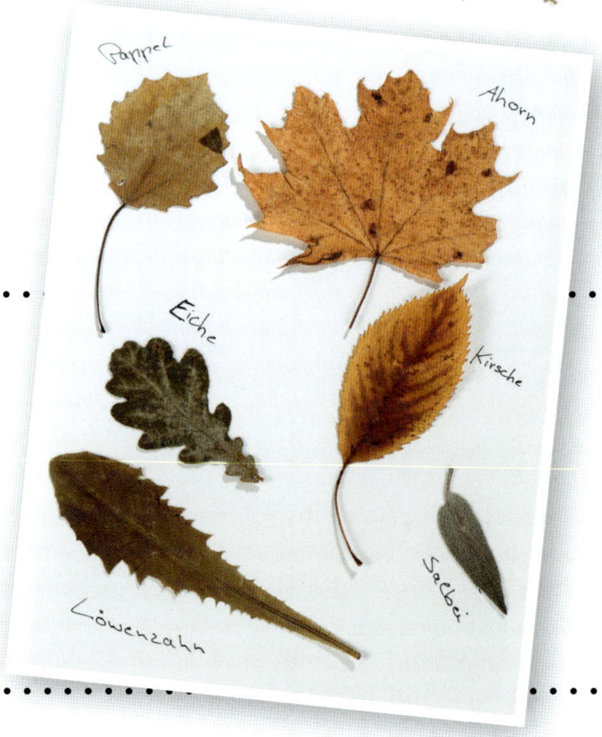

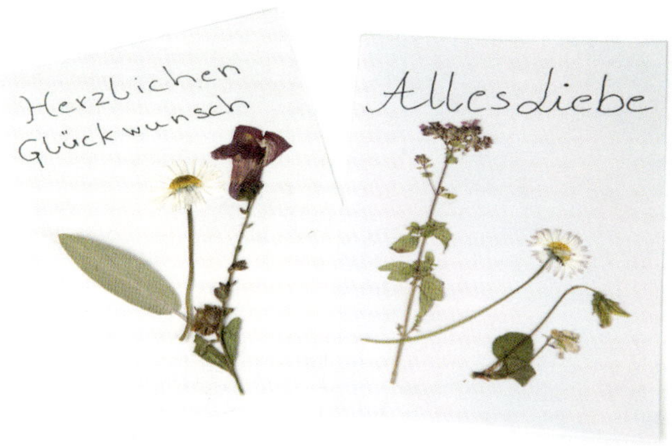

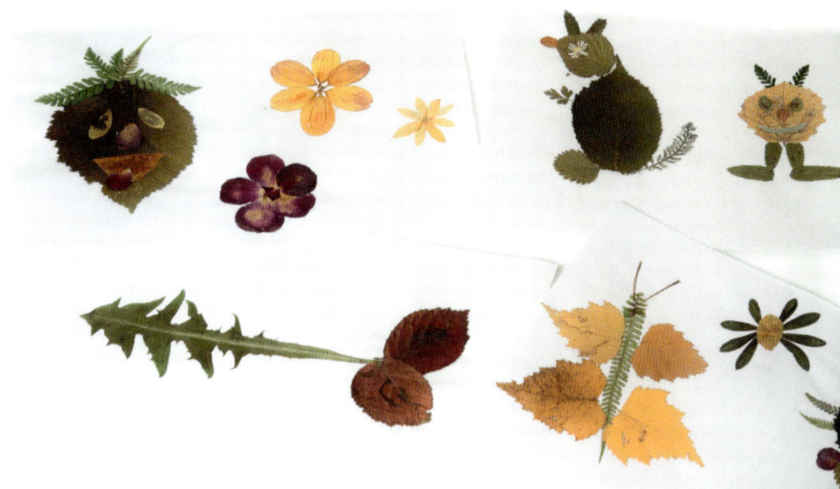

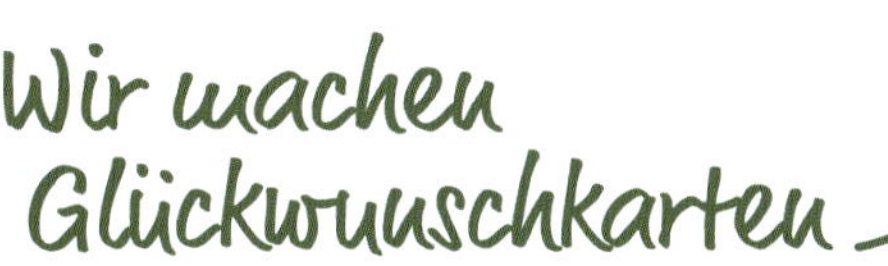

Wir machen Glückwunschkarten

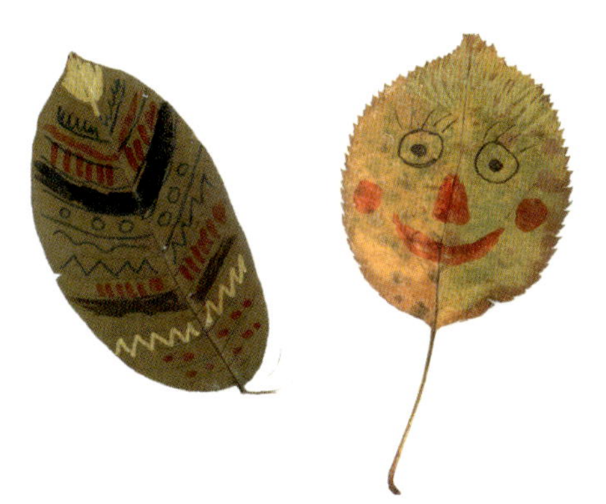

Die Blätter können auch mit Stiften, Acryl- oder Malkastenfarben bemalt werden.

Die gepressten Blätter mit einem kleinen Streifen Tesafilm auf einer Unterlage befestigen. So rutschen die Blätter nicht weg und lassen sich nach Lust und Laune verzieren: ausmalen, nachzeichnen, Muster erfinden.

Probiert es aus und lasst euch vom Blatt inspirieren!

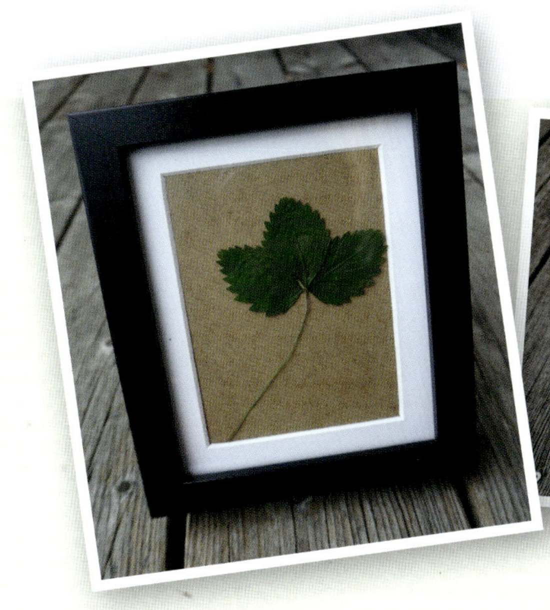

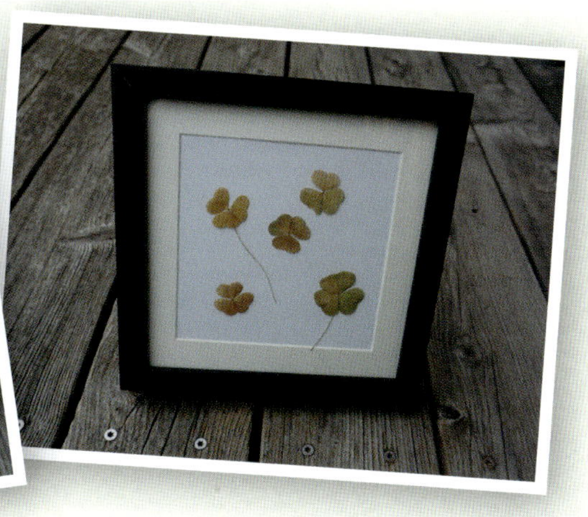

Die Blätter können auch in einen schönen Bilderrahmen gelegt werden. Ein Blick darauf genügt und die Erinnerung an das Sammeln ist zurück.

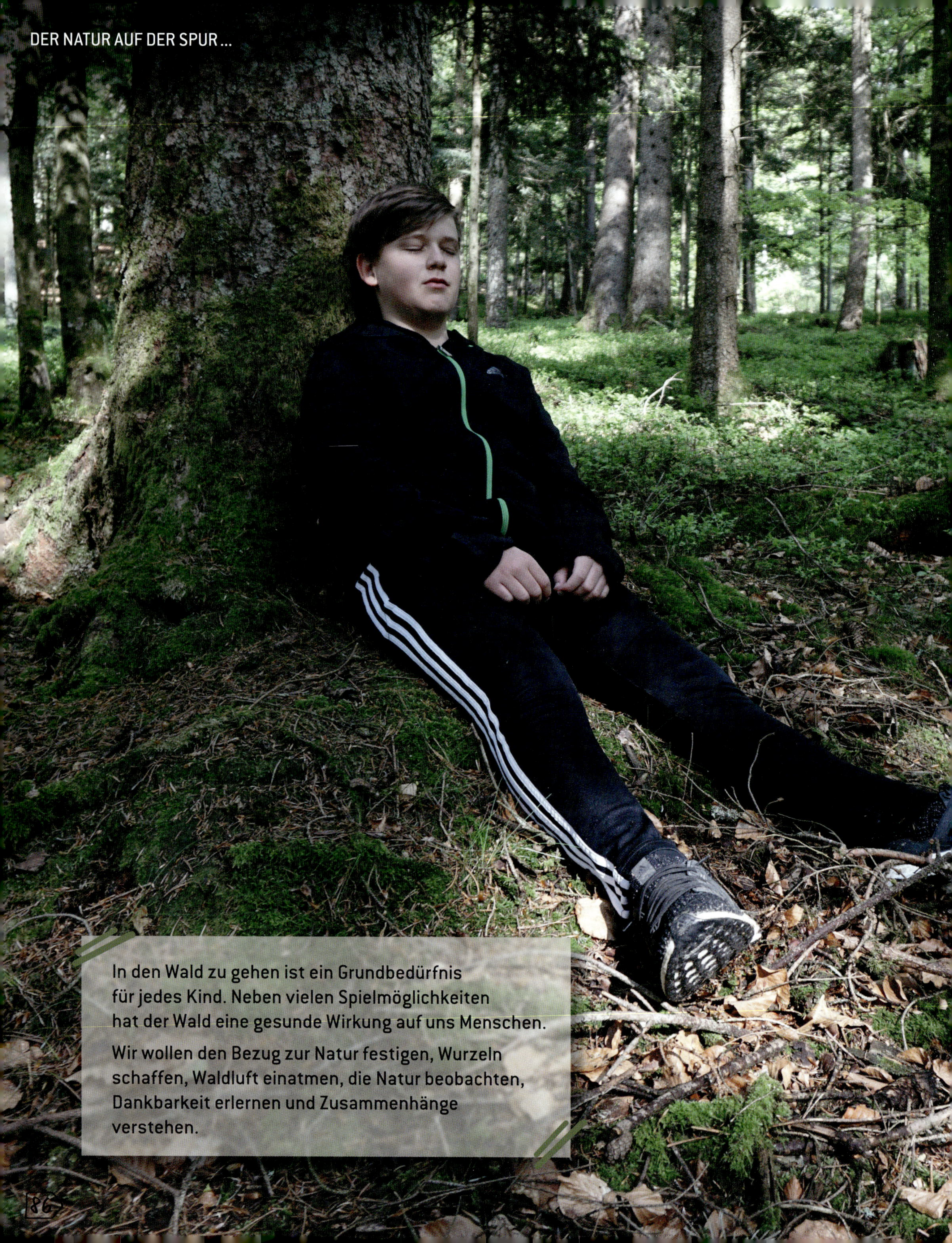

In den Wald zu gehen ist ein Grundbedürfnis für jedes Kind. Neben vielen Spielmöglichkeiten hat der Wald eine gesunde Wirkung auf uns Menschen.

Wir wollen den Bezug zur Natur festigen, Wurzeln schaffen, Waldluft einatmen, die Natur beobachten, Dankbarkeit erlernen und Zusammenhänge verstehen.

Unser Freund, der Wald

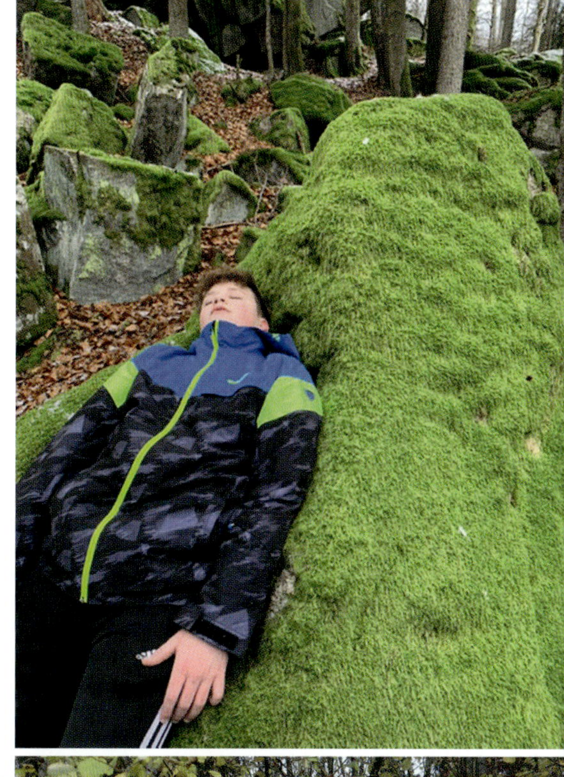

IM WALD KANNST DU ...

- die Geräusche und Gerüche auf dich wirken lassen.
- einen Baum umarmen.
- mal kurz barfuß auf der Erde gehen.
- mit Tannen- oder Fichtenzapfen so weit wie möglich werfen.
- mit Tannen- oder Fichtenzapfen einen Baumstamm treffen.
- die Hände in den Waldboden buddeln.
- mit Naturmaterialien ein Kunstwerk bauen.
- eine Hütte aus Ästen vom Waldboden bauen.

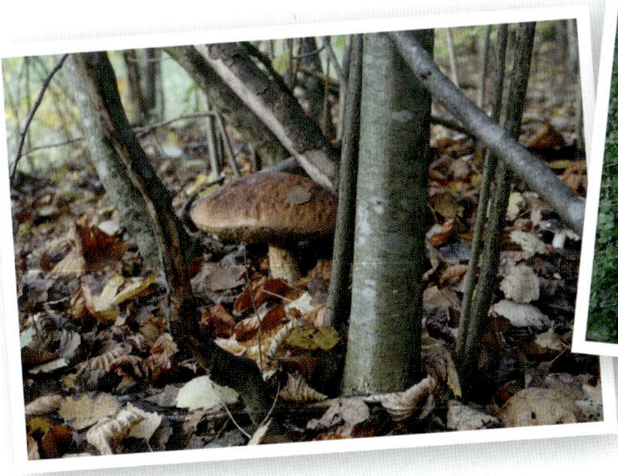

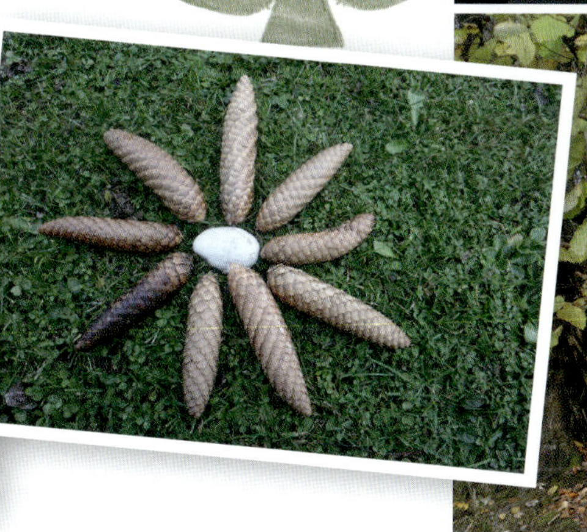

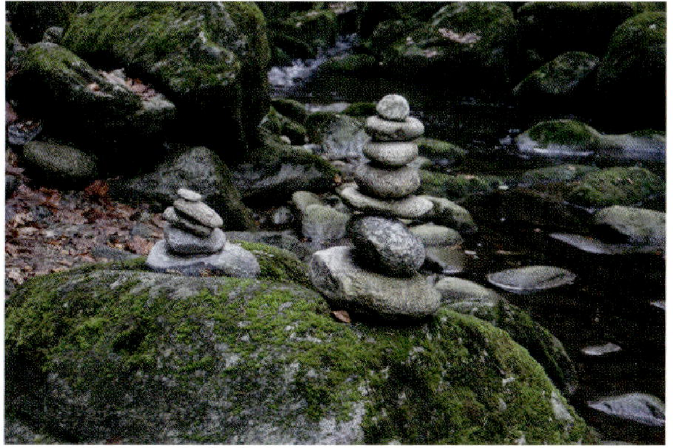

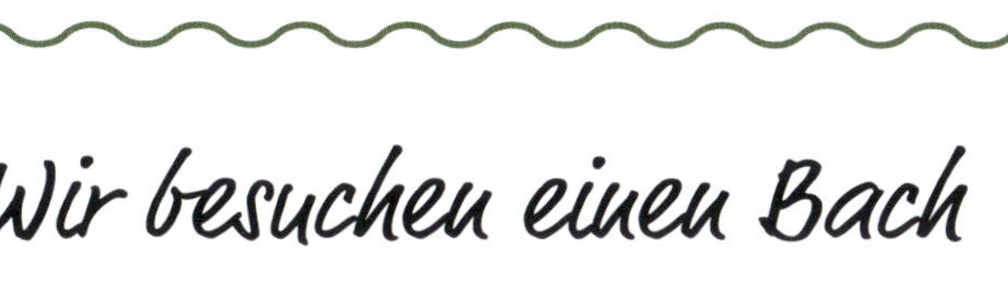

Wir besuchen einen Bach

Wir erkunden den nächsten Bach an unserem Wohnort:

- Wir gehen am Bachlauf entlang.
- Wir bauen einen Damm.
- Wir beobachten die Tiere am Bach.
- Wir fühlen das kalte Wasser.

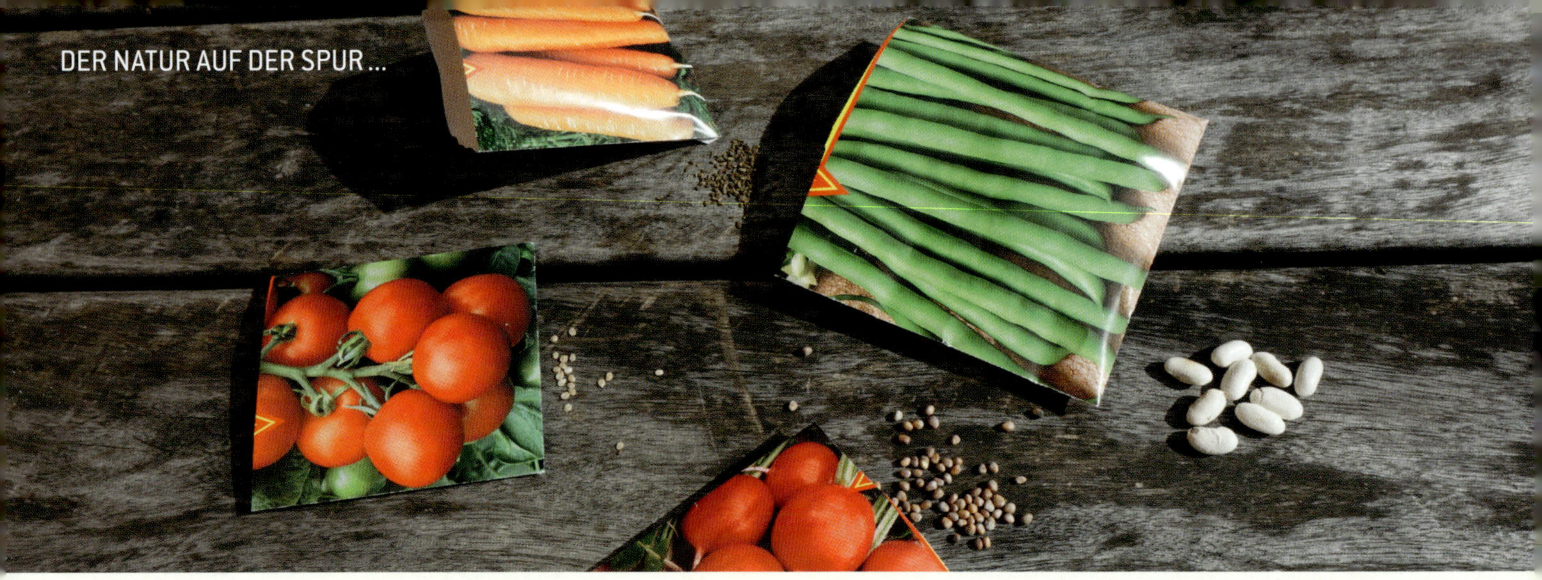

Pflanzen mit Kindern

Erde – Sonne – Wasser – Samen
säen, gießen, warten, staunen

Es ist immer wieder ein kleines Wunder – besonders für Kinder. Ein paar Samenkörner werden in die Erde gelegt, mit etwas Wasser gegossen und nach wenigen Tagen zeigen sich bereits erste grüne Spitzen.

Was kleine Gärtner benötigen:

- Pflanzgefäß
- Samen
- Erde/Anzuchterde
- Wasser

Ideal zum Aussäen für Kinder:

- Blumen (Ringelblumen, Sonnenblumen)
- Gemüse (Karotten, Radieschen)
- Kräuter (Kresse, Basilikum)

Ideal als Pflänzchen:

- Tomatenpflänzchen
- Gurkenpflänzchen
- Erdbeeren

Das Beste sind Kartoffeln: Kartoffeln in die Erde setzen und im Herbst ein schönes Kartoffelfeuer machen – nichts schmeckt besser!

Auch Stadtkinder haben Lust auf Gärtnern. Ein kleiner Balkon genügt, um den Kindern ein Naschbeet zu ermöglichen. Am besten ist ein schöner, farbiger Blumenkasten.

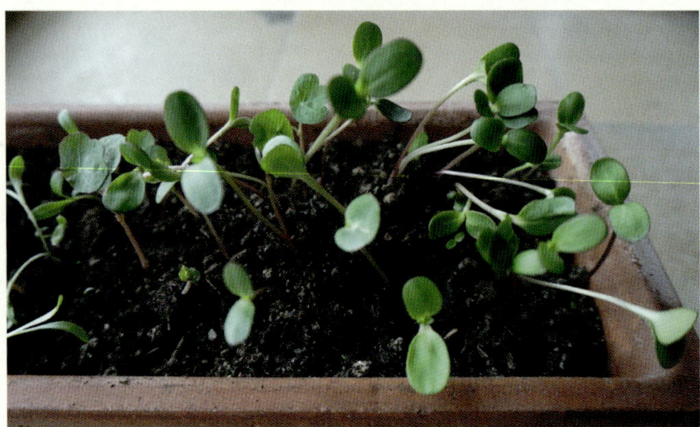

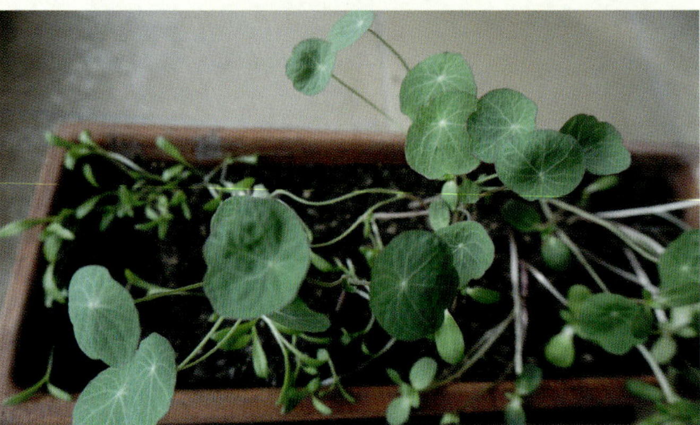

VARIANTEN

1. Hyazinthen im Glas ziehen

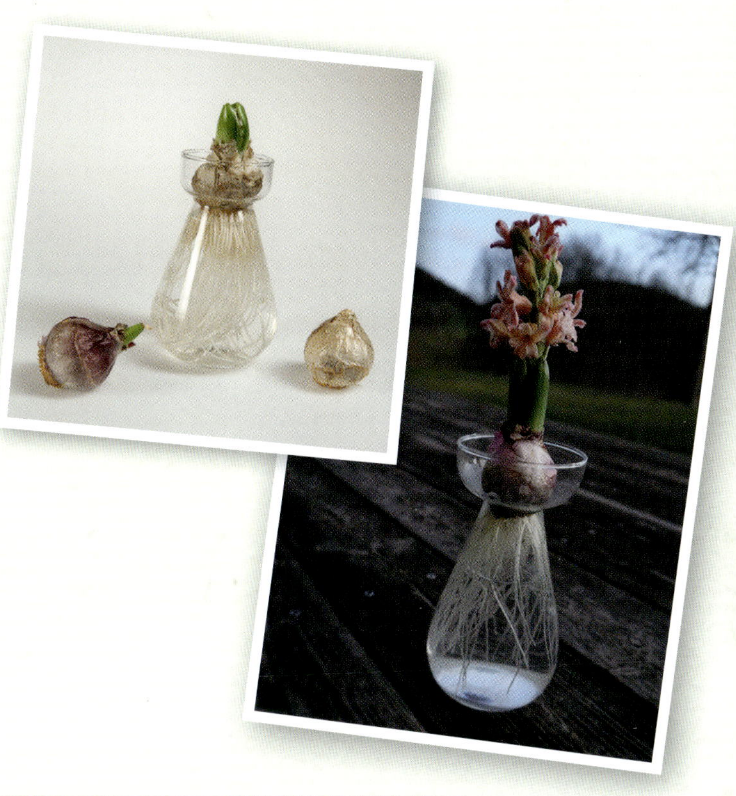

MATERIAL:
Hyazinthenzwiebel, Hyazinthenglas, Wasser

SO WIRD'S GEMACHT:
Das Glas mit frischem Wasser füllen. Die Knolle der Hyazinthe mit der Spitze nach oben in die obere Schale legen. Zwischen Wurzeln und Wasserstand sollte nur wenig Platz sein. Das Hyazinthenglas sollte bis zur Blüte an einem kühlen, dunklen Ort aufgestellt werden.

TIPP:
Falls kein geeigneter Platz vorhanden ist, kann die Knolle durch ein Papierhütchen abgedeckt werden.
Nach 2 bis 3 Monaten treibt die Hyazinthe Blüten, jetzt darf die Verdunkelung entfernt werden.

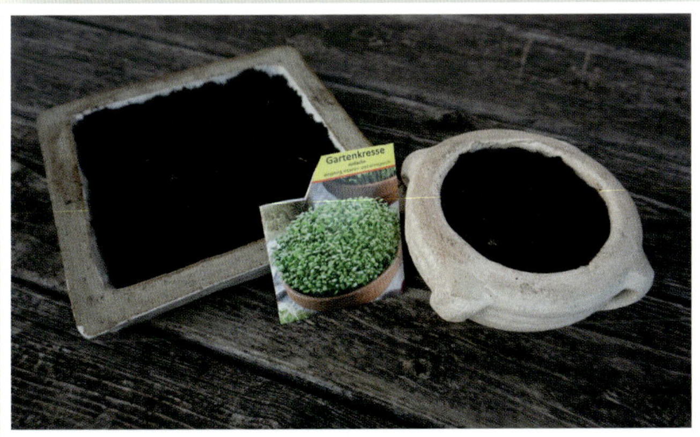

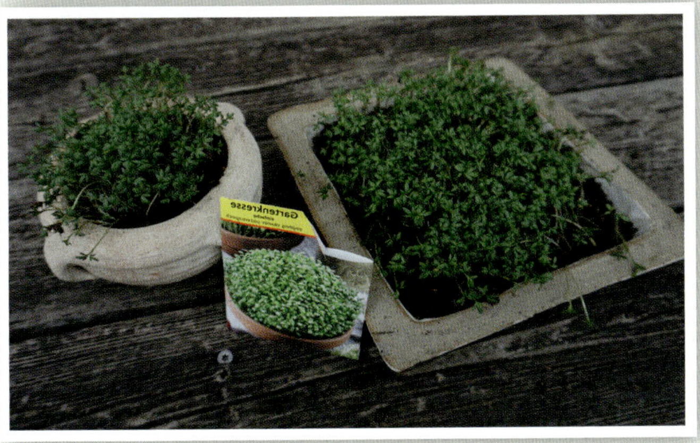

2. Kresse anpflanzen

MATERIAL:
Kressesamen, Pflanzgefäß, Erde

SO WIRD'S GEMACHT:
In eine flache Schale wenig feine Erde einfüllen, Samen darauf streuen und gießen.
Nach 5 bis 7 Tagen kann man die Kresse ernten.
Gießen (vorsichtig!) nicht vergessen!

TIPP:
Anstatt Erde kann man auch Watte oder Küchenpapier verwenden.

Mittendrin im Hofleben

Einen Bauernhof besuchen

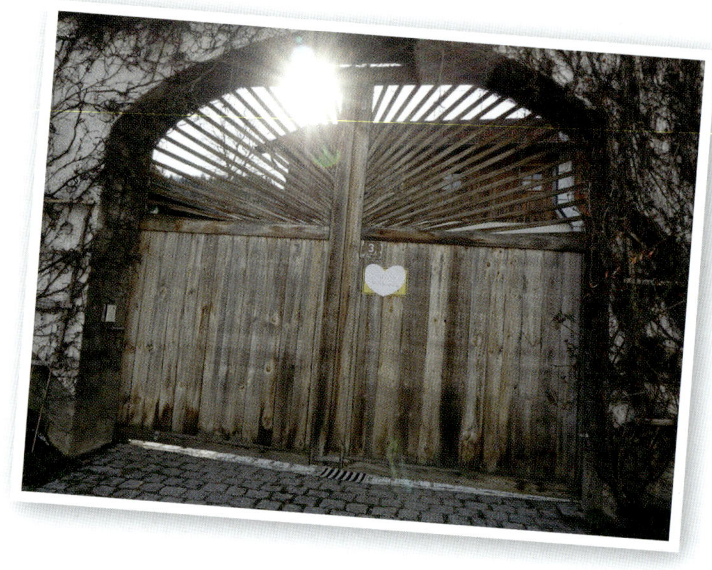

Hühner füttern, die Hausschweine bürsten, beim Melken der Kühe zusehen, frische Milch trinken, Butter machen, Eier abnehmen, Stall ausmisten, die raue Zunge einer Kuh fühlen, den Duft von frischem Heu riechen, den Bienen zusehen ... es gibt so viel zu erleben!

Für Kinder ist es wichtig, die Tiere auf dem Bauernhof zu kennen. Dort begreifen Kinder durch eigenes Mitmachen, Anpacken oder Beobachten, wie Landwirtschaft, Natur und Umwelt mit unserer Ernährung zusammenhängen.

Tiere können Kindern das Gefühl von Geborgenheit geben, sie trösten und einfach Gesellschaft leisten. Mensch und Tier – das war schon immer eine besondere Beziehung.

Es gibt bestimmt einen Bauernhof in Heimatnähe!

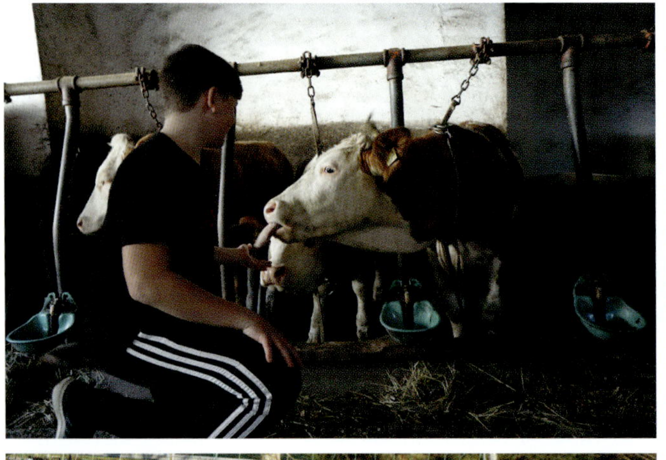

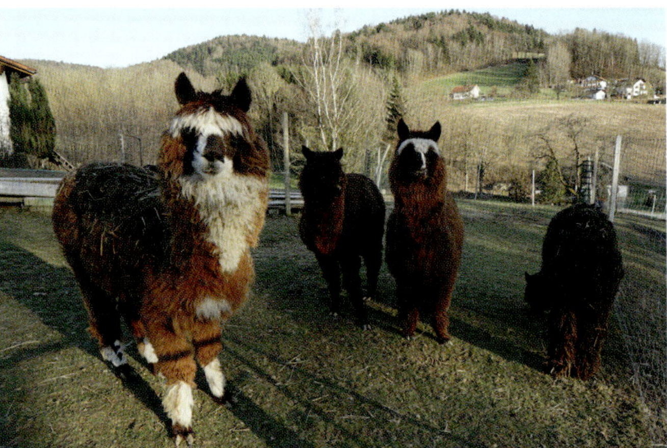

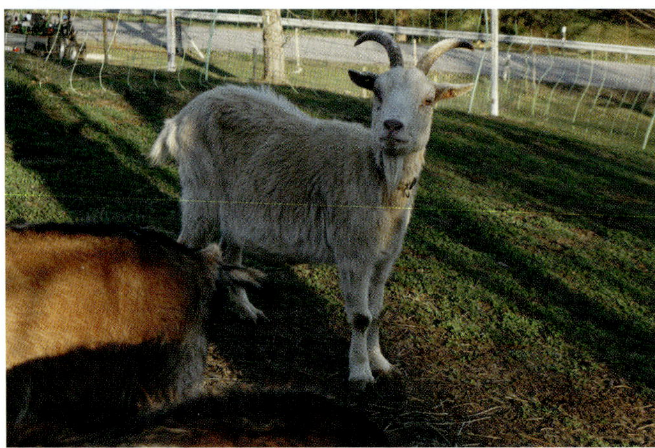

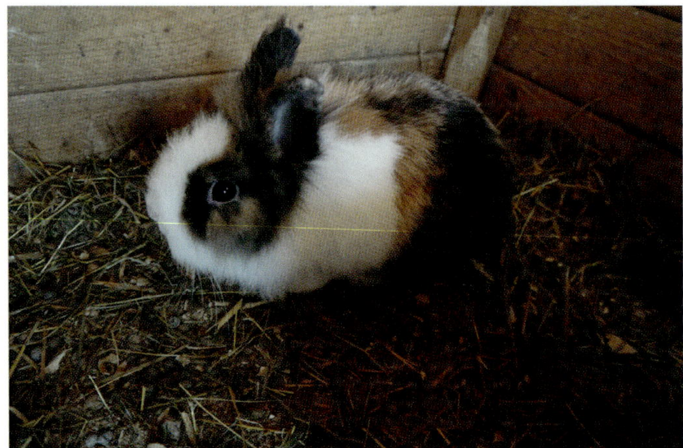

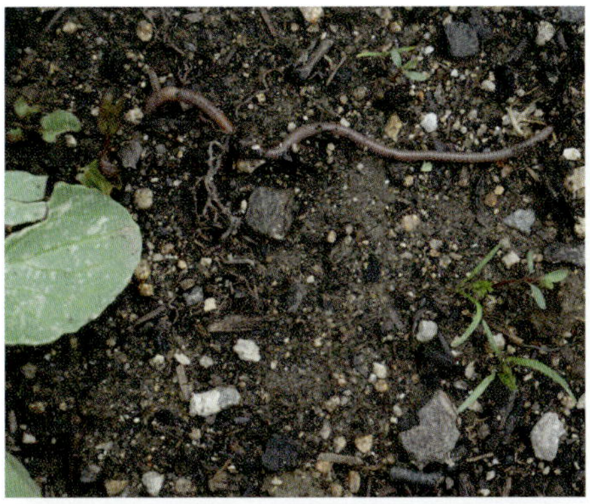

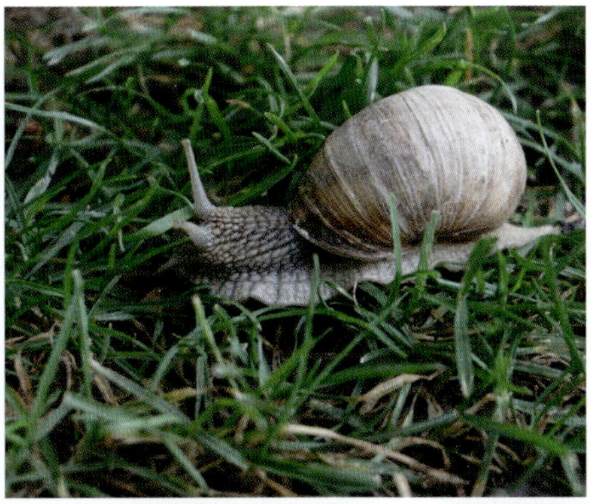

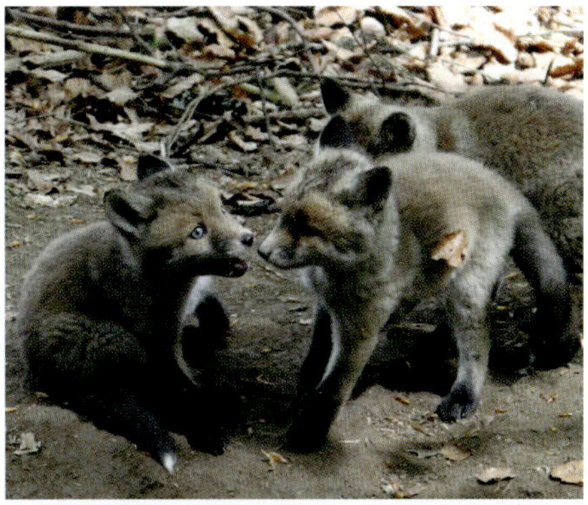

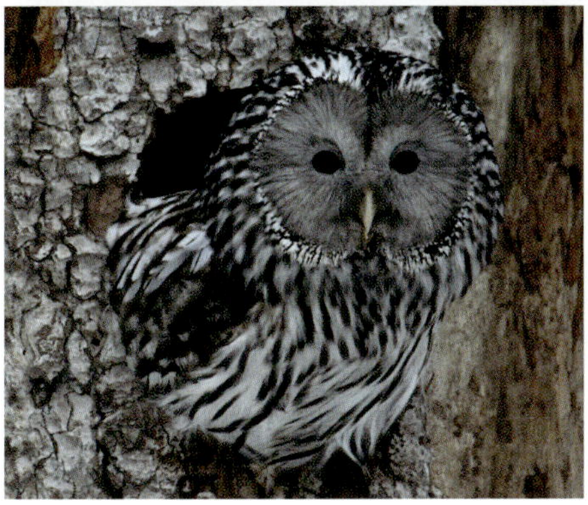

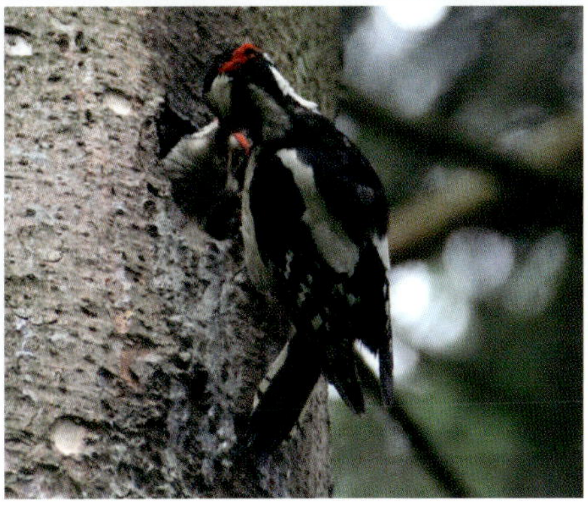

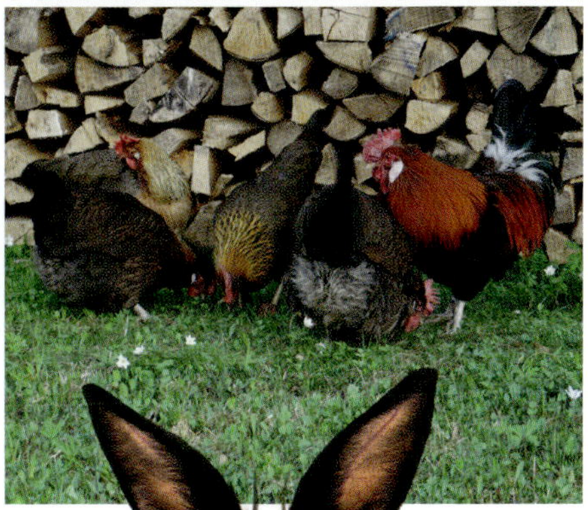

Tiere beobachten

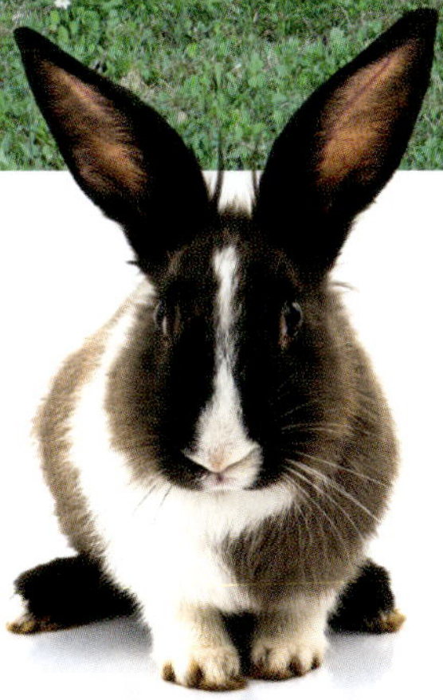

Nehmt euch 5 Minuten Zeit und beobachtet ein Tier!
Egal ob man in der Stadt lebt oder auf dem Dorf – Tiere gibt es überall. Es sind wundervolle Erfahrungen, gemeinsam mit dem Kind die biologische Vielfalt der näheren Umgebung zu entdecken. Wie lange braucht eine Spinne, um ein Netz zu bauen? Wohin krabbelt der Käfer so eilig? Gute „Forschungsräume" sind Gärten, Grünanlagen oder natürlich der Zoo. Mit offener Neugierde bestaunen Kinder verschiedene Vorgänge in der Natur.

Einige Verhaltensregeln, die man beachten sollte:

- Die Tiere nur beobachten und nicht stören!
- Sich Tieren immer vorsichtig und langsam nähern!
- Tiere nicht unnötig anfassen!

Weitere Naturideen:

Das beobachtete Tier kann fotografiert oder gezeichnet werden.

- Was hat mir dabei am besten gefallen?
- Was war besonders?
- Ein „Naturtagebuch" anlegen: Die einzelnen Blätter in einen Ringordner ablegen.

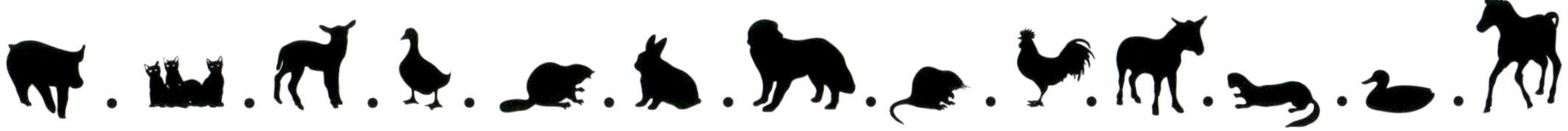

Findet euren Lieblings-platz!

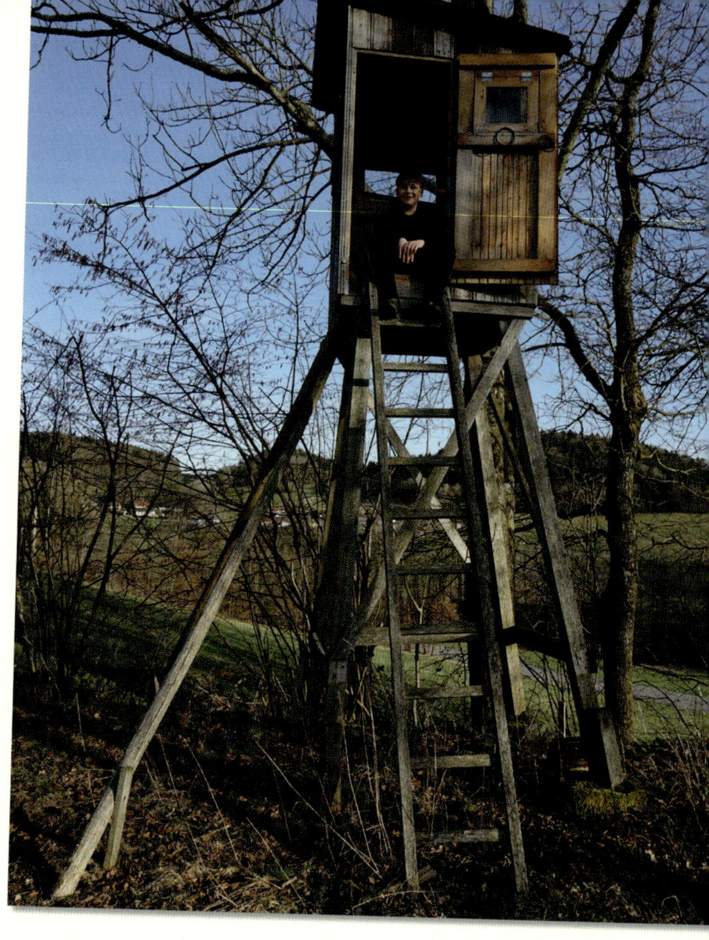

Ein Lieblingsplatz macht glücklich – ein Platz, an dem man sich wohlfühlt. Dort kann man sich fallenlassen, ein Gefühl von Freiheit verspühren. Es ist wichtig einen Rückzugsort zu haben und vor allem in der Natur lädt uns dieser ein, alle unsere Sinne wahrzunehmen.

Legt eine Pause ein … Energie tanken, die Beine baumeln lassen, Wurzeln schlagen, Ruhe gönnen, den Blick in die Ferne schweifen lassen, Stille wahrnehmen, beten, danken, sich sammeln …

Der richtige Rhythmus aus Konzentration und Ruhe ist eine wichtige Voraussetzung für Kreativität und Motivation.

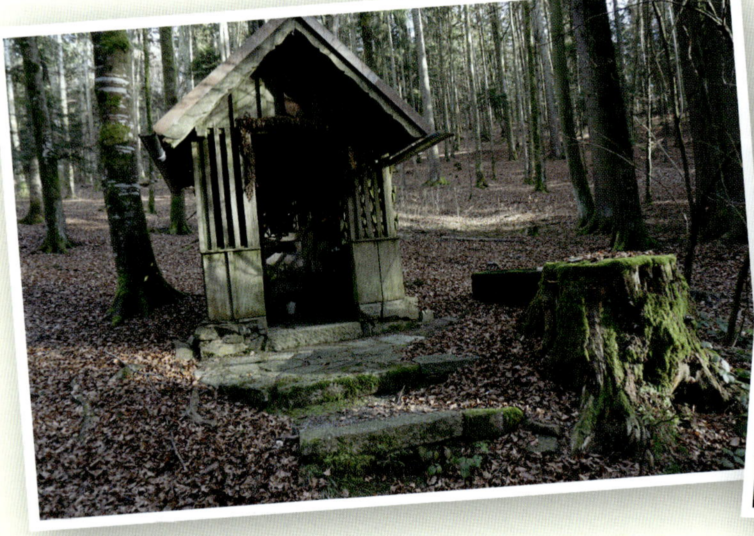

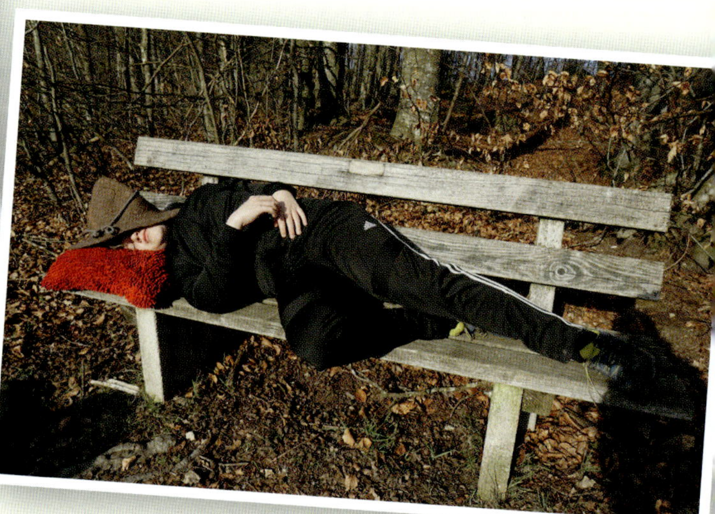

„Nichts bringt uns auf unserem Weg besser voran als eine Pause."

Elizabeth Barrett Browning

Abenteuer pur Lagerfeuer

Holz sammeln, Feuerstelle bauen, Spieße schnitzen – mit Kindern ein Lagerfeuer zu machen, das schweißt zusammen. Es gibt ein Gefühl vollkommener Zufriedenheit und Wärme.

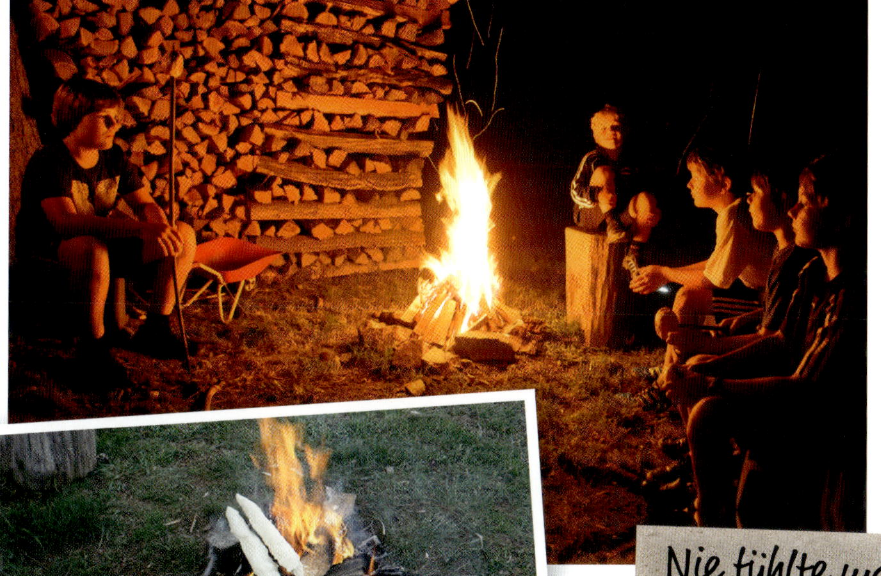

VORBEREITUNGEN:

- den geeigneten Platz im Garten suchen
- dünne Äste, Anzündhilfe bereitlegen
- trockene Holzscheite bereitlegen
- Haselnussstöcke mit Messer spitzen; Alternative: Metallspieße
- Teig für Stockbrot zubereiten
- Kartoffeln waschen, mit Alufolie umwickeln
- Würste einkaufen
- Getränke bereitstellen

Nie fühlte man sich so frei wie am Lagerfeuer!

Stockbrot

ZUTATEN:
500 g Weizenmehl, 1 Würfel Hefe oder 1 Pck. Trockenhefe, 250 ml lauwarmes Wasser, 1 TL Salz, 2 EL Olivenöl

Alle Zutaten werden zu einem Hefeteig vermischt. Den Teig kräftig kneten und für ca. 30 Minuten zugedeckt ruhen lassen. Aus dem Teig längliche, dünne Rollen formen und diese wie eine „Schlange“ um den Stecken wickeln. Über dem offenen Feuer oder besser der Glut wenden und drehen, bis das Stockbrot in ca. 10 Minuten durchgebacken ist und gut duftet.

Feuer-Kartoffeln

ZUTATEN:
viele Kartoffeln (mittelgroß), Alufolie, Salz, Butter

Kartoffeln waschen und abtrocknen. Mit Alufolie umwickeln. In die Glut des Lagerfeuers legen. Je nach Größe der Kartoffeln sind sie nach 40 bis 60 Minuten durchgegart. Die heißen Kartoffeln mit Butter und Salz verzehren.

TIPP: Größere Kartoffeln können vorher ca. 20 Minuten auf dem Herd gekocht werden, dann sind sie schneller gar.

LUSTIGE SPIELE

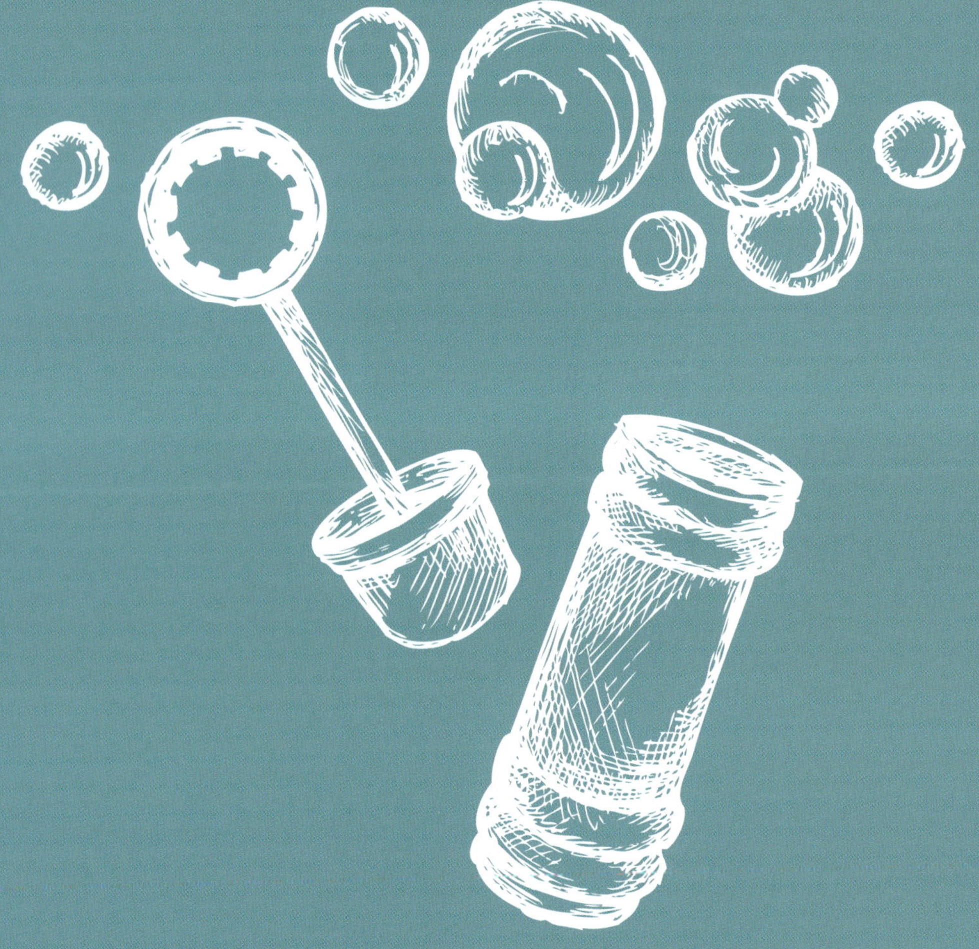

... toben, spielen,
lachen, kitzeln, ...

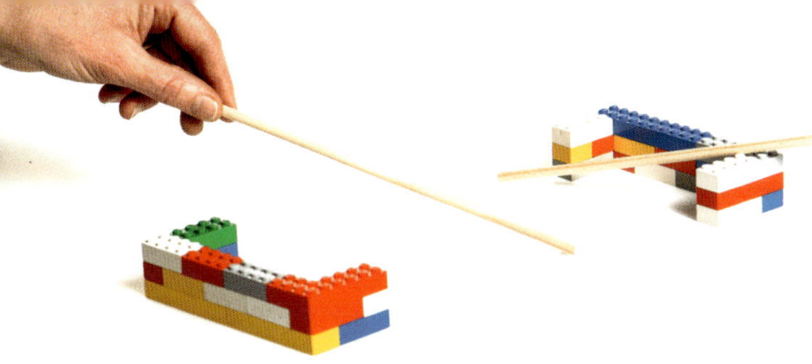

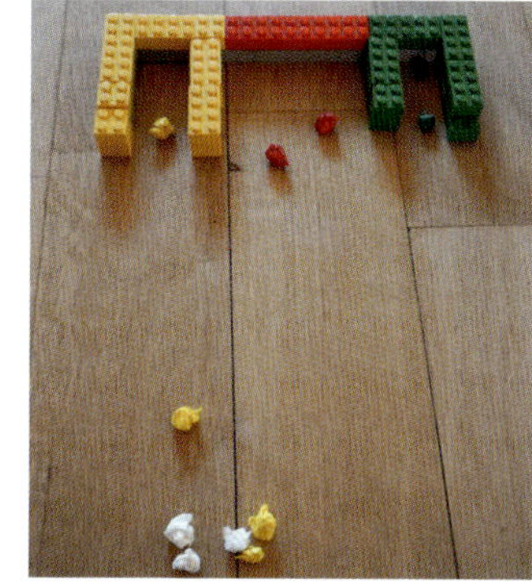

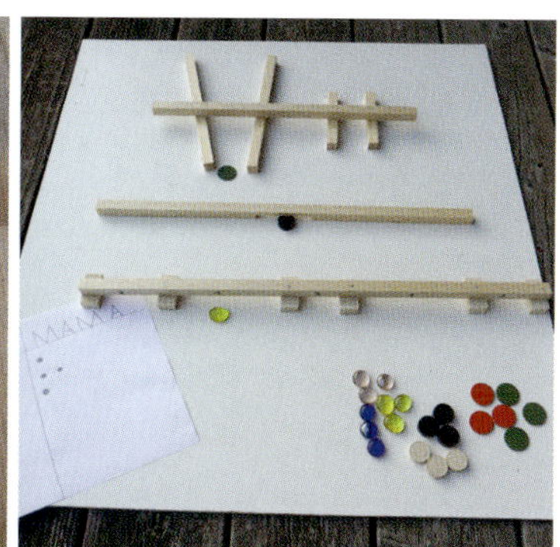

Schlag den Torhüter

MATERIAL:

- Holzstäbchen
- Legosteine für die Tore
- Wattebausch

ANLEITUNG:

Ein Spieler hat Anstoß. Er muss versuchen, den Wattebausch mit dem Holzstäbchen ins gegnerische Tor zu schießen. Der Gegenspieler darf verteidigen und den „Ball" abnehmen. Auch er muss versuchen, das gegnerische Tor zu treffen.

VARIANTEN:

- **Wattepusten:** Die Watte mit dem Mund ins Tor blasen, der Torwart bläst dagegen.
- **Zielschnipsen 1:** Muggelsteine oder Papierkügelchen werden ins Tor geschnipst.
- **Zielschnipsen 2:** Tor in größerer Entfernung.
- **Zielschnipsen 3:** Es werden kleine Türme umgeworfen.
- **Zielschnipsen mit Gummibärchen:** Breiteres Tor bauen, Gummibärchen darin aufstellen. Wird das Gummibärchen getroffen – ab in den Mund damit!

Bierdeckel werfen

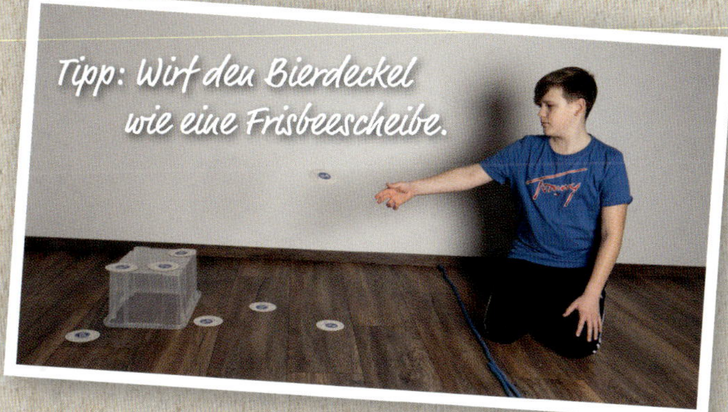

MATERIAL:

viele Bierdeckel, Zielbehälter (Eimer oder Kiste), Schnur als Startlinie

ANLEITUNG:

Zwischen einer Startlinie und dem Zielbehälter sollte ein angemessener Abstand sein (Probewürfe machen). Jeder Teilnehmer erhält gleich viele Bierdeckel, z. B. 3 oder 5 und darf versuchen (ohne die Linie zu übertreten), den Untersetzer im Zielgefäß landen zu lassen. Anschließend werden die Punkte gezählt. Bei mehreren Durchgängen soll eine Namensliste mit Punkten geführt werden.

VARIANTEN:

- Auf einen Stuhl treffen.
- Karten werfen: Sobald ein Spieler mit seiner Karte eine Karte des Gegners bedeckt, gewinnt er den Durchgang (verschiedenfarbige Deckel – evtl. vorher anmalen oder markieren).
- Bierdeckel auf dem Kopf balancieren.
- Bierdeckel-Weitwurf
- Bierdeckel an die Wand werfen: Welcher Deckel liegt am nächsten an der Wand?

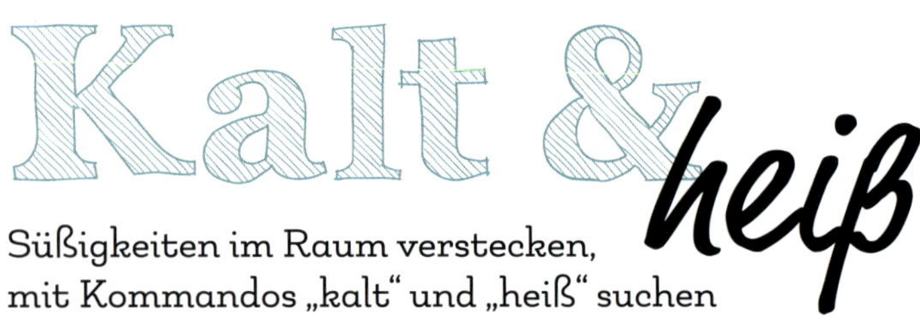

Kalt & heiß

Süßigkeiten im Raum verstecken,
mit Kommandos „kalt“ und „heiß“ suchen

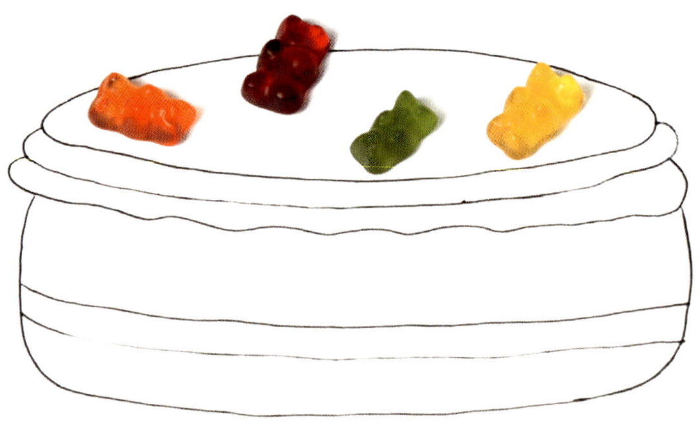

MATERIAL:

Gummibärchen, Smarties oder Bonbons,
Blatt Papier, Stift

ANLEITUNG:

Wir malen einen Kuchen und verzieren ihn mit Gummibärchen, Smarties oder Bonbons. Nun sagen wir gemeinsam einen Vers **„Augen zu, Augen zu, ich versteck dir ein Gummibärchen im nu!“** Danach hält sich ein Kind die Augen zu oder verlässt kurz den Raum und ein Gutti wird im Zimmer versteckt. Während das Kind im Raum herumgeht und das Gutti sucht, rufen die Mitspieler ihm Kommandos zu: „eiskalt“, „kalt“, „warm“, „wärmer“ oder „heiß“.

Rufen die Kinder „kalt“, so ist der Suchende weit vom Gummibärchen entfernt. Bei „warm“ nähert es sich dem Gegenstand, bei „wärmer“ kommt es immer näher heran, „heiß“ signalisiert, dass sich der Mitspielers ganz in der Nähe der Süßigkeit befindet.

VARIANTEN:

- Wir spielen Eichhörnchen und verstecken Nüsse im Zimmer.
- Wir gehen den ganzen Raum ab und lassen mittendrin das Gummibärchen fallen, so kann der Suchende nicht einordnen, in welcher Richtung der gesuchte Gegenstand liegt.

Familienmeisterschaft im Kirschkern-weitspucken

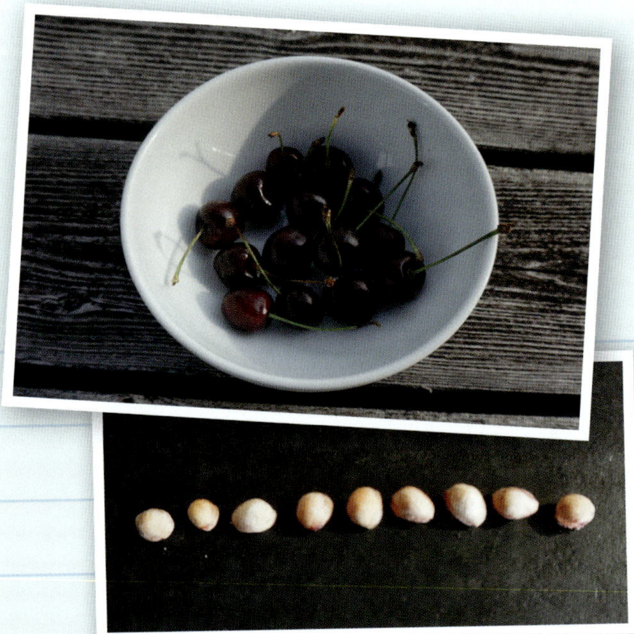

MATERIAL:

schöne reife Kirschen,
Seil als Anfangsbegrenzung

BESCHREIBUNG:

Jeder Spieler bekommt 6 Kirschen. Eine Kirsche wird gegessen, der Kern bleibt im Mund. Der Teilnehmer versucht nun, den Kirschkern ohne Hilfsmittel so weit wie möglich zu spucken (im Garten, auf der Terrasse …). Gewertet wird die Entfernung des ausgerollten Kirschkerns. Wer kommt am weitesten?

VARIANTE:

Den Kirschkern in einen Teller oder eine Schale spucken.

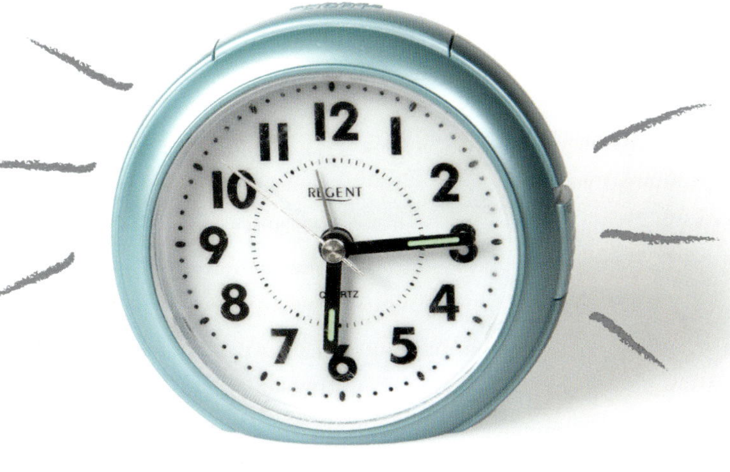

Wecker verstecken

Wer hört den Wecker klingeln?

Ein Kind wird kurz vor die Tür gebeten. In dieser Zeit wird ein klingelnder Wecker, eine „Eieruhr" oder ein Handy mit Musik im Raum versteckt.

Wir rufen: **„Ene mene meck, der Wecker ist weg!"** Wenn das Kind wieder im Raum ist, soll es das Versteck erhören. Das geht natürlich nur, wenn alle anderen Geräusche eine „Pause haben".

VARIANTEN:

- Der Wecker kann unter Decken versteckt werden (Klingeln ist dann leise).
- Den Wecker muss man nur durch sein lautes Ticken suchen.
- Dem Kind werden die Augen verbunden, mit Handreichen wird gemeinsam der Wecker gesucht.
- Es werden mehrere Kartons im Raum ausgelegt – in einem der Behälter ist der klingelnde oder tickende Wecker versteckt (erst hören, dann nachsehen).

Zauberschnee

Klitzert und knirscht und ist doch nicht kalt...

MATERIAL:

eine große Schüssel, 400 g Speisestärke, ca. 100 ml Babyöl, Bastelglitzer nach Bedarf

ANLEITUNG:

Mit den Händen gut verkneten bzw. durchmischen. Es sollte eine bröselige lockere Masse entstehen, die beim Kneten allerdings schön zusammenpappt. Luftdicht verpackt hält der Zauberschnee einige Tage.

VARIANTEN:

- Anstatt Babyöl kann auch Rasierschaum hinzugefügt werden.
- Die Menge an Babyöl kann auch zur Hälfte mit Raps- oder Sonnenblumenöl gestreckt werden.

Zaubersand

MATERIAL:

8 Tassen Mehl, 1 Tasse Sonnenblumenöl oder Babyöl, evtl. Lebensmittelfarbe oder Glitzer

ANLEITUNG:

Die Zutaten vermischen und je nach Konsistenz Mehl oder Öl hinzugeben. Der passende Spielplatz ist eine Waschwanne oder ein Serviertablett. Der selbstgemachte Zaubersand hält in einer verschlossenen Box oder abgedeckten Backschüssel einige Wochen.

Passendes Spielmaterial dazu:

- Ausstechformen
- kleine Fahrzeuge
- Naturmaterialien (Steine verstecken)
- Becher/Löffel
- Spielzeugtiere

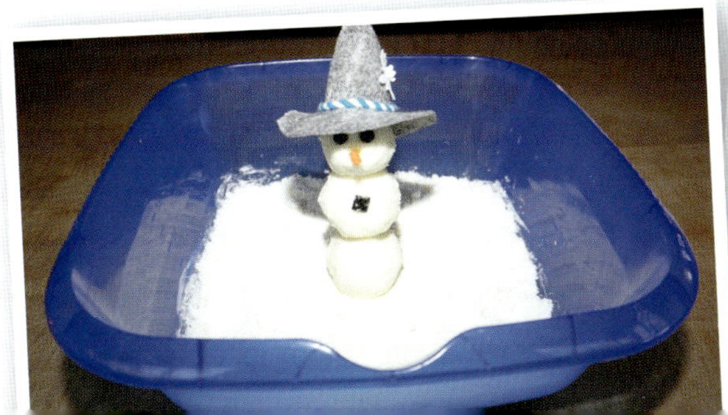

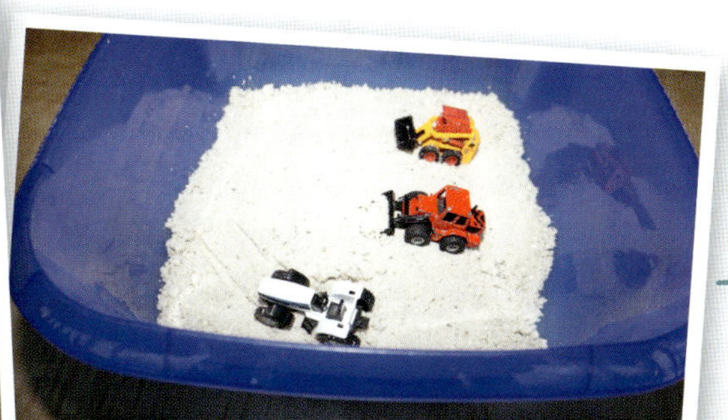

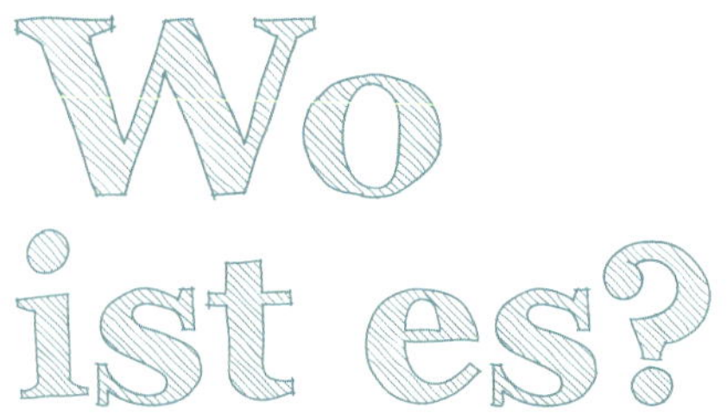

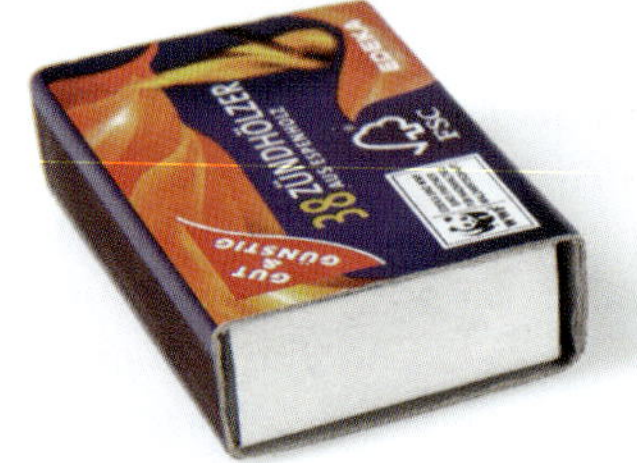

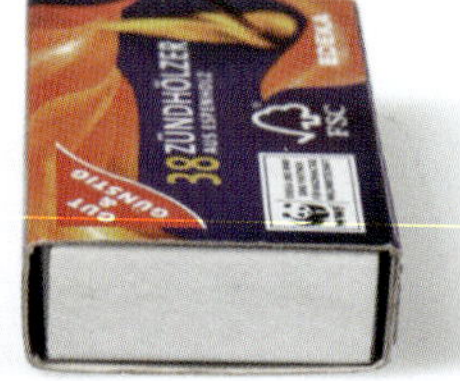

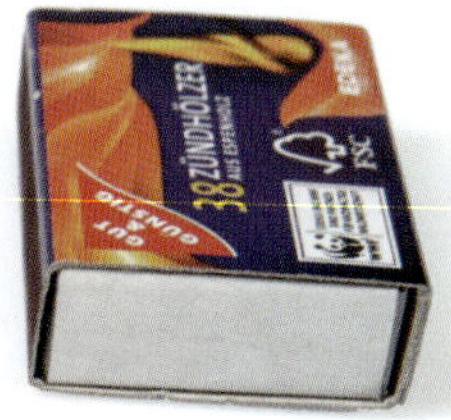

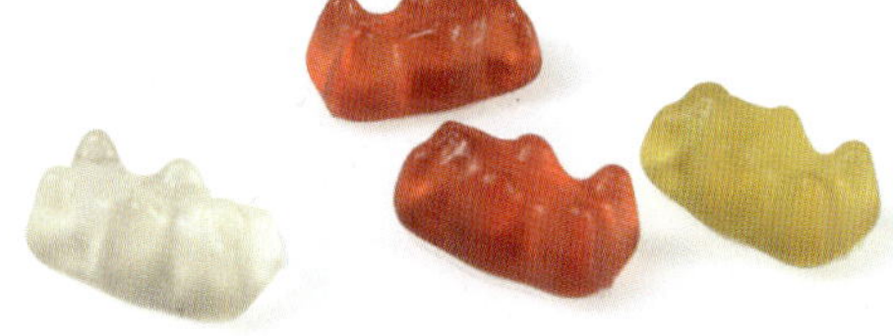

Das versteckte Gummibärchen

MATERIAL:

3 gleichaussehende Streichholzschachteln, Gummibärchen

ANLEITUNG:

In eine von drei leeren Streichholzschachteln wird vom Kind ein Gummibärchen versteckt. Anschließend wird die Position der drei Schachteln vertauscht. Das Kind versucht, mit den Augen die Schachtel mit dem Gummibärchen im Auge zu behalten. Nach ein paar Zügen darf das Kind raten, wo sich das Gummibärchen befindet. Ist es richtig, so darf es dieses essen.

VARIANTEN:

- Wenn die Position der 3 Schachteln vertauscht wird, kann dazu ein Lied gesungen werden, z. B. „Taler, Taler du musst wandern …"
- Wir bringen mehr als 3 Streichholzschachteln ins Spiel.

Pinke, Panke, Puster …

MATERIAL:

Gummibärchen

ANLEITUNG:

Das Kind nimmt ein Gummibärchen in die Hand und schließt beide Hände zu Fäusten. Das andere Kind, das den Gegenstand raten soll, muss sich die Hand mit dem Gummibärchen gut merken.

Die Fäuste werden abwechselnd aufeinander gestellt und dabei sagt das Kind:

„Pinke, Panke, Puuuuuster,
im Keller ist es duuuuuuster,
da wohnt ein armer Schuuuuuuster,
wo wohnt er denn, wo wohnt er denn,
oben oder unten?"

Beim Sprechgesang soll im Rhythmus mal die eine Faust mal die andere Faust oben sein.

Achtung: volle Aufmerksamkeit! Das andere Kind sollte genau beobachten, in welcher Hand das Gummibärchen ist.

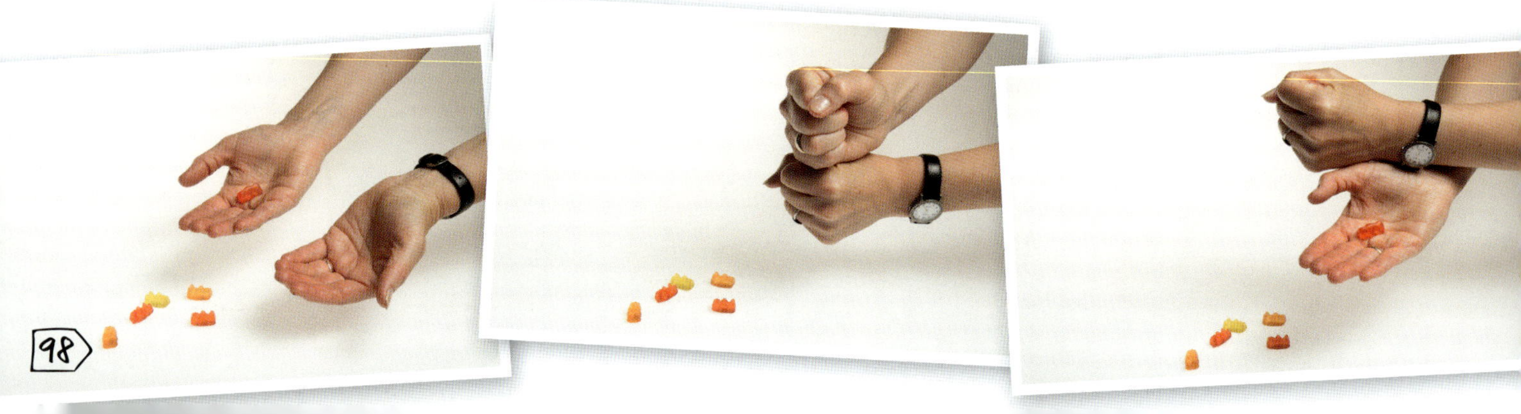

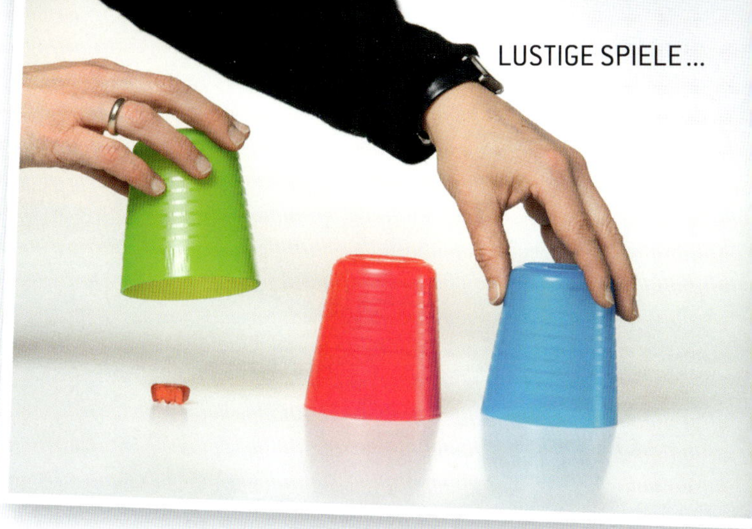

Becherspiel

MATERIAL:

3 bis 5 Becher, Gummibärchen

ANLEITUNG:

Der Becherspieler stellt auf einer gut rutschenden Unterlage, z. B. einer Tischplatte, drei Becher auf. Er legt ein Gummibärchen unter einen Becher. Nun vertauscht der Becherspieler die Plätze der Becher mit einer gewissen Geschwindigkeit. Dann muss der Zuschauer erraten, unter welchem der Becher sich das Gummibärchen befindet. Hat der Mitspieler richtig getippt, erhält er dieses. Wo hat sich das Gummibärchen versteckt?

VARIANTEN:

- Die Becher langsam verschieben.
- Alle Becher haben die gleiche Farbe.
- Beim Becher verschieben ein Lied singen, z. B. „Taler, Taler, du musst wandern, von der einen Hand zur andern, oh wie herrlich oh wie schön, keiner darf den Taler sehn."
- Mit 4 oder mehr Bechern spielen.
- Ablenken: „Oh, schau, ein Eichhörnchen ist im Garten!" oder „Der Nikolaus ist draußen!"
- Der Osterhase versteckt Schokoeier unter dem Becher.

Welche Sockenpaare gehören zusammen?

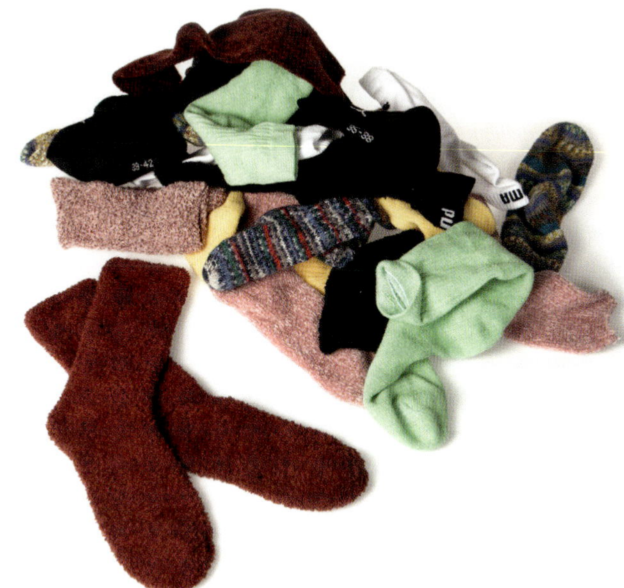

MATERIAL:

Verschiedene Paare an Socken, Wäscheleine, Wäscheklammern

ANLEITUNG:

Es liegen ca. 10 Paar Socken unsortiert bereit. Das Kind muss die passenden Socken finden.

VARIANTEN:

- Neben vielen gleichen Paaren werden 5 einzelne Socken untergejubelt.
- Ähnliche Socken verwenden, um die Schwierigkeit zu erhöhen.
- Die Sockenpaare unterscheiden sich nur durch die aufgedruckte Größe.
- Die Sockenpaare werden zusammengelegt und übereinander gestülpt.
- Die Sockenpaare werden mit dicken Handschuhen zusammengelegt.
- Die Sockenpaare werden an der Leine mit Wäscheklammern aufgehängt.

Im Wörterbuch kommt Kissenschlacht vor Zähneputzen

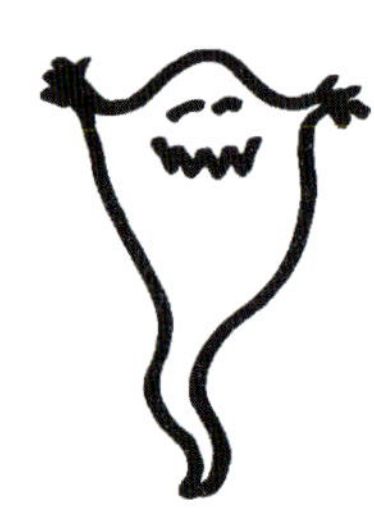

MATERIAL:

viele Kissen, Begrenzung, z. B. auf einem großen Bett

ANLEITUNG:

Jeder bekommt ein weiches Kissen, alle sitzen im Bett und dürfen versuchen, die anderen mit dem Kissen zu treffen. Wichtig: mehr Kissen als Spieler ☺

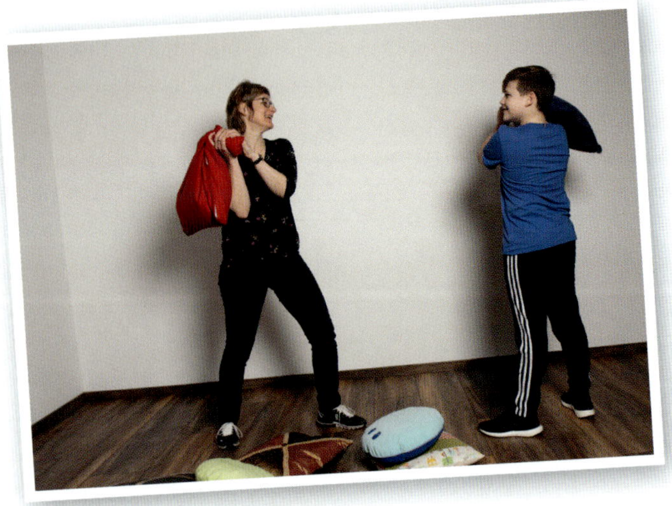

KISSENSCHLACHT-REGELN:

- Die wichtigste Spielregel: „STOPP!" – sofort aufhören, eine Pause einlegen oder Kapitulation.
- Niemals mit dem Kissen ins Gesicht schlagen (Reißverschlüsse oder Knöpfe an den Kissen) – Verletzungsgefahr!
- Niemals das Kissen auf das Gesicht des „Gegners" drücken!
- Nehmen Kinder unterschiedlichen Alters teil, müssen die Älteren auf die Jüngeren Rücksicht nehmen.
- Wer eine Pause braucht, geht aus dem Spielfeld.
- Vorher Brille und Schmuck entfernen.
- Für Kinder mit Asthma oder Hausstauballergie ist eine Kissenschlacht nicht geeignet!

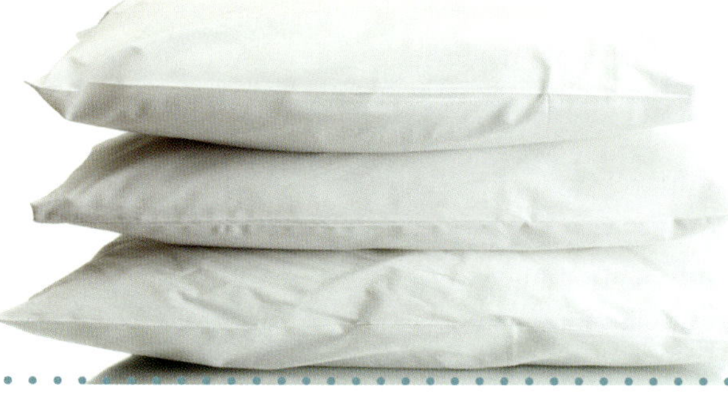

Varianten:

- Nach so einer Kissenschlacht kann ein nahtloser Übergang zu einer „Kitzel-Attacke" folgen.
- Kissenschlacht evtl. im Garten: Aus 4 Personen werden zwei Mannschaften gebildet. Zwischen den Mannschaften wird eine Linie gelegt (z. B. mit einem Seil). Nun werden viele verschiedene Kissen gleichmäßig zwischen den Mannschaften verteilt. Auf ein Signal hin schleudern die Kinder ihre Kissen auf eine andere Seite.

Auch von der anderen Seite kommen Kissen angeflogen – schnell weg damit.

ZIEL: Wenn eine Gruppe es geschafft hat, alle Kissen auf die andere Seite zu werfen, hat sie gewonnen.

Oder es wird eine feste Zeit vereinbart. Nach Ablauf der Zeit wird das Spiel angehalten und die Kissen pro Seite gezählt. Wer die wenigsten Kissen auf der Seite hat, ist die Gewinnermannschaft. Kann öfter hintereinander gespielt werden.

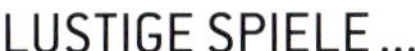

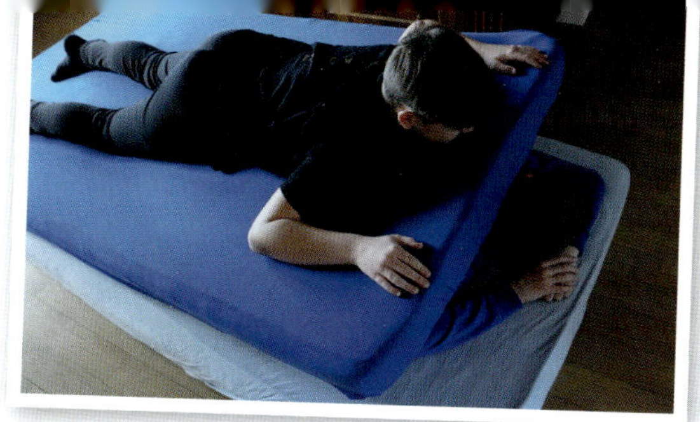

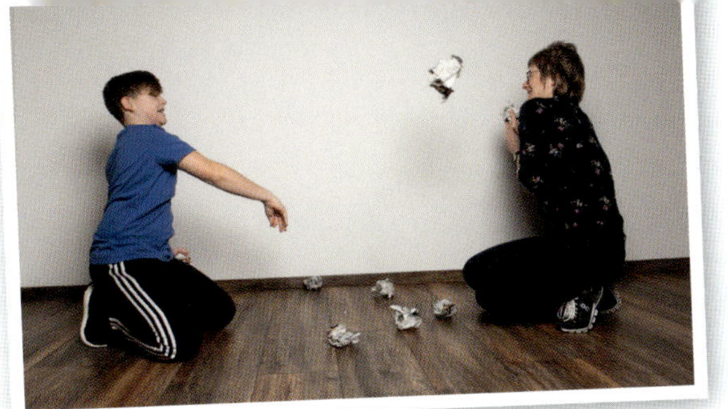

Sandwich-Spiel

MATERIAL:

Matratzen, großes Kissen

ANLEITUNG:

Beim „Sandwich-Spiel" liegt das Kind mittig auf einer Matratze /einem großen Kissen. Der Erwachsene legt eine andere Matratze so auf das Kind, dass es zwischen den Matratzen eingezwängt ist.

Nun wird der „Belag" dazu gegeben, d.h. der Erwachsene drückt von oben mit den Händen auf das „Sandwich". Der Druck wird dosiert.

Als Variante kann sich auch ein Mitspieler vorsichtig auf die Matratze legen.

„Schneeballschlacht"

MATERIAL:

alte Zeitungen, Behälter (Eimer, große Schachtel), Zeituhr

ANLEITUNG:

Die Kinder reißen aus der Zeitung ein Blatt ab, halbieren dies dann und zerknüllen das Papier zu Schneebällen. Diese werden dann in einen Behälter gelegt. Los geht's! Nun gegenseitig bewerfen.

„Deckenfahrt"

Mit der Decke durch die Wohnung gezogen werden.

Friseur spielen

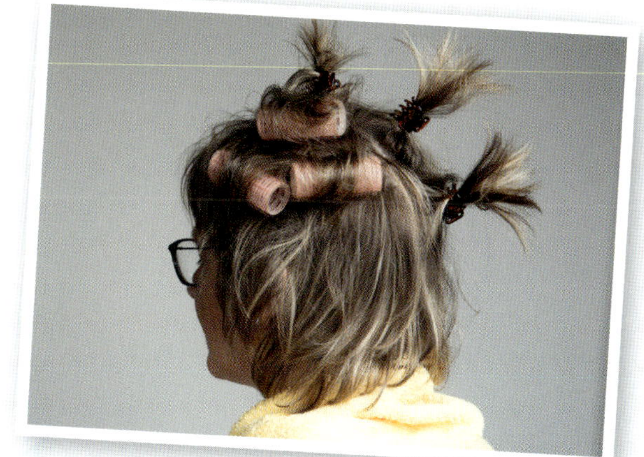

MATERIAL:

verschiedene Kämme und Bürsten, Naturborstenbürsten, Lockenwickler, Haargummis, Papilotten, Föhn, schöne Haarspangen, evtl. Kopfmassagegerät, Handtuch mit Wäscheklammer

ANLEITUNG:

Wir spielen das Rollenspiel: „Friseur". Einer darf sich die Haare machen lassen, der andere ist der Friseur. Auf einen Stuhl setzen, Handtuch um den Hals legen und mit Wäscheklammern vorne verschließen. Nun sind der Phantasie keine Grenzen gesetzt. Wichtig ist das Bürsten mit verschiedenen Kämmen. Locken dürfen natürlich auch nicht fehlen und Spangen verschönern die Frisur.
Ein leichtes Streifen über den Nacken gibt einen Wohlfühlcharakter oder eine Gänsehaut.

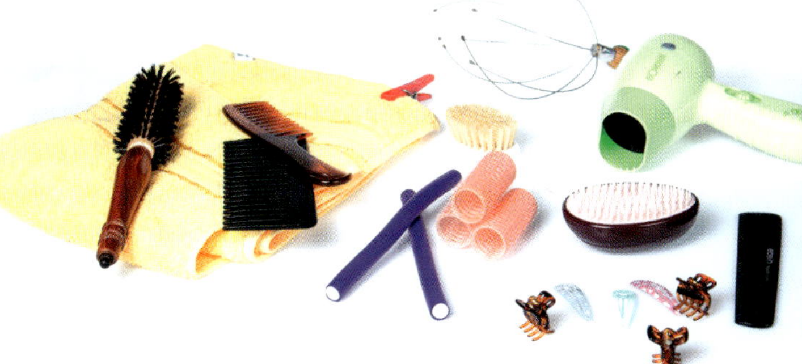

Einfach mal blubbern lassen …

Schaum blasen

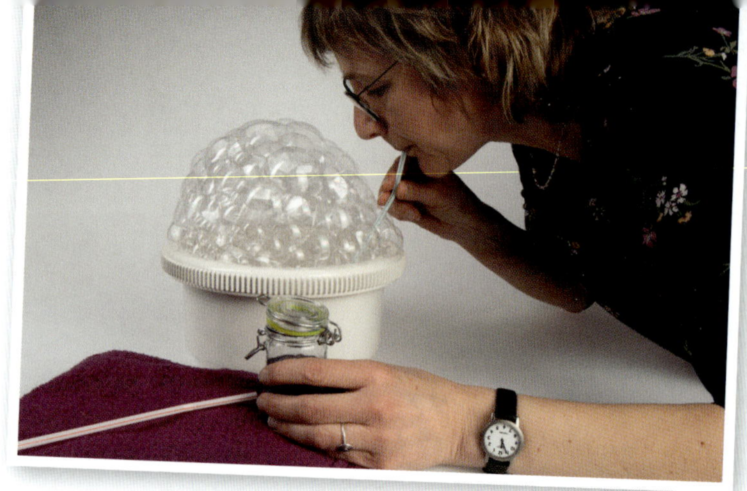

MATERIAL:

Schüssel mit Wasser, Strohhalm, Handtuch, Badeschaum für Kinder, Shampoo oder Duschgel

ANLEITUNG:

In eine Schüssel, die zur Hälfte mit Wasser gefüllt ist, gibt man einen Spritzer Badeschaum hinein. Man nimmt einen Strohhalm und pustet hinein.

Achtung: Die Kinder dürfen nicht ziehen, sonst verschlucken sie die Seife!

VARIANTEN:

- Auf dem Boden eine Blubberstraße machen.
- Wer macht den größten Schaumturm?
- Spielt das in der Badewanne, der Spaß mit Schaum ist garantiert!

Ein schäumendes Erlebnis

Rasierschaum

MATERIAL:

Rasierschaum sensitiv, Schreibtischunterlage oder Plane, Spiegelfolie, Handtuch, Malkittel oder altes T-Shirt, Tesaband zum Befestigen der Folie, evtl. kleine Fahrzeuge

ANLEITUNG:

Die Folie wird auf einen Tisch ausgebreitet, jeder bekommt ein Handtuch zum Abtrocknen.

Das Kind darf entscheiden: kleiner Berg, großer Berg, kleine Schlange, große Schlange. Der Rasierschaum wird so vor dem Kind platziert.
Nun dürfen die Kinder nach Herzenslust mit den Fingern, mit der Hand, mit beiden Händen den Schaum verteilen.

VARIANTEN:

- Wir machen Spuren mit kleinen Fahrzeugen.
- Wir nehmen noch Fingerfarben hinzu. Ein Regenbogen ist ein zauberhaftes Farberlebnis für die Kinder. Es ist ein sinnliches Erlebnis, wenn der „fluffig-weiche Schaum“ auf die bunten Fingerfarben trifft.

Tolle Spiele mit Rasierschaum unter:

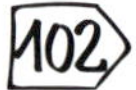

Seifenblasen

ganz einfach selbst gemacht

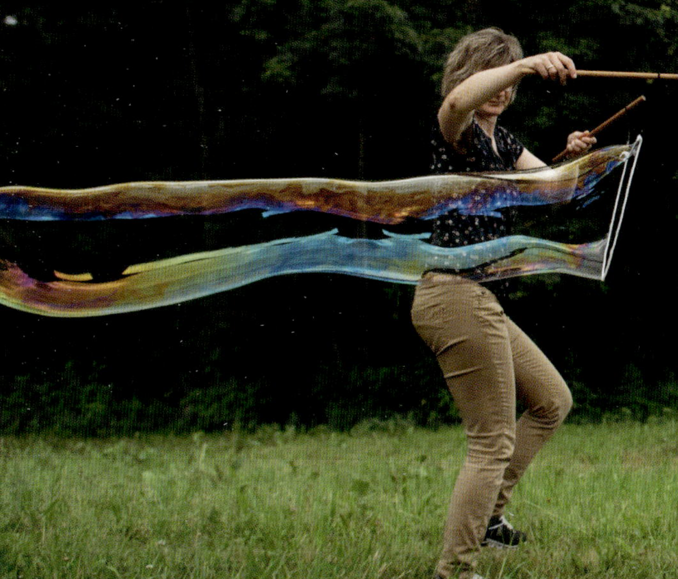

MATERIAL FÜR DIE SEIFENLAUGE:

- 1 Glas Wasser
- ¼ Glas Spülmittel
- 1 ½ TL Zucker
- ½ TL Maisstärke

ANLEITUNG:

Den Zucker mit der Maisstärke vermischen und mit etwas Wasser verdünnen. Anschließend den Rest des Wassers und zum Schluss das Spülmittel dazugeben. Vorsichtig mischen, damit es nicht zu sehr schäumt.

Zum Pusten kann man den Griff einer Schere nehmen oder mit Draht einen Ring formen. Am besten ist aber ein alter „Pustestab", also ein Kunststoffring, von einem gekauften Seifenblasenfläschchen.

Verliebt man sich in Seifenblasen, dann kann man größere machen:

- ½ Liter Wasser
- 40 ml Spülmittel, am besten Fairy Ultra (Orginal)
- 1 TL Kleister
- ½ TL Zucker
- zwei Rundhölzer
- eine Kordel
- ein Stück Wolle

Den Kleister und Zucker im Wasser auflösen, anschließend Spülmittel dazu geben – fertig!

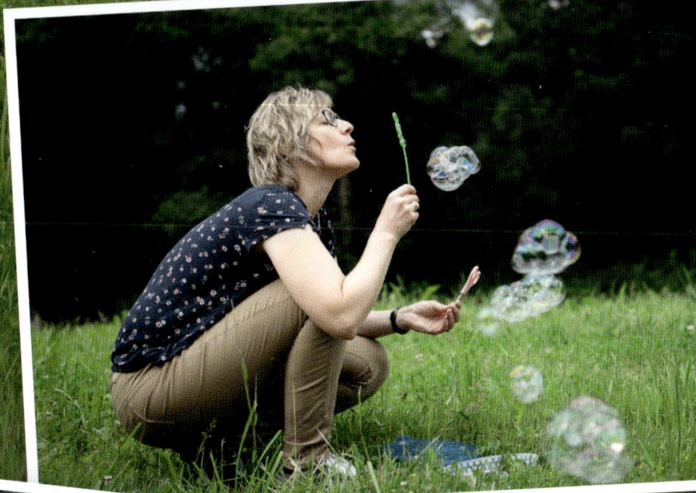

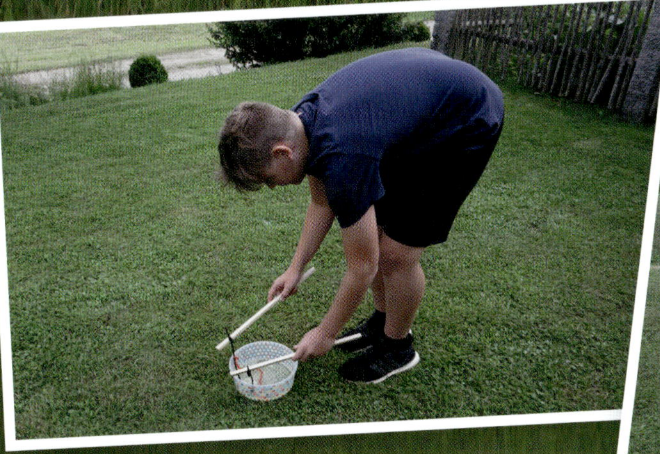

Finger-spiele

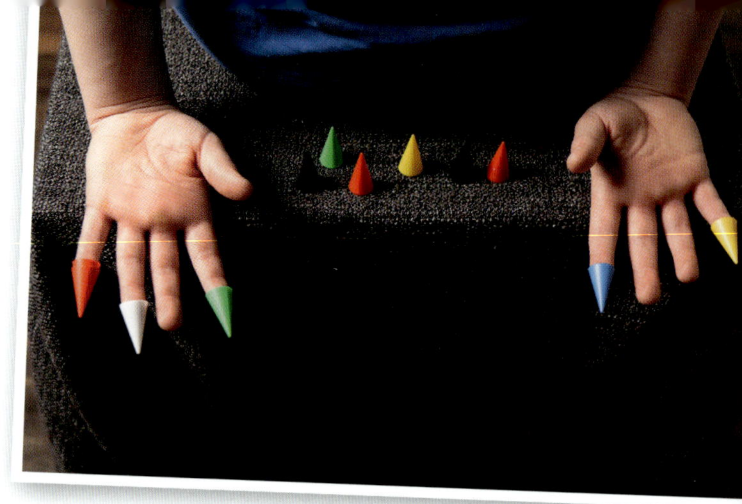

Fingerhutspiel

MATERIAL:

5 bis 10 Plastikhütchen

ANLEITUNG:

Ein Kind sitzt auf dem Stuhl oder Boden, die Hände befinden sich hinter dem Rücken. Ein anderer Mitspieler steckt dem Kind ein Hütchen auf einen Finger. Das Kind muss nun erraten, auf welchem Finger das Hütchen sitzt.

VARIANTEN:

- Der Spielleiter nimmt das Hütchen wieder und das Kind muss den Finger zeigen.
- Das Kind benennt den Finger und rechte oder linke Hand.
- Es werden mehrere Hüte aufgesetzt.
- Eine Hand voll Finger bekommt einen Hut.

Alle Finger bekommen ein Hütchen

Zehn kleine Zappelmänner zappeln hin und her,
zehn kleinen Zappelmännern fällt das gar nicht schwer.
Zehn kleine Zappelmänner zappeln auf und nieder,
zehn kleine Zappelmänner tun das immer wieder.
Zehn kleine Zappelmänner zappeln ringsherum,
zehn kleine Zappelmänner, die sind gar nicht dumm.
Zehn kleine Zappelmänner spielen gern Versteck,
zehn kleine Zappelmänner sind auf einmal weg!

Hände hinterm Rücken verstecken,

Zehn kleine Zappelmänner sind nun wieder da,

die Hände ganz zur Seite schieben,

zehn kleine Zappelmänner rufen laut: „Hurra!"

die Hände bewegen sich wieder nach vorne.

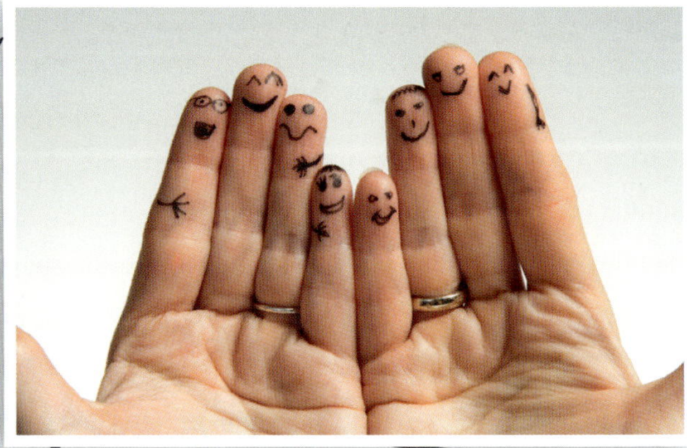

Das ist der Daumen,
der schüttelt die Pflaumen,
der hebt sie auf,
der trägt sie nach Haus
und der kleine Wuzi-Wuzi, isst sie alle auf!

Schere, Stein, Papier

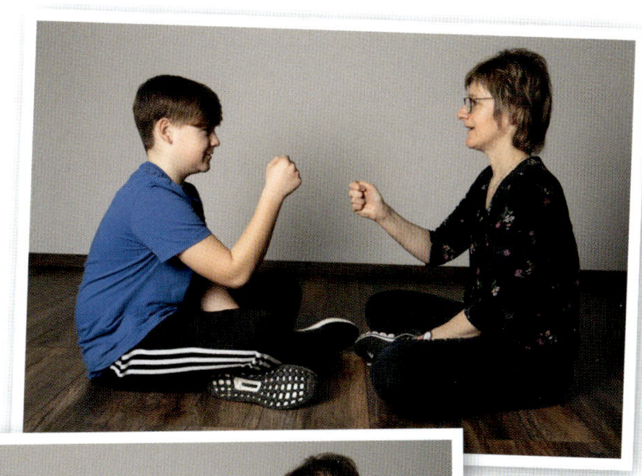

Schere, Stein, Papier ist sowohl bei Kindern, als auch bei Erwachsenen ein beliebtes und weltweit verbreitetes Spiel. Oft werden drei oder fünf Runden gespielt, der Spieler mit den meisten Rundensiegen gewinnt das Spiel. Man kann sich damit auch super ausknobeln, wer zum Beispiel nach dem Essen den Tisch abräumt. ☺

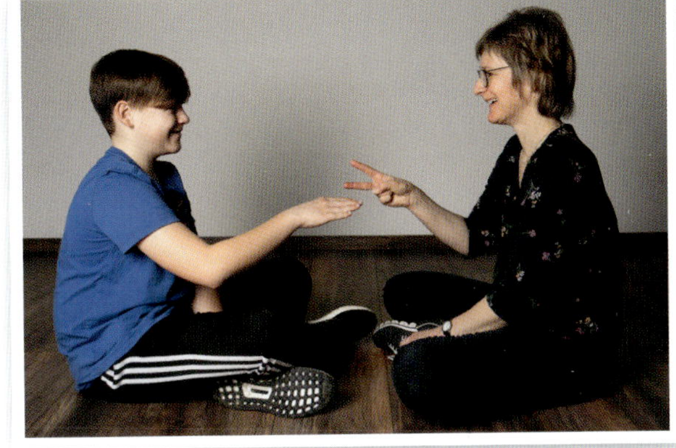

Zwei Spieler wählen je eine der drei möglichen Symbole „Schere", „Stein" oder „Papier" und zeigen dieses dann auf ein Kommando gleichzeitig mit Hilfe einer ihrer Hände an. Man sagt gemeinsam „Schnick, Schnack, Schnuck" und zeigt mit der Hand sein gewähltes Symbol an (muss gleichzeitig passieren).

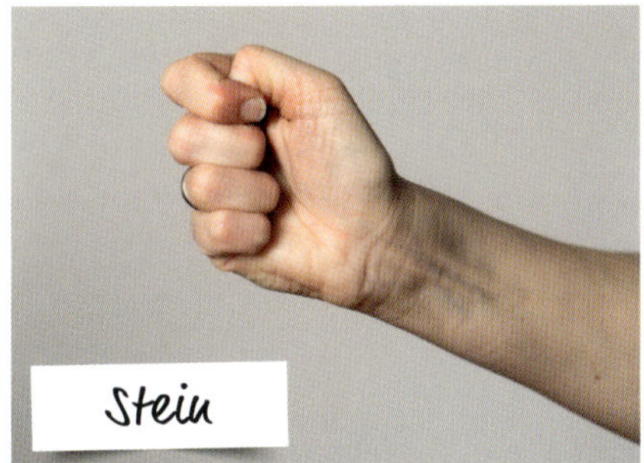

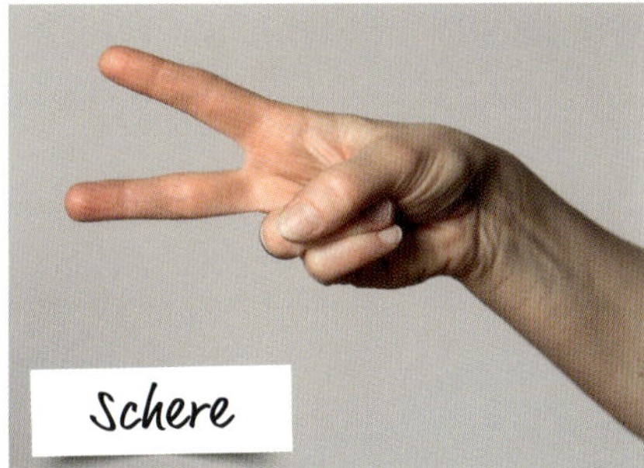

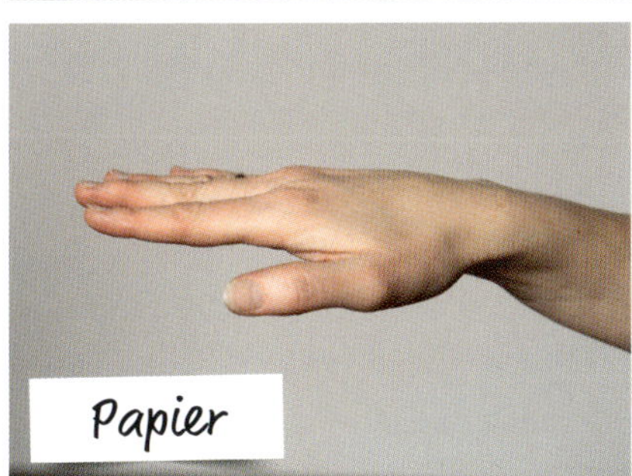

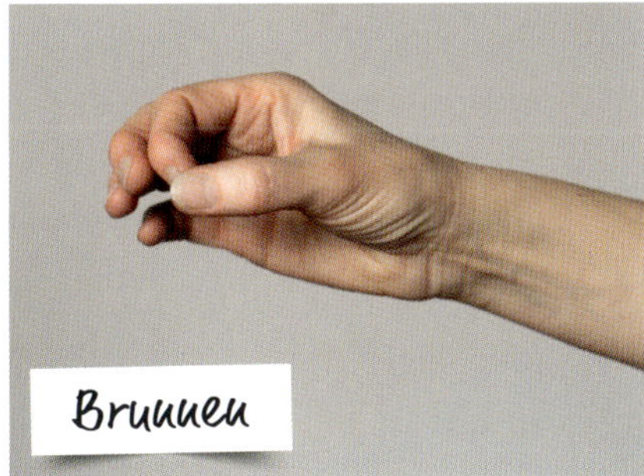

Die **Schere** wird mit einem gespreizten Zeige- und Mittelfinger dargestellt.

Der **Stein** wird durch eine Faust gebildet.

Das **Papier** wird durch eine flache Hand dargestellt.

Jedes Symbol kann gegen das andere gewinnen oder verlieren:
- Papier umwickelt Stein
- Stein macht die Schere kaputt
- Schere schneidet das Papier

Entscheiden sich beide Spieler für die selbe Geste, wird das Spiel als unentschieden gewertet und wiederholt.

Manchmal wird das Spiel auch um ein weiteres Symbol ergänzt: den **Brunnen**. Man formt mit Zeigefinger und Daumen einen Kreis. Wird von einem Spieler der Brunnen gewählt, gewinnt er gegen Stein und Schere. Beide Dinge können in den Brunnen fallen. Der Brunnen verliert aber gegen das Papier. Das Papier umwickelt den Brunnen.

	Stein	Schere	Papier	Brunnen
Stein	×	+	–	–
Schere	–	×	+	–
Papier	+	–	×	+
Brunnen	+	+	–	×

„Was hat sich verändert?“

In einer Puppenwohnung, in einem Schloss oder auf einer Ritterburg Veränderungen wahrnehmen.

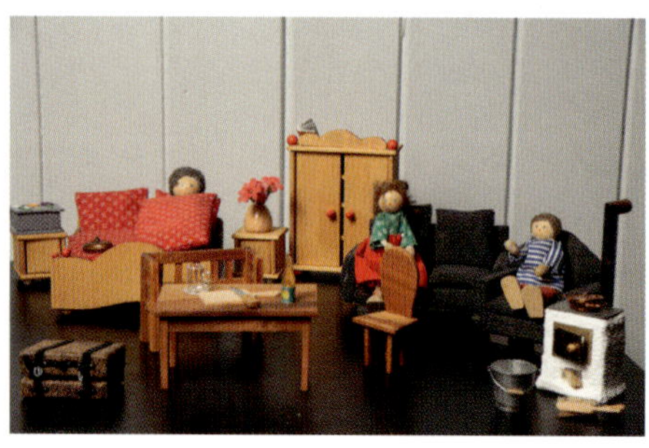
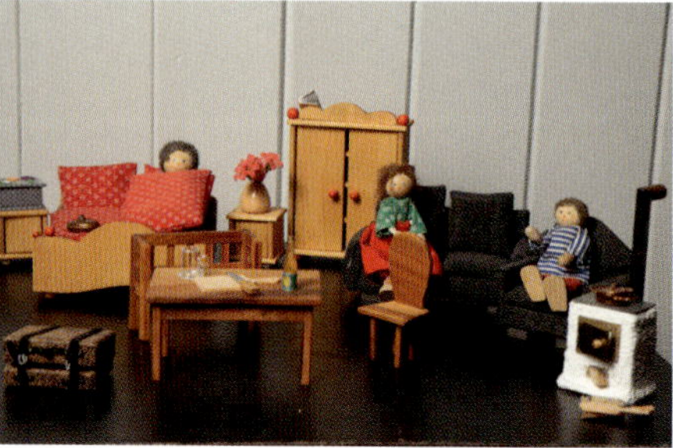
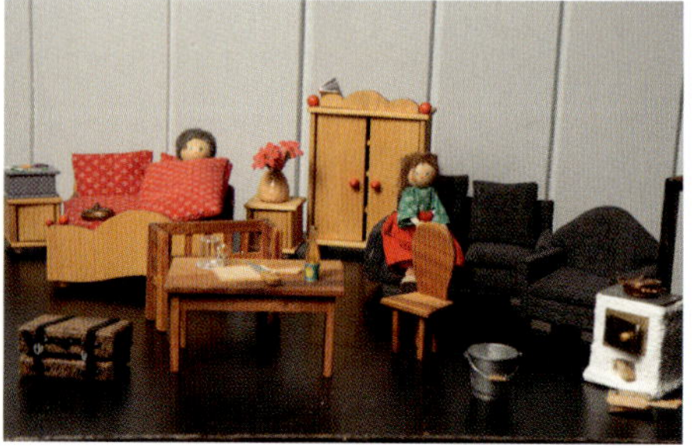

MATERIAL:

Puppenmöbel oder Puppenhaus, Spiel-Ritterburg oder -Schloss

ANLEITUNG:

Wir bauen die Puppenstube zusammen auf. Danach dreht sich das Kind um oder wird aus dem Raum geschickt. Der Mitspieler nimmt einen Gegenstand weg bzw. stellt einen Gegenstand um. Anschließend soll das Kind erraten, was sich verändert hat.

...Varianten:

- Ca. fünf bis sieben Gegenstände liegen auf dem Tisch. Das Kind sollte sich diese genau einprägen, anschließend dreht es sich um: Welcher Gegenstand ist unter dem Tuch versteckt?
- Tiere werden der Größe nach aufgebaut, eins wird versteckt.
- Tiere werden aufgestellt und einige von ihnen versteckt. Welche Tiere fehlen, wo sind sie gestanden?
  Wenn der Gegenstand erraten wurde, erfragt man Details der versteckten Gegenstände, z. B. „Welche Farbe hatte der Elefant?“
- Wohnzimmer: Im Wohnzimmer wird was verändert oder hinzugefügt.
- Gegenstände sind jeweils doppelt vorhanden, z. B. Tassen, Teller, Besteck: Ein Spieler baut von diesen Gegenstände ca. fünf auf dem Tisch auf (von den bereitgestellten Gegenständen gleicher Art darf jeweils nur ein Stück verwendet werden). Das Kind schaut sich dies an, merkt sich das und baut es auf der anderen Seite nach (funktioniert auch mit gleichen Legoteilen).
- Wir malen gemeinsam ein Bild, z. B. ein Haus und einer malt immer einen Gegenstand dazu.

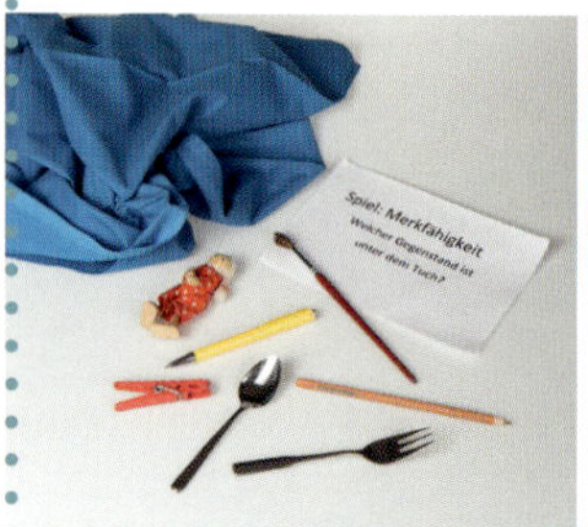

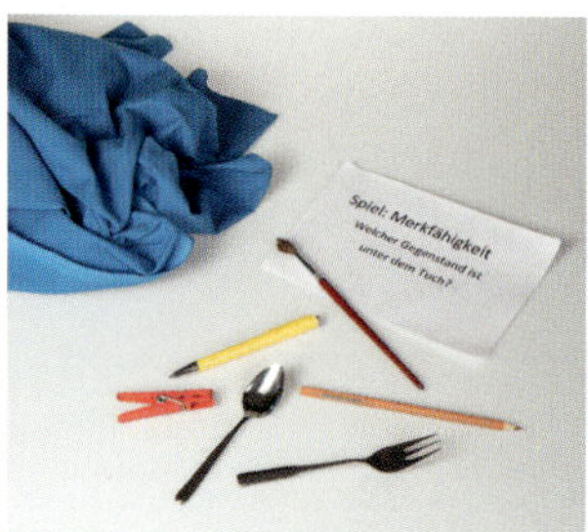

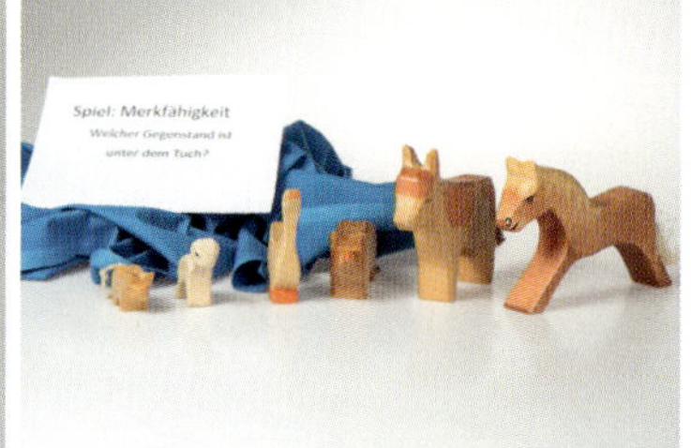

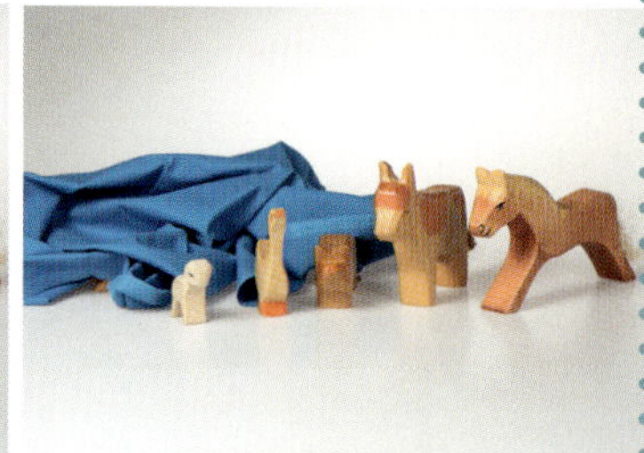

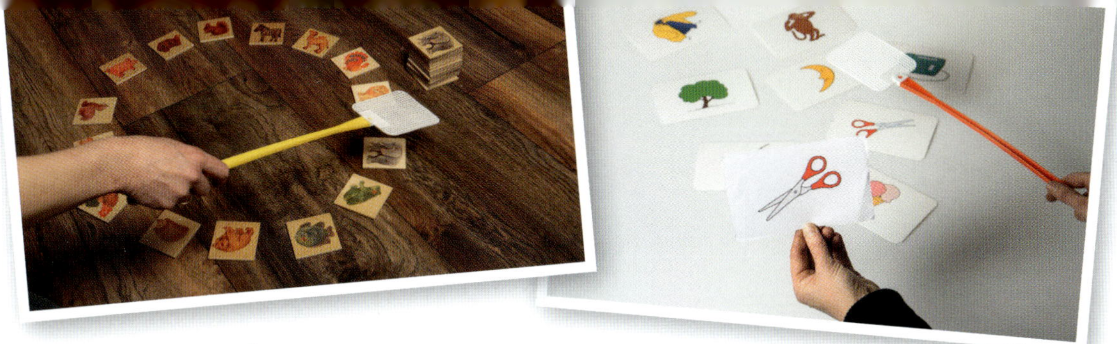

Wer ist schneller?

Gleiche Karte mit der Fliegenklatsche schnappen

MATERIAL:

Motiv-Karten-Paare, Fliegenklatsche

ANLEITUNG:

Die Kartenpaare werden mit dem Motiv nach oben ausgeteilt. Zwei gleiche Paare werden aufeinander gelegt. Jeweils ein Bildmotiv des Paares wird verdeckt und auf einen Stapel gelegt. Anschließend wird ein Bild aufgedeckt und los geht's. Wer am schnellsten das zweite gleiche Bild entdeckt und mit der Fliegenklatsche abschlägt, der darf sich das Bildpaar behalten. Der Spieler mit den meisten eroberten Kartenpaaren hat gewonnen.

VARIANTEN:

- Wir malen die Kartenpaare selber.
- Wir fotografieren Gegenstände, Tiere, Menschen (Oma, Opa) und lassen diese 2 mal ausdrucken.
- Die aufgedeckten einzelnen Bildpaare liegen in einem anderen Raum oder weiter weg. Ein Mitspieler deckt ein Bild vom Stapel auf; die Kinder müssen sich die gesuchte Karte merken und abschlagen.
- Oberbegriffe raten: Man überlegt sich einen Oberbegriff wie Mädchen-Vornamen und zählt auf (z. B. Andrea, Jasmin, Anna, Leon ... – sobald ein Wort nicht zum Oberbegriff passt (hier „Leon") wird mit der Fliegenklatsche auf ein Ziel geklatscht.

Münzen werfen

Ein Präzisionsspiel

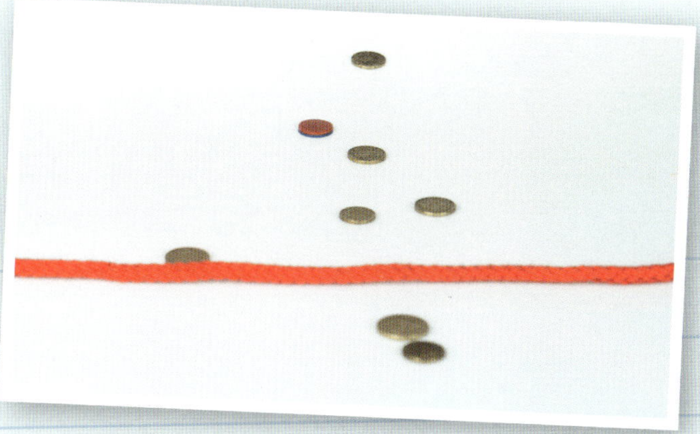

MATERIAL:

Geldmünzen oder Steine, eine größere Münze oder ein farbiger Stein als Zielscheibe

ANLEITUNG:

Ein größeres Eurogeldstück oder ein farbiger Stein wird im Raum platziert. Jeder Mitspieler hat die gleiche Zahl an Geldmünzen, z. B. 20 Cent Münzen oder flache Steine. Die Münzen werden aus einer gewissen Entfernung, die vorher festgelegt wird, geworfen. Wessen Münze am nächsten am Ziel liegt, hat gewonnen.

VARIANTEN:

- Mehrere Durchgänge machen und mit Strichen Spielstände notieren, zum Schluss zusammenzählen, wer gewonnen hat.
- Nach jedem Durchgang darf sich der Gewinner das Geld/die Steine nehmen.

RATE MAL

... nachdenken, rätseln, überlegen, ...

Was stimmt?

Was habe ich wirklich erlebt?

Ein Spiel, bei dem zwei Geschichten erzählt werden, aber nur eine davon stimmt wirklich. Man kann auch sagen: „Jemanden einen Bären aufbinden."

Kinder lieben Geschichten. Vor allem wenn Eltern verrückte Anekdoten, faszinierende Erlebnisse, kuriose Geschichten über ihre Kindheit, Schulzeit, Jugendzeit, Erwachsenenzeit oder einfach Geschichten, die sie bewegen, erzählen.

Papa (Mama oder Oma) erzählt zwei Geschichten. Eine Geschichte muss wahr sein, die andere ist erfunden.

Welche Geschichte tatsächlich passiert ist, muss das Kind herausfinden. Dies ist ein hervorragendes Mittel, mehr über die Erlebnisse seiner Eltern zu erfahren (oder auf humorvolle Weise seine Eltern besser kennenzulernen). Und die Erwachsenen können dabei in Erinnerung schwelgen.

Ein verrücktes Spiel: Stimmt's oder stimmt's nicht? Was hat Papa wirklich erlebt?

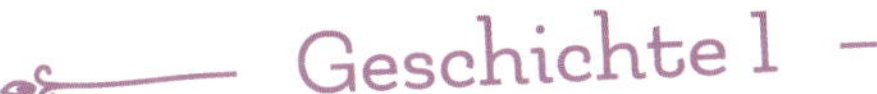

Geschichte 1

Jeden Tag musste ich als Kind die gelegten Eier vom Hühnerstall holen. Außerdem musste ich den Hühnern Körner und neues Wasser geben.

Einmal hatten die Hühner 4 Eier gelegt. Fast konnte ich sie in meiner kleinen Hand nicht tragen. Ganz erstaunt war ich über das größte Ei. Es war doppelt so groß wie die anderen Eier.

Meine Mutter rief: „Wo hast du denn dieses Ei her? Das ist ja ein Straußenei und kein Hühnerei!". Ich versicherte meiner Mama, dass dieses große Ei von unseren Hühner gelegt wurde und nicht von einem anderen Tier. Als wir das Ei aufschlugen, sahen wir dann, dass es zwei Eidotter hatte.

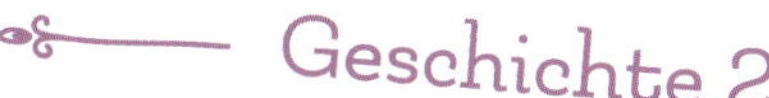

Geschichte 2

Ich ging mit meinem Papa angeln. Wir fingen drei Forellen. Und weil es schon so spät war, nahmen wir die Fische mit und schütteten sie in einen Wassertrog.

Am nächsten Tag wollten wir nach den Fischen schauen. Aber wir trauten unseren Augen nicht: Kein Fisch war mehr im Wassertrog! Unsere Katze hatte alle drei Forellen gefressen!

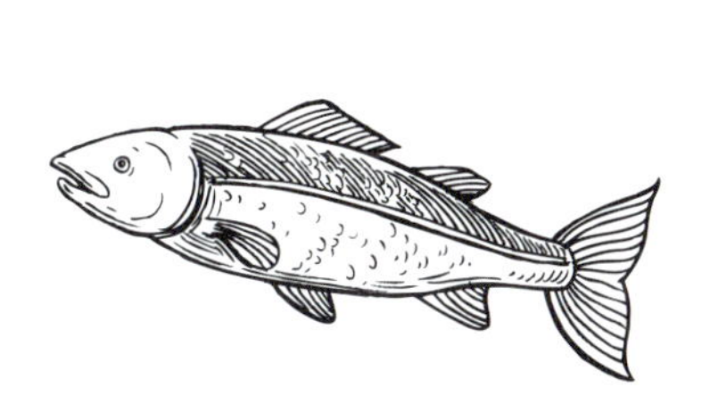

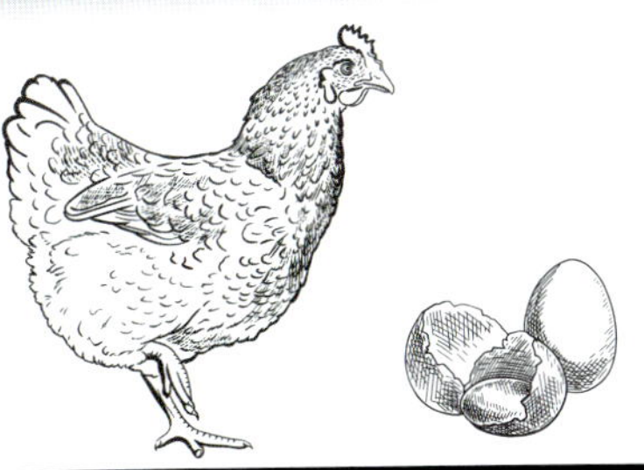

Nun dürft ihr raten, was ich wirklich erlebt habe.

Antwort: Die Geschichte Nummer 1 ist wahr!

Geschichten erraten

„Ja und Nein"-Ratespiel

Ein Erwachsener denkt sich eine Geschichte oder ein Erlebnis aus und gibt dazu eine kurze Beschreibung. Ziel des Spiels ist es, aufgrund dieser Textbeschreibung die ganze Geschichte aufzuklären, d. h. die Rahmenbedingungen und die Umstände. Dazu dürfen die Mitspieler dem Spielleiter eine Frage stellen, die dieser lediglich mit „Ja" oder „Nein" beantworten darf. Als weniger strenge Variante darf der Spielleiter auch mit „Jein" oder „nicht wichtig" antworten und den Spielern mit Tipps weiterhelfen.

1. Ein Auto steht vor einer Ampel, die Ampel ist schon längere Zeit grün. Warum fährt das Auto nicht los? **Lösung:** Der Autofahrer wird von der Sonne geblendet und er kann die Farbe der Ampel nicht sehen.
2. Franze findet vor der Haustüre nur noch einen Schuh, was ist passiert? **Lösung:** Ein besonders schlauer, anhänglicher Fuchs versteckt gerne die Schuhe.
3. Eine Frau gießt jeden Tag im Garten ihre 3 Salatköpfe. Am nächsten Tag will die Frau den Salat ernten, nur mehr einzelne Blätter liegen auf der Erde. Was ist passiert? **Lösung:** Eine Hasenfamilie hat über Nacht den ganzen Salat gegessen.
4. Die Mutter kommt morgens ins Zimmer, um das Mädchen zu wecken. Das Mädchen liegt am Boden und ist ganz kalt. Was ist passiert? **Lösung:** Das Mädchen ist in der Nacht aufgekommen und hat einfach unter dem Bett weitergeschlafen.
5. Die Mutter macht die Haustüre auf und es liegt eine tote Maus vor dem Fußabstreifer. Was ist passiert? **Lösung:** Die Katze hat eine Maus gefangen.
6. Ein Kind hat eine ganz blaue Zunge. Was ist passiert? **Lösung:** Das Kind hat ganz viele Heidelbeeren gegessen.
7. Die Feuerwehr kommt angerast und die Drehleiter wird in Richtung eines hohen Apfelbaumes ausgefahren. Was ist passiert? **Lösung:** Eine Katze ist auf den Apfelbaum geklettert und kommt nicht mehr herunter. Die Feuerwehr rettet die Katze.
8. Die Mutter wollte Papier in die Papiertonne schmeißen, da sitzt ihre Tochter drinnen. Was ist passiert? **Lösung:** Die Kinder haben verstecken gespielt, das Mädchen hat sich in der Papiertonne versteckt.
9. Drei Jungs haben sich im Wald eine Hütte gebaut. Am nächsten Tag ist die Hütte kaputt, es liegt ein Baum auf der Hütte. Was ist passiert? **Lösung:** In der Nacht war ein starker Sturm und hat einen Baum entwurzelt.
10. Eine Familie geht im Wald spazieren. Unter einer Fichte liegen ganz viele Fichtenzapfen, die angeknabbert sind. Wer hat an den Baumzapfen genascht? **Lösung:** Ein Eichhörnchen, eine Maus oder ein Vogel, je nach Fraßspur, hat sich an den leckeren Samen bedient.

PERSONENRATEN:

Ich denke mir eine Person aus, die alle Anwesenden kennen. Dann werde ich gefragt: „Ist die Person männlich?" „Ja!" „Ist sie schon alt?" „Nein!" „Wohnt sie in München?" „Ja" ...
Man kann auch berühmte Persönlichkeiten, Musiker, Sportler ... erraten lassen.

TIERNAMEN ERRATEN:

Auf dieselbe Art lassen sich auch Tiernamen erraten: „Hast du Federn?" „Kannst du schwimmen?" „Legst du Eier?" ...
Noch lustiger ist es, wenn das Kind oder der Erwachsene ein Tier malt oder den Namen auf einen Zettel schreibt und diesen auf den Rücken des Mitspielers oder auf die Stirn klebt.

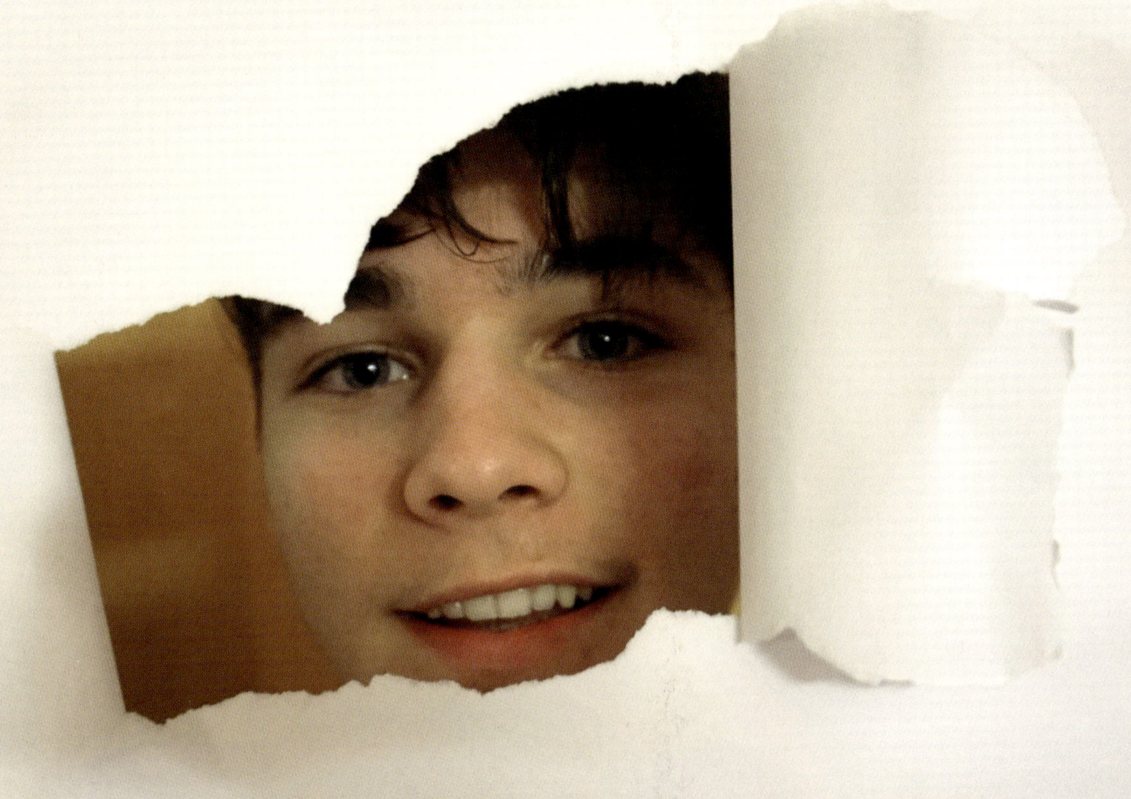

„Ich sehe was, was du nicht siehst“

ANLEITUNG:

Ein Spieler beginnt und sagt: „Ich sehe was, was du nicht siehst und das ist grün.“ (nur Farbenspiel). Ein Gegenstand im Raum wird anhand der Farbe beschrieben. Die anderen raten nun, was um sie herum Alles grün ist, z. B. Pflanze, Stift, Schere...

Wer den richtigen Gegenstand erraten hat, ist als Nächster an der Reihe.

Ein Klassiker, den Kinder auch gerne während der Autofahrt spielen – das gesuchte Objekt sollte sich natürlich **im Auto** befinden. ☺

ANREGEN DER SINNE

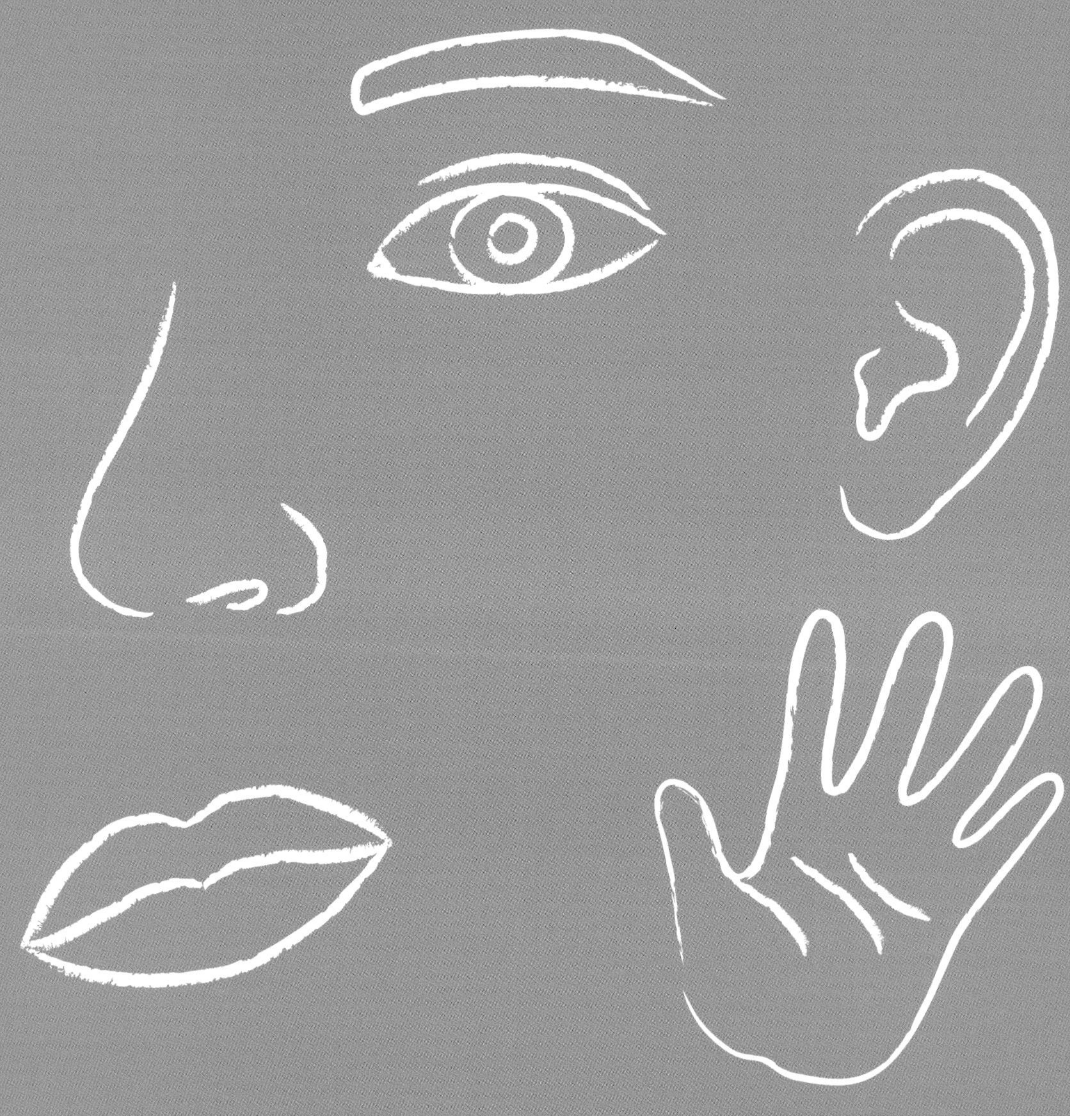

... massieren, fühlen, riechen, schmecken, ...

„Wie viele Krähen sitzen?“

Bei diesem Spiel muss man erraten, wie viele Finger (Krähen) auf dem Kopf sitzen.

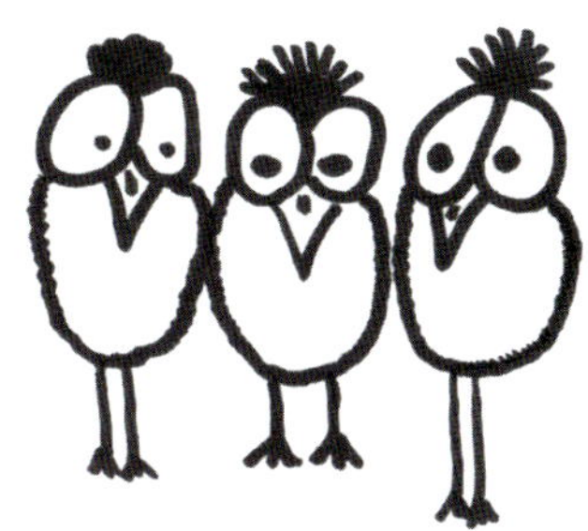

ANLEITUNG:

Ein Spieler drückt eine, zwei, drei, vier oder fünf seiner Fingerspitzen auf den Kopf des anderen Spielers, der mit dem Rücken zu ihm sitzt. Dann fragt er: „Wie viele Krähen sitzen?“

Der sitzende Spieler versucht zu spüren, wie viele Fingerspitzen sich auf seinem Kopf befinden. Bei falscher Antwort noch einmal versuchen.

Wird die richtige Antwort gegeben, kommt die nächste Frage: „Sitzen bleiben?“ „Nest bauen?“ oder „Wegfliegen?“

„Sitzen bleiben“: Mit den Fingern „fest“ in die Kopfhaut drücken (Druckmassage).

„Nest bauen“: Mit den Fingern ein paar Mal durch die Haare fahren (Kopfmassage oder Streichelmassage).

„Wegfliegen“: Alle Krähen fliegen weg und es wird ein bisschen an den Haaren gerupft und gezogen.

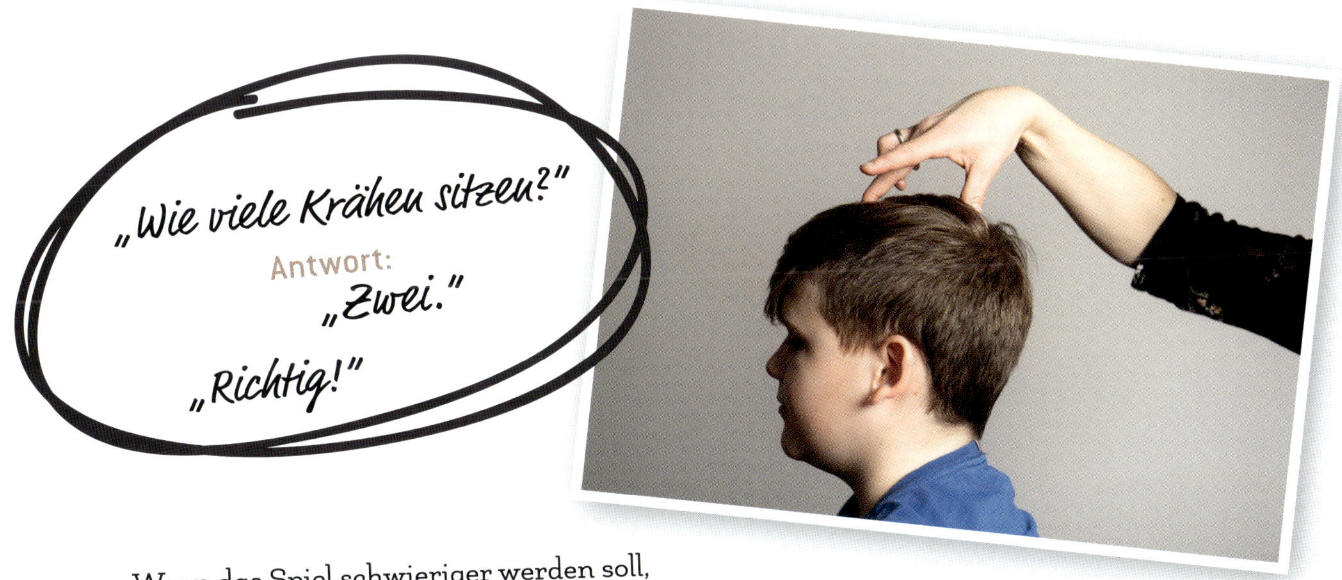

Wenn das Spiel schwieriger werden soll, kann man vorher vereinbaren, dass beide Hände (also zehn Finger) benutzt werden dürfen. Oder vielleicht sogar die Hände mehrerer Kinder, so wird es ein „Krähenschwarm“. ☺

Geräusche-Schachtel

Gegenstände werden anhand ihrer Geräusche erkannt.

MATERIAL:

verschiedene Gegenstände, die Geräusche machen: Glocke, Schere, Plastik, Papier, Schlüssel, Pfeife, Schalter, zwei Bauklötze, Luftballon, Druckknöpfe, Reißverschluss, Uhr und vieles mehr.

ANLEITUNG:

Das Kind sitzt mit dem Rücken zur Geräuschebox oder bekommt die Augen verbunden. Ein Teilnehmer macht nun verschiedene Geräusche, das Kind muss diese erraten.

VARIANTEN:

- Das Kind merkt sich drei bis fünf Geräusche und zählt sie dann anschließend einzeln auf.
- Man nimmt einige Alltagsgeräusche mit Handy auf (z. B. Hundegebell, Telefonklingeln, Kirchenglocken, Straßenlärm …) und spielt diese dem Kind vor.

Wir machen uns ein

Geräusche-Ratespiel

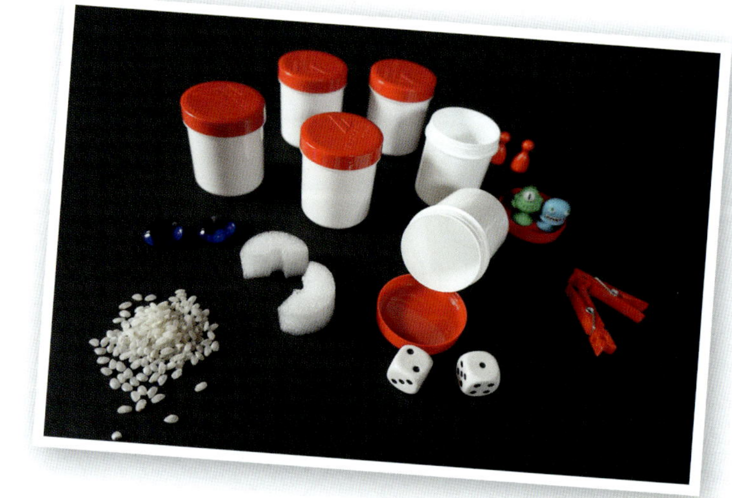

MATERIAL:

Filmdosen, Überraschungseier, Becher oder Gläser und verschiedene Materialien zum Befüllen

ANLEITUNG:

Aus diesen Dosen lassen sich Rassel-Paare herstellen. Hierbei befüllt man je zwei Dosen mit demselben Material, z. B. Reis, Gummi, Murmel, Nudeln oder einige Büroklammern.

Eine Dose wird geschüttelt, die zweite gleiche Dose soll herausgehört werden.

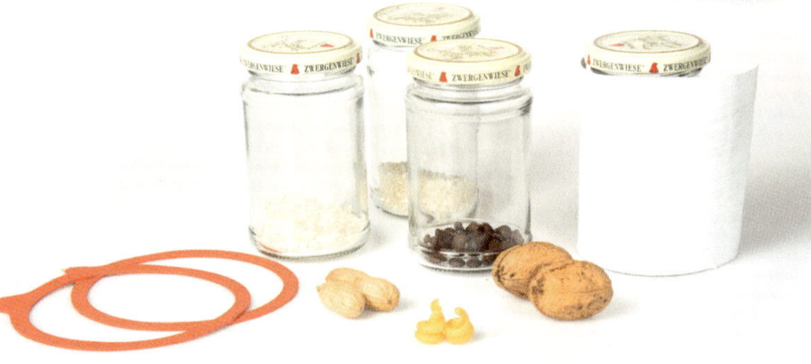

Geruchs-spiel

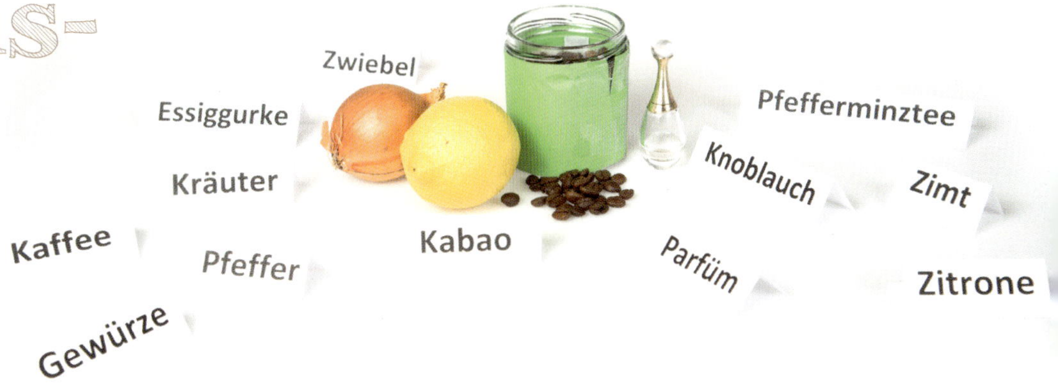

Düfte der Kindheit – Eindrücke, die bleiben

Zwiebel
Essiggurke
Pfefferminztee
Knoblauch
Zimt
Kräuter
Kaffee
Pfeffer
Kabao
Parfüm
Zitrone
Gewürze

MATERIAL:

gut riechende Lebensmittel oder Sachen aus dem Haushalt, Augenbinde oder Halstuch zum Verbinden der Augen, alternativ ein Karton mit Loch als Öffnung für die Nase.

ANLEITUNG:

Ziel: So viele Gerüche wie möglich erkennen – „immer der Nase nach".

Mit verbundenden Augen oder durch die Kartonwand wird dem Kind kurz eine Geruchsprobe vorgehalten. Dann muss das Kind versuchen, den Inhalt zu erkennen.

VARIANTEN:

- Duftpaare machen: Die Geruchsproben werden paarweise angefertigt. Das Kind zieht ein Glas und muss den gleichen Geruch finden.
- Gerüche beschreiben: „Ich rieche was, was du nicht riechst."
- Riechsäckchen machen.
- Wir gehen in den Garten und riechen an Blumen und Pflanzen.
- Von ca. fünf verfügbaren Gerüchen, werden zwei in ein Glas gegeben, welche zwei Gerüche riechst du?

Fühlbox

Gegenstände hinter einem Tuch müssen ertastet und erraten werden.

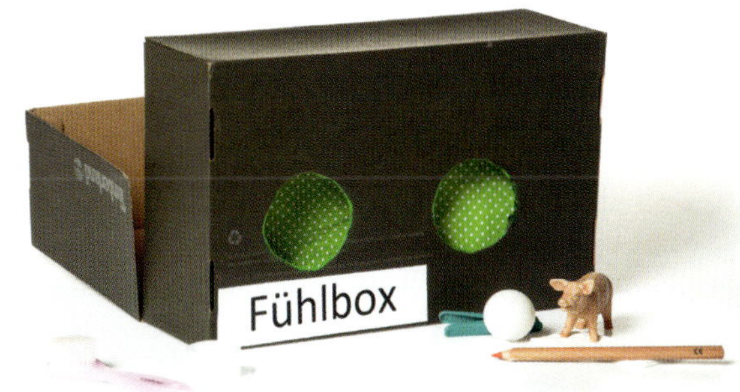

MATERIAL:

Zwei Löcher in eine Schuhschachtel schneiden, mit Stoff behängen. Verschiedene Gegenstände, die befühlt werden können.

ANLEITUNG:

Das Kind darf fühlen, was in der Kiste versteckt ist. Danach kommt der Erwachsene dran.

VARIANTEN:

- Wenn das Kind den Gegenstand erraten hat, soll dieser noch beschrieben werden: weich, hart, kann man essen, Oberbegriffe/Gegensätze finden.
- Der ausgesuchte Alltagsgegenstand wird auf den Boden fallen gelassen. Das Kind errät anhand des Geräusches, welcher Gegenstand zu Boden gefallen sein könnte und dann wird er erst befühlt.

Massage, Streicheleinheiten

Berührt zu werden bedeutet „Gehalten werden“ – ein Gefühl der Verbundenheit.

Kinder können durch Massage zur Ruhe kommen. Wie immer gilt sich ganz individuell auf das eigene Kind einzustellen.

Findet heraus, was dem Kind gut tut. Manche Kinder genießen es, ganz sanft und leicht massiert zu werden, andere brauchen flächigere Berührungen.

Massage, Streicheln, Eincremen, Haare bürsten, Kopf massieren, Füße streicheln, Kraulen, mit einer Feder streicheln, mit Pinsel kitzeln, Rücken kratzen, mit Massageöl/Creme einreiben oder mit einem Igelball …, es gibt so viele Möglichkeiten.

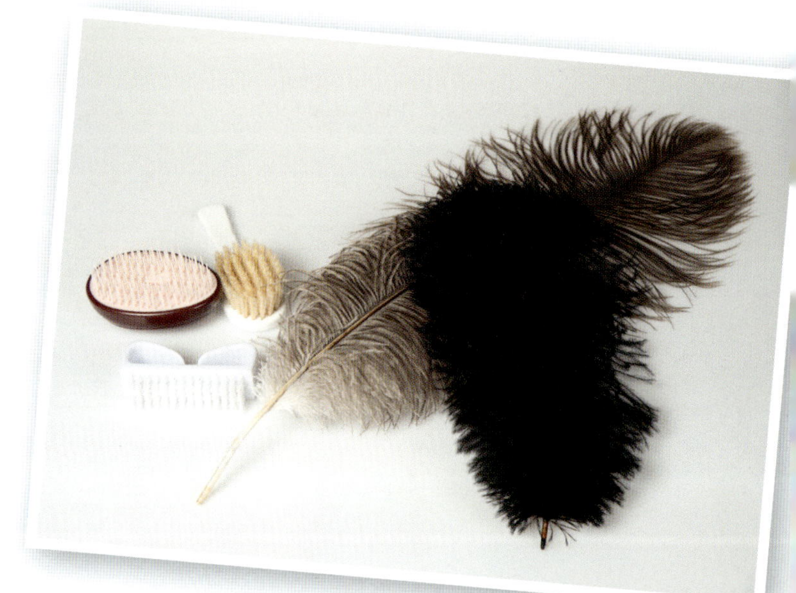

VARIANTEN:

Rücken kraulen oder kratzen mit den Fingernägeln
Das „Gejuckt werden“ ist ein Zeichen von Liebe und Vertrauen. Da kann eine Massagebürste nicht mithalten! Das Kind sitzt mit dem Rücken zu uns und man kratzt oder krault es Kind auf der Haut. Nacken nicht vergessen.

Mit Federn kitzeln und streicheln
Eine Feder kann ganz schön kitzeln und eine „Gänsehaut“ kann entstehen.

Lass uns über die Haut die soziale Bindung stärken. Berührungen haben für Lebewesen einen Stellenwert wie die Luft zum Atmen.

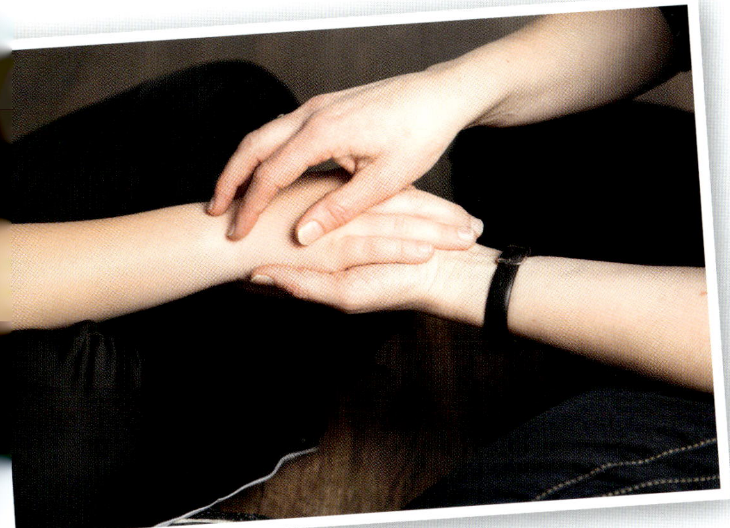

Handmassage

Bei der Handmassage sitzt das Kind dem Erwachsenen gegenüber. Die Handinnenfläche des Kindes wird kreisend mit einem Finger oder mit mehreren Fingern massiert. Danach besucht man die Fingerspitzen jedes Fingers ganz langsam. Zum Schluss kehrt man mit verschieden großen Kreisen an die Handinnenfläche zurück. Wem es nichts ausmacht: Mit den Fingernägeln die Innenfläche kratzen.

Fingermassage

Die Hand des Kindes nehmen und den Handrücken ausstreichen. Die einzelnen Finger mit leichten Zieh- und Drehbewegungen massieren. Dabei können auch die einzelnen Finger benannt werden. Vom Handgelenk bis zu den Fingerspitzen ausstreichen. Mit Creme leicht eincremen.

Fußmassage

Wer kennt es nicht aus der Kindheit: Wir liegen auf der Couch, schauen uns einen Film an und unsere Mama kitzelt, massiert, streichelt unsere Füße. Wir konnten davon nicht genug bekommen.

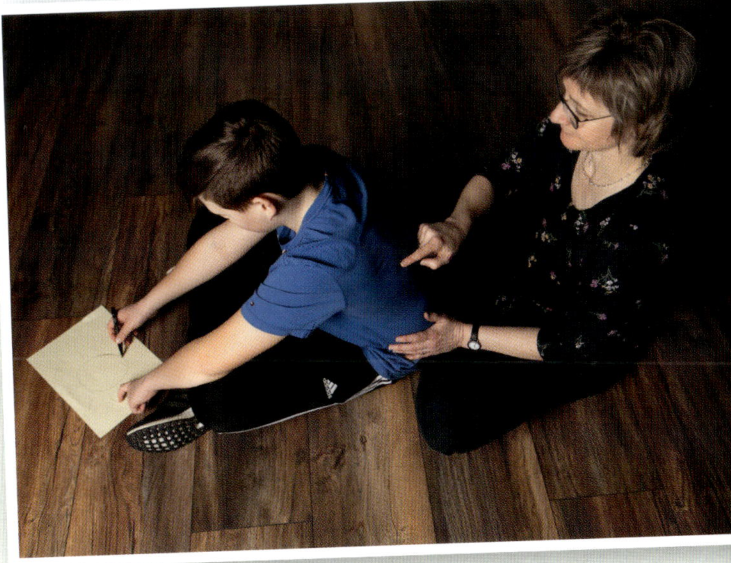

Rückenmalen

Das Spiel „Rückenmalen“ ist ein sehr altes Kinderspiel.

Mit dem Zeigefinger werden Figuren auf den Rücken gemalt und das Kind muss diese erraten. Im Vorschulbereich sind klare und große Formen leichter zu erkennen, wie Kreis, Sonne, Viereck, Baum, Haus, Ball, Mond oder erste Buchstaben und Zahlen.

Beim Malen mit dem Finger immer einen möglichst gleichmäßigen Druck ausüben. Den Gegenstand langsam malen. Von links nach rechts „schreiben“.

VARIANTEN:

- Das Kind soll auf einer Tafel oder einem Papier die Figur nachmalen.
- Vier bis fünf Bildkarten werden vor das Kind gelegt, eine Figur wird auf den Rücken gemalt.

Lasst das Poesiealbum wieder aufleben!

Die guten, lustigen und schönen Sprüche bleiben in ewiger Erinnerung. Durch diese verschiedenen Sprüchlein und Handschriften haben Poesiealben ihre ganz eigene Magie.

Bekannte Sprüche sind z. B.:

„In allen vier Ecken
soll Liebe drin stecken"

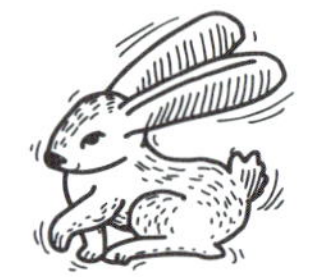

„Wenn die Flüsse aufwärts fließen,
wenn die Hasen Jäger schießen,
wenn die Mäuse Katzen fressen,
dann erst werd ich Dich vergessen"

„Sorg', doch sorge nicht zu viel,
es kommt doch wie's Gott haben will"

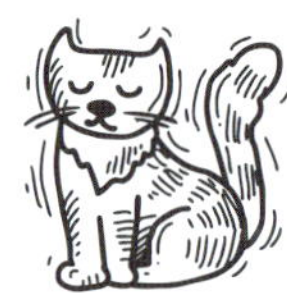

Briefe an den lieben Gott

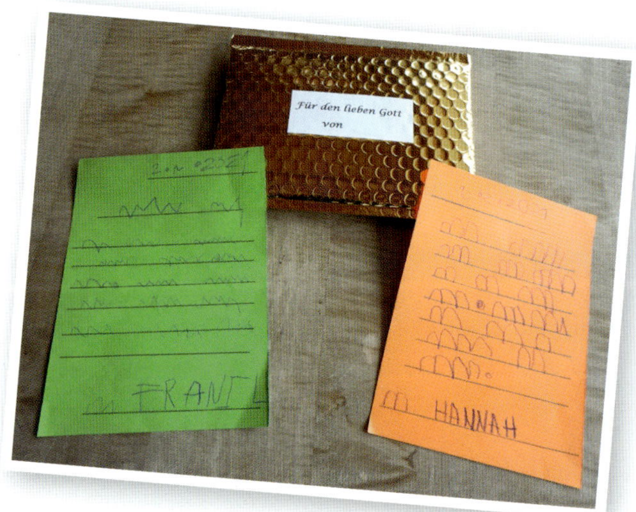

MATERIAL:

goldener Umschlag, schöner Stift, Papier

ANLEITUNG:

Schreibe einen Brief an den lieben Gott. Auch wenn das Kind noch nicht schreiben kann – einfach so tun als ob. Der Erwachsene kann z. B. auf der Rückseite oder auf einem anderen Blatt aufschreiben, was das Kind ausdrücken will. Den Brief z. B. in einen goldenen Umschlag stecken.

VARIANTEN:

- Wünsche an das Kind schreiben: „Ich wünsche dir ein fröhliches Herz" „Ich wünsche Dir, dass dich immer ein Lachen begleitet" …
- Gemeinsame erfundene Gebete aufschreiben: „Guter Gott, wenn ich lache, freue dich, wenn ich weine, tröste mich, wenn ich alleine bin, sei du bei mir – es ist gut so!"
- Schreibe deinem besten Freund oder Freundin eine „Liebeskarte". Die Kindergartenkinder dürfen nach Phantasie-Schreibweise "schreiben".

Lieber Gott,
meine Oma ist krank, deshalb darf ich sie nicht besuchen. Mach sie wieder gesund, ich spiele ja so gerne mit ihr UNO.
Deine Hannah

Lieber Gott,
ich freue mich, dass ich einen Bruder bekommen habe. Er heißt Fritz und lacht mich oft an. Meine Mama ist glücklich.
Dein Franzl

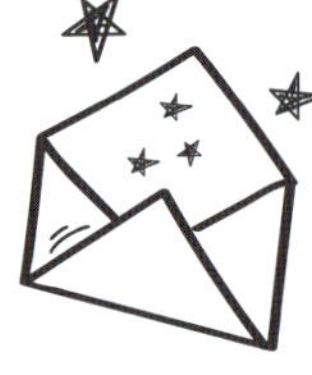

Ein Erinnerungs-buch für das Kind

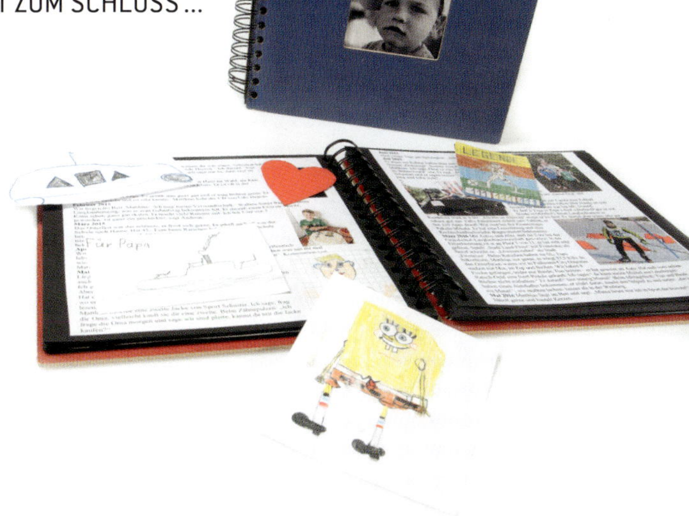

Mein „Held“ war zum Beispiel „Michel aus Lönneberga“. Seine Streiche bleiben in Erinnerung. Das Schönste an den Geschichten sind die Erinnerungen an seine Kindheit. So unbeschwert und frei, so geerdet wie die Lieder „Sommervisa“ oder „Lille Katt“ der kleinen Ida. Alle Streiche von Michl wurden von seiner Mutter fein säuberlich ins blaue Notizbüchlein geschrieben – so machen wir das auch!

Das Buch wird ein Geschenk zum 18. Geburtstag, zur Hochzeit, zur Wohnungseinweihung oder bleibt einfach als Erinnerung daheim.

MATERIAL:

kleines Fotoalbum, Kleber

ANLEITUNG:

- Man kann auch ein kleines liniertes Schulheft verwenden.
- In Stichpunkten kurz die Erlebnisse aufschreiben und mit Datum versehen.
- Die Kindererlebnisse am Computer erfassen, ausdrucke Bilder und Fotos dazu kleben.

Was alles ins Album kann:

- Geschichten
- Anekdoten
- lustige Streiche
- Zeichnungen

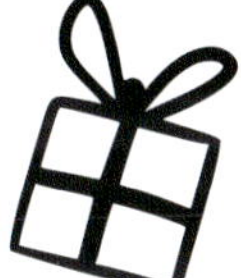

Ideen-Säckchen

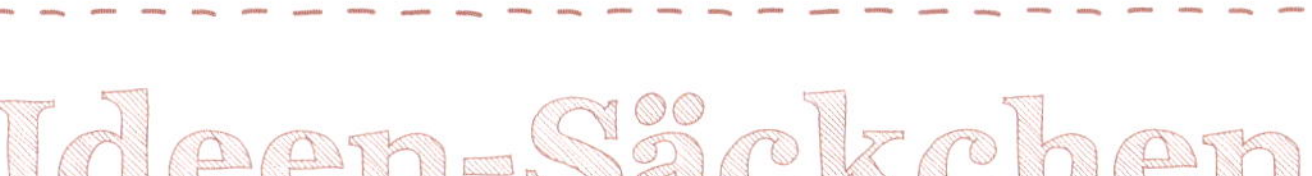

zum Hören, Erzählen, Erfinden, Weitererzählen, Singen.

Säckchen gefüllt mit

- Geschichten oder Geschichten-Anfänge (z. B. eigene, erfundene aber auch bekannte Geschichten).
- Lieder (z. B. Singkreis in der Familie einführen: Gemeinsam mit den Kindern überlegen, welche Lieder gesungen werden wollen. Zu Beginn am besten traditionelle Kinderlieder auswählen, später können dann modernere Lieder eingebunden werden – vielleicht kann man die Lieder auch mit Instrumenten begleiten).
- Fabeln oder Märchen.
- Reime / Abzählreime.

Die Idee dabei ist, dass in einem Säckchen Texte, Liedtexte oder Materialien zum Text aufbewahrt werden. Das Kind darf eine Textvorlage aus dem Säckchen ziehen und diese Geschichte oder das Lied wird vorgelesen oder gesungen.

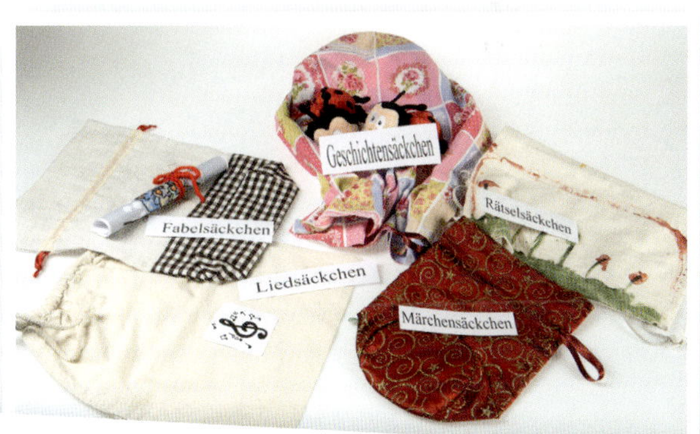

Die drei Hennen

Drei Hennen leben auf einem Bauernhof. Sie haben Auslauf, grünes Gras und viele Körner. Jedes Huhn legt heute ein Ei. Das grüne Huhn ein weißes. Das braune Huhn ein braunes und das rosa Huhn ein „Marienkäferei“. „Oh“, sagt das grüne Huhn, ich möchte auch so ein 'Marienkäferei' legen!“ ...

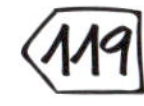

Klappmaulfrosch Rudi

Wir machen eine Klappmaulfigur:
Seite 67

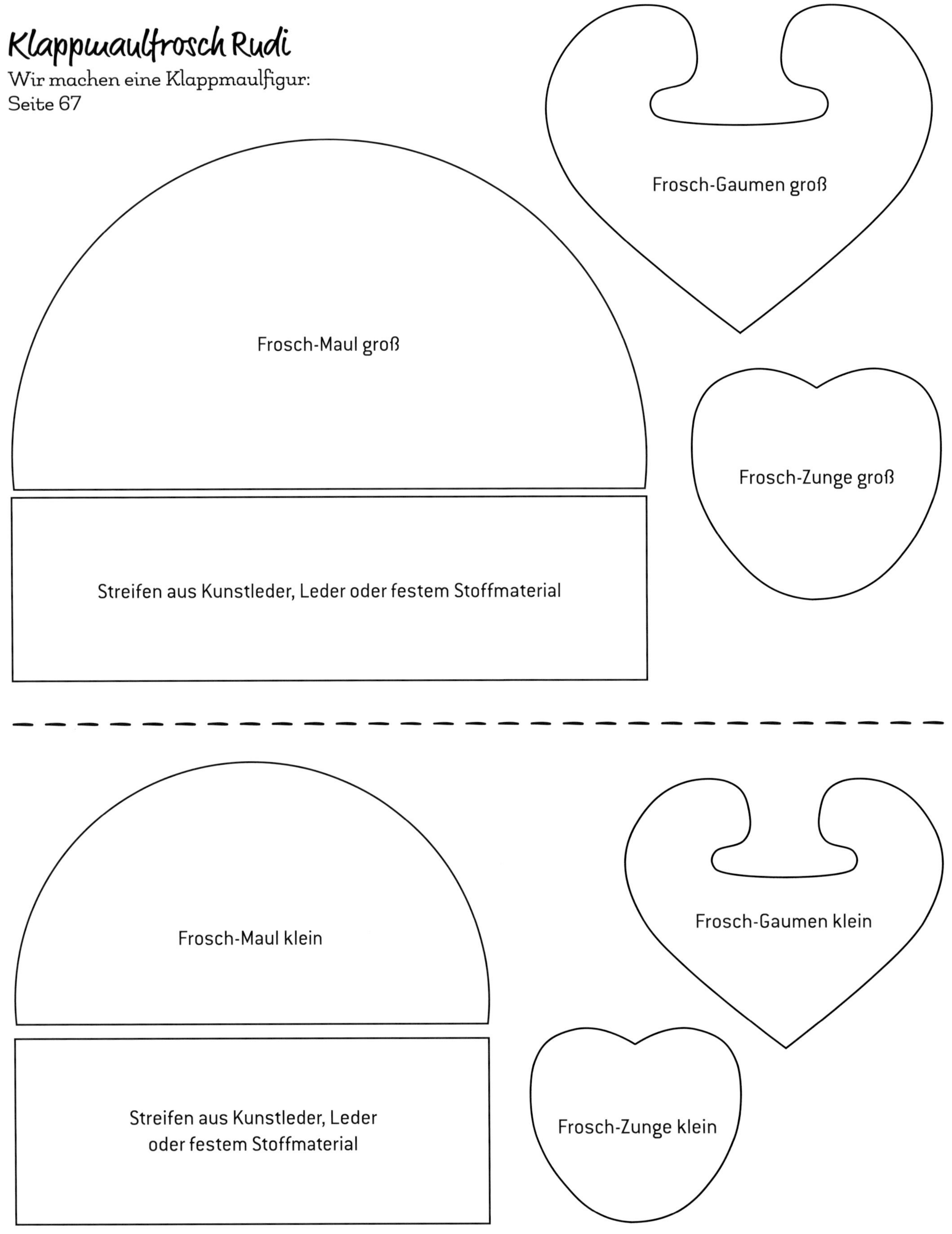

Arbeitsblatt „Das Rübchen"

Ein Buch selber gestalten: Seite 33

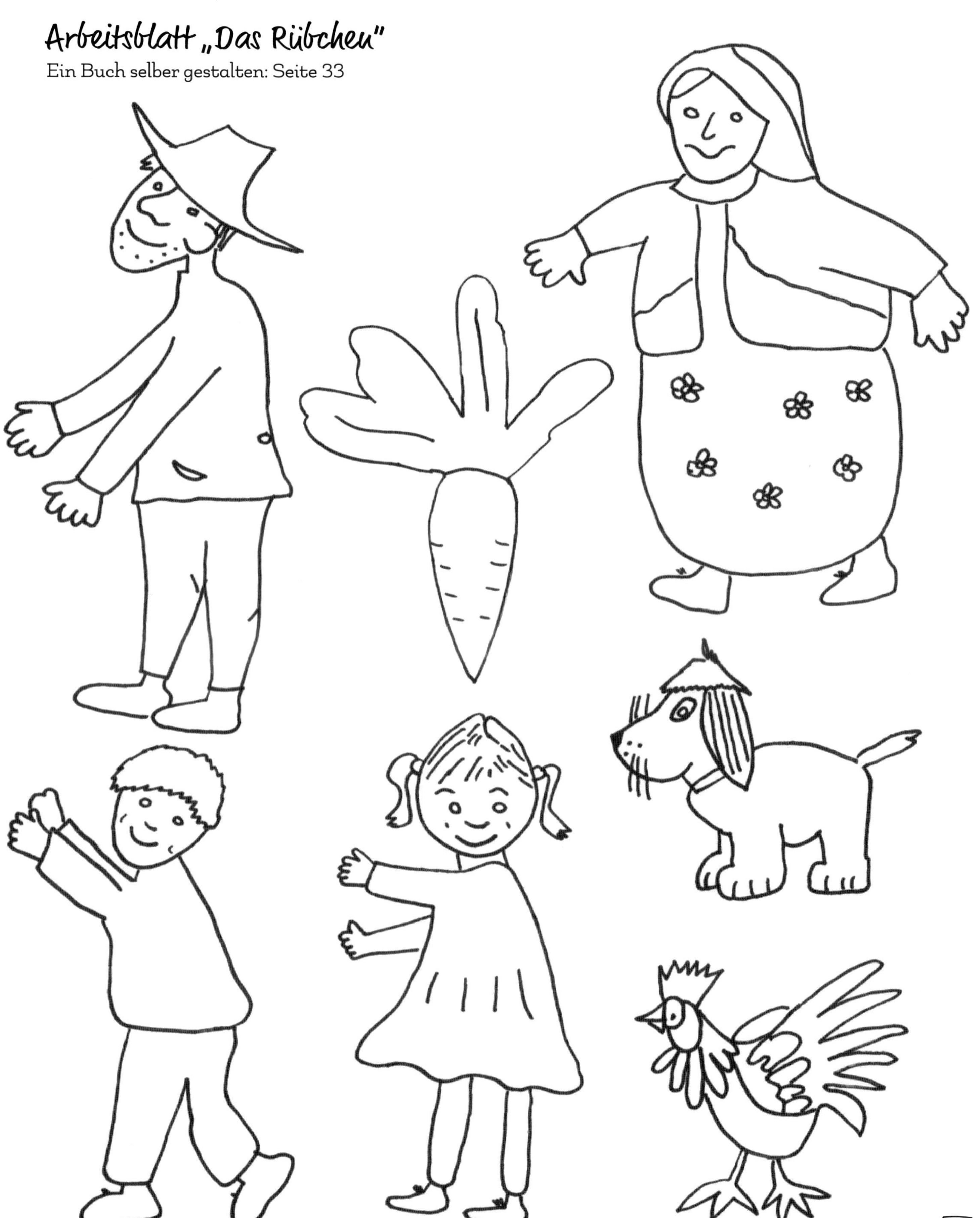

Nagelbilder

Die Hammer-Werkstatt:
Seite 42

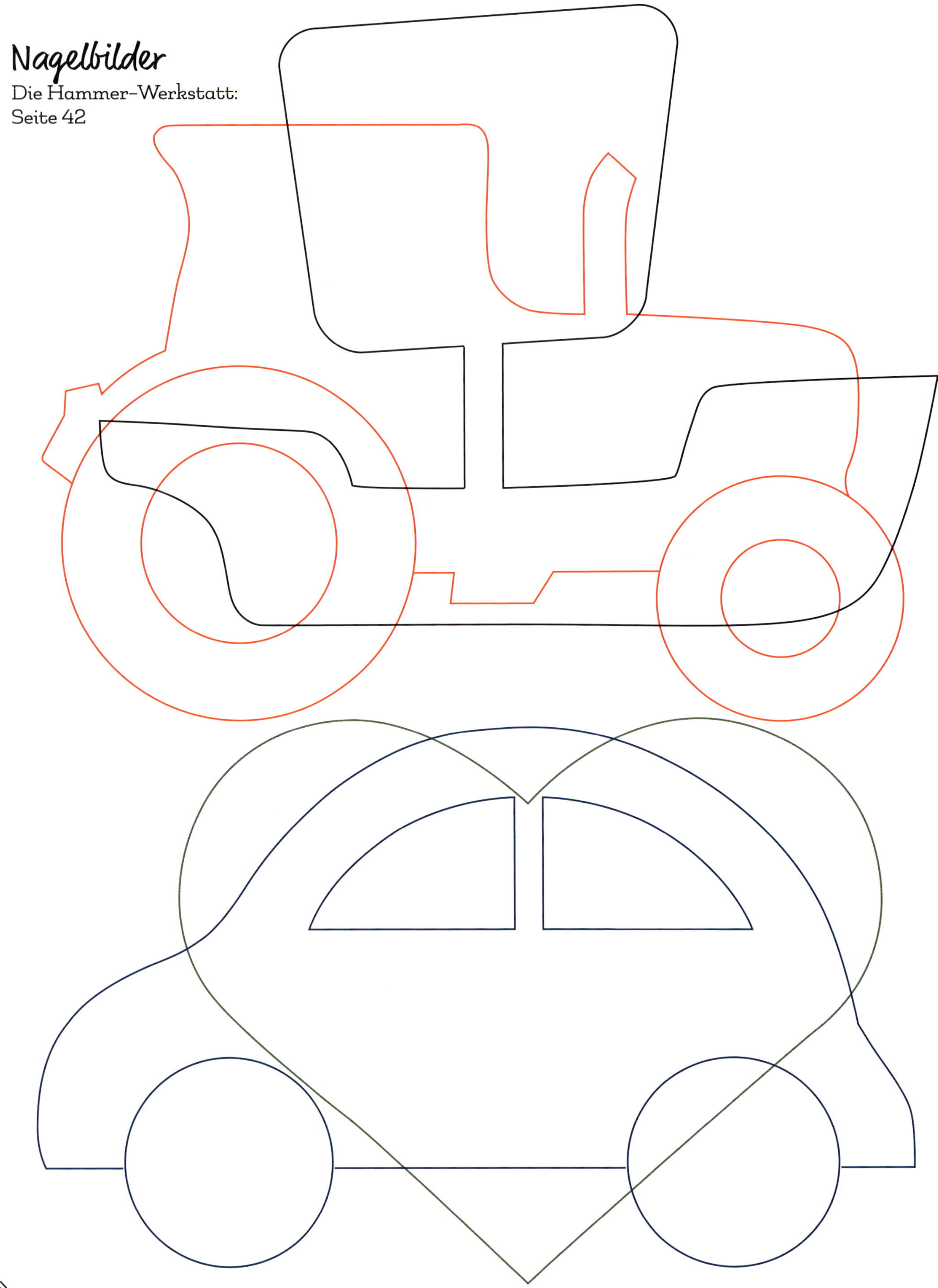

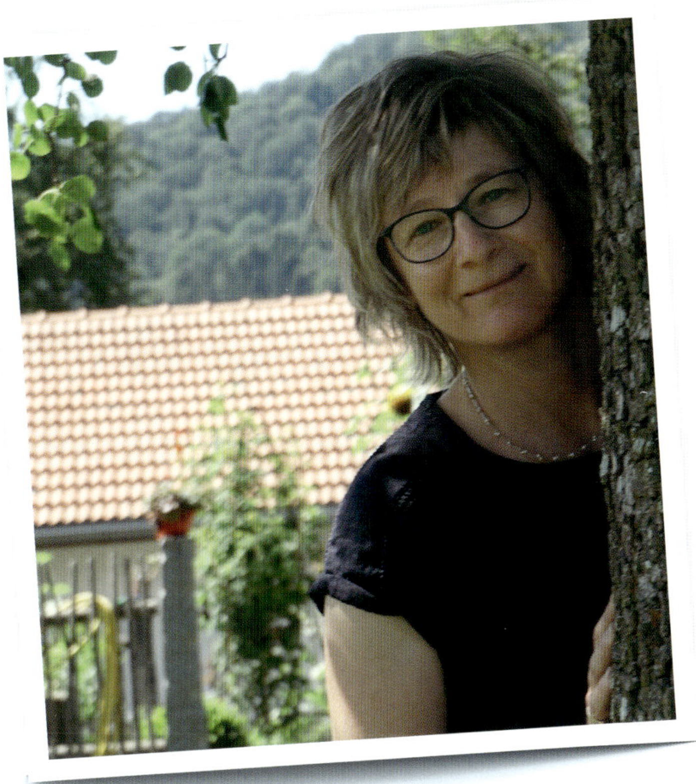

Glück, Zufriedenheit, Abenteuerlust und Erdung – das assoziiert Petra Drexler mit ihrer Kindheit. Die verheiratete Diplom-Sozialpädagogin und Mutter von 3 Kindern ist Jahrgang 1972. Damals waren „Helikoptereltern" selten und Kinder wurden nicht per Handy-App überwacht. Einzige Bedingung war, um 18.00 Uhr vom Spielen wieder zu Hause zu sein.

Die Leidenschaft fürs Spielen mit Kindern ist Petra Drexler geblieben. Und daraus ist dieses Buch entstanden: Spiel-Ideen für geerdete Kinder, die geerdete Erwachsene werden dürfen!

Getreu ihrem Motto:
„Einfach sein, einfach bleiben,
einfach die Einfachheit lieben."

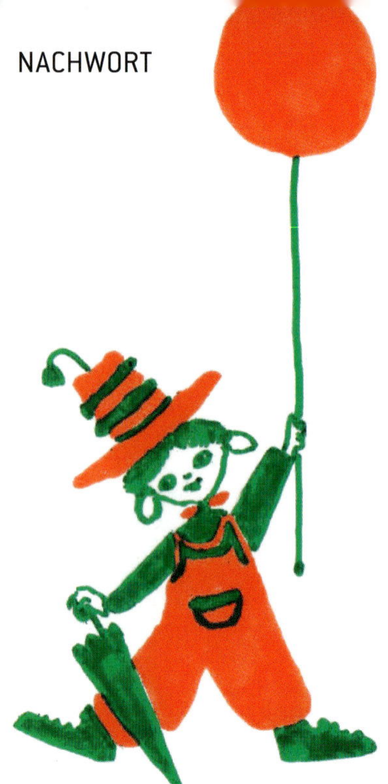

Nachwort

Eine meiner zentralen Lebensweisheiten lautet: Fröhlichkeit, Verspieltheit, Albernheit, Dankbarkeit und zeitlebens die kindliche Seite zu bewahren – oder das Wichtigste: im Herzen immer ein Kind bleiben!

Das Buch ist mit viel Liebe, Leidenschaft, Herzblut, Energie und Zeit geschrieben worden – ich hoffe es ist zu spüren.

*„Sät den Samen, habt Vertrauen -
macht alles mit Leidenschaft
und Begeisterung
und ihr werdet staunen!"*

Eure Petra Drexler

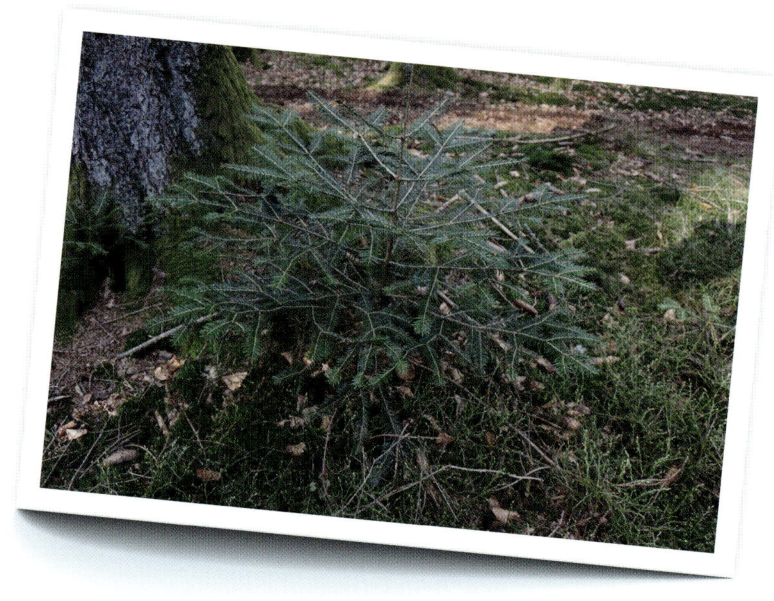

Quellen und Bilder:

Seite 25: A Ram Sam Sam. (2021, 02. März). In Wikipedia https://de.wikipedia.org/wiki/A_Ram_Sam_Sam

Seite 27: Goldne, goldne Brücke: Volksliederarchiv.de;
Machet auf das Tor!: Text aus Hessen, seit dem späten 19. Jahrhundert überliefert

Petra Drexler, Karin Strobl, Dietmar Manzenberger, Alfred Biebl, Sarah Drexler, Manfred Drexler, Josef Drexler;

Fotostudio Eder, Grafenau (S. 12, 13, 16, 18, 19, 20, 22, 24, 26, 30-37, 39-43, 45, 48, 49, 55-69, 71-73, 75, 83-85, 89, 95-107, 113-117, 119)

Shutterstock Inc.: AtthameeNi (S. 6), nito (S. 24, 25, 44, 45, 92, 95), Nikolaevai (S. 28), Rachael Arnott (S. 31), Anna Druzhkova (S. 38), photka (S.62), aksol (S. 66), logaryphmic (S. 70), MicroOne (S. 80), Dagmara Ponikiewska (S. 91),Aleks Melnik (S. 94), AlinaPolina (S. 112) /Shutterstock.com;

Freepik Company: S. L, microone, Macrovector, Natapro, Tartila, Rawpixel.com, Neliakott, Oxyvector, Freepik, Olllikeballoon, Onyxprj, Starline, Piixypeach, Ukrolenochka, Aleksnt, Rocketpixel, Msergm, Amornism, Padmasanjaya, Katemangostar, Elenapimukova, Tartila, Floraldeco, Volosina, Julia-Buz, Sentelia, Jannoon028, Pixel-Shot.com, Christina_Li, Pch.vector, Macrovector, Sentavio, Rocketpixel, Microone, Macrovector, Pikisuperstar, Doodlebarn, User21833923, Start08 /freepikcompany.com

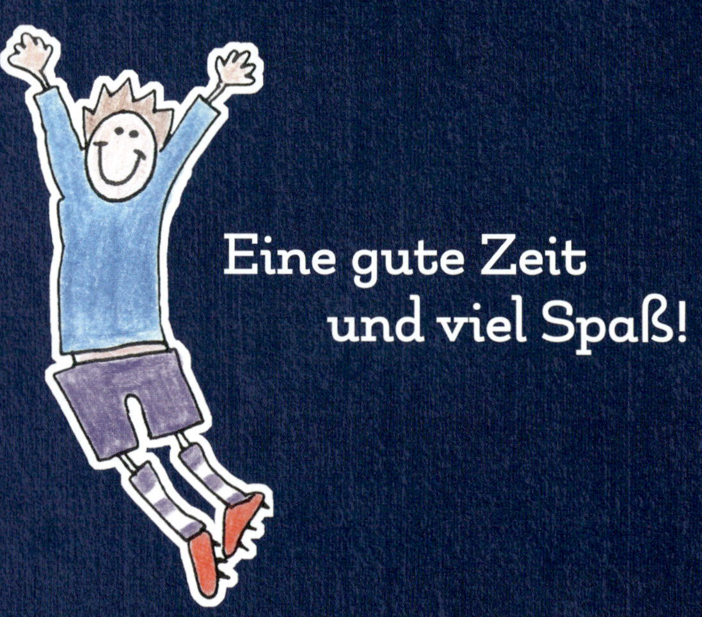
Eine gute Zeit
und viel Spaß!